现代化视域下传统文化发展研究

代津榜 著

中国纺织出版社有限公司

图书在版编目（CIP）数据

现代化视域下传统文化发展研究 / 代津榜著 . 北京 : 中国纺织出版社有限公司 , 2024. 9. -- ISBN 978-7-5229-2152-5

Ⅰ . G122

中国国家版本馆 CIP 数据核字第 2024QS3373 号

责任编辑：房丽娜　　责任校对：王惠莹　　责任印制：储志伟

中国纺织出版社有限公司出版发行
地址：北京市朝阳区百子湾东里 A407 号楼　邮政编码：100124
销售电话：010—67004422　传真：010—87155801
http://www.c-textilep.com
中国纺织出版社天猫旗舰店
官方微博 http://weibo.com/2119887771
三河市宏盛印务有限公司印刷　各地新华书店经销
2024 年 9 月第 1 版第 1 次印刷
开本：787 × 1092　1/16　印张：11
字数：210 千字　定价：96.00 元

前　言

传统文化是中华民族几千年来流传的瑰宝，深刻把握其精神对我们不忘历史、砥砺前行至关重要。作为民族基因的传递力量，传统文化让我们了解古代先贤思想，激发爱国主义精神，促进民族和谐稳定。同时，传统文化是道德标杆的规范力量，汇集了几千年来的道德规范，滋养着我们的成长成才，为社会主义现代化国家建设提供尺度。此外，传统文化还是社会稳定的纽带力量，它可以缓和矛盾冲突，维护国家繁荣稳定，推动社会不断进步。在吸收外来优秀文化的同时，传统文化将其“中国化”，形成中国人民喜闻乐见的价值体系，使中国逐步走向世界舞台中央，成为维护世界和平的主要力量。

党的二十大报告明确了中国共产党的中心任务，即团结带领全国各族人民全面建成社会主义现代化强国、实现第二个百年奋斗目标，以中国式现代化全面推进中华民族伟大复兴。这一历史使命的实现离不开对中华优秀传统文化的传承与创新。从现代化的角度来看，中华优秀传统文化具有重要的当代价值。

为了实现这一目标，我们需要深入挖掘中华优秀传统文化的精髓和价值，将其融入现代化建设之中。同时，我们也要注重创新，不断探索新的文化形式和表达方式，让传统文化在现代社会中焕发出新的生机和活力。只有这样，我们才能更好地传承和创新中华文化，推动现代化不断向前发展。

本书首先系统研究了现代化与传统文化的关系，探讨了传统文化在现代化中的角色与创新，概述了现代化特点与传统文化价值，分析了现代化的历史进程与现实挑战，并提出了发展路径；其次具体阐述了传统文化在政治、教育、艺术设计、现代科技等领域的作用，并深入探讨了其在现代教育中的价值；最后聚焦于传统文化的创新发展，提出了创新原则与策略，并强调了与社会主义核心价值观的融合。本书旨在促进读者深入理解现代化与传统文化的内在联系，以及传统文化在现代化进程中的重要性。

著　者

2024 年 5 月

☆★☆☆☆ 目　录

第一章　引　言

第一节　现代化的概述

一、现代化的定义与特征

现代化是一个世界范畴，任何一个国家、民族、社会的现代化都离不开同世界现代化的联系。现代化又是一个历史范畴，是人类社会文明发展到一定程度的产物。现代化还是一个发展的概念和动态的概念。社会学、经济学、政治学的经典论述和当代学界分别提出了关于现代化的各种“标准”，对现代化的含义做了分类和概括。

（一）现代化的定义

“现代化”这个词广泛运用于当今的历史学、社会学、科技史和经济学等学科中，但各自的表述不尽一致。

从历史学的角度定义，现代化指的是发达国家所经历的从传统到现代、从不发达到发达的历史过程。具体地说，是指人类社会从传统的农业社会向现代工业社会转变的历史过程。根据此定义，在相当长的时期中人们把现代化等同于工业化过程。而在现代，西方发达国家的经济发展进入了信息化阶段，因此有人把现代化分为两个阶段：第一阶段是工业化；第二阶段以第一阶段为基础，提出了以信息化为内容的“第二次现代化”的概念。

从社会学的专业视角审视，现代化被视为一场深刻的社会转型过程，其核心驱动力在于科技革命的不断推进。这一过程不仅深刻触及经济体系的根基，更在政治体制、社会结构、文化传承以及心理认知等多个维度上产生广泛而深远的影响。美国著名社会学家英格尔斯在对多个已实现现代化的国家进行深入系统的实证研究后，精准地提炼出了评估现代化水平的十大关键性指标。这些指标涵盖了经济、产业、劳动力、教育、城市化、医疗、健康以及人口增长等多个领域，具体包括：人均国民生产总值（GNP）必须达到 3000 美元以上的经济门槛，农业增加值在 GNP 中的比重应控制在 12% ~ 15% 的范围内，以体现产业结构的优化升级；第三产业在 GNP 中的占比需超过 45%，凸显服务业的崛起与重要性；非农业就业人口在总就业人口中的比例应超过

70%，反映劳动力市场的转型与升级；识字人口在总人口中的占比应至少达到 30%，以彰显教育普及的成效；接受高等教育的人数在适龄青年中的比例不应低于 10%，体现知识经济的深入发展；城市人口在总人口中的比例应超过 50%，揭示城市化进程的加速推进。在医疗服务领域，这些标准进一步规定：平均每位医生服务的人口数应控制在 100 人以下，以确保医疗资源的充足与均衡分布；在人口健康方面，平均预期寿命应达到 70 岁以上，这既是公共卫生体系建设的成果体现，也是社会整体福祉水平提升的重要标志；在人口增长方面，自然增长率需稳健地控制在 1% 以下，以反映人口政策的科学调控与可持续发展理念的实践。然而，随着全球经济的蓬勃发展和社会的持续进步，这些一度被视为衡量现代化水平的黄金标准逐渐暴露出其在全面性和准确性方面的局限性。因此，我们迫切需要不断更新和完善现代化的评估体系与衡量标准，以确保其能够紧密跟随时代发展的步伐，精准捕捉社会变迁的脉搏，为各国在推进现代化进程中提供更为科学、全面和具有前瞻性的指导。

经济学对于现代化的探究，并非单纯聚焦于其结果的评价标准，而是更加倾向于深入探讨其演变过程和对应的发展战略。这一点在众多经济学理论中得到了深刻的体现，例如库兹涅茨的现代经济增长理论、刘易斯和舒尔茨的二元结构理论，以及罗斯托的经济成长阶段论等。

1971 年诺贝尔经济学奖得主西蒙・库兹涅茨并未直接采用“现代化”这一概念，而是引入了“现代经济增长阶段”这一表述。这一理论是基于他对欧美发达国家近百年经济发展历程的深入研究而提出的。他指出，自 19 世纪后半叶起，科学技术已成为发达国家经济增长的主导力量。科学在经济生产领域的广泛应用，标志着这个时代迎来了重大的创新。因此，库兹涅茨将这个时期命名为“现代经济增长阶段”，并认为经济发展是现代化的核心议题。

除了国民总收入这一衡量标准外，库兹涅茨更加强调结构性的巨变，其中包括工业化和城市化的推进，人口和人均产值的稳定持续增长，科学在经济生产中的广泛应用，以及现代部门的迅速扩张并通过多种机制拉动经济其他领域的增长。在这一过程中，非农业部门的份额将持续上升，同时，受分配影响的各种收入也将随着国民总产值的增长而提高，收入差距呈现出缩小的趋势，这便是著名的“库兹涅茨倒 U 形曲线”。此外，库兹涅茨还特别强调了在现代经济增长的进程中，技术变革、社会制度变革以及时代精神变革之间的紧密关系。他坚信，没有社会制度的革新，科学技术的应用便无从谈起。

1979 年同时获诺贝尔经济学奖的刘易斯和舒尔茨面对在技术和生产方式上传统农业部门和现代工业部门并存的二元结构的发展中国家，他们提出了不同的现代化方案。刘易斯突出工业化，即增加现代工业部门积累，农业剩余劳动力向现代工业部门转移，在进入刘易斯转折点时，转向工业支持农业技术进步。舒尔茨强调改造传统农业，他在《论农业中的经济学与政治学的冲突》一文中，就曾多处使用“经济现代化”一词，如“当经济现代化实现之时，就会有人力资本的递增收益。从长期来看，经济现代化和发展中的关键部分是人力资本”。

美国著名经济学家罗斯托在其经济成长阶段论中，明确引入了“经济现代化”这一核心概念，并对其进行了深入的阐释与划分。他认为，现代经济增长的根本动力在于新技术在有效基础上的不断推广与普及。为了更清晰地描绘一个国家从贫困到富裕、从传统走向现代的转变轨迹，罗斯托将这一过程细致地划分为六个阶段。首先是传统社会阶段，这一阶段特征为社会经济活动受传统习惯、规则和技术制约，缺乏创新和变革的动力。随后，国家会进入为起飞创造条件的阶段，这一时期的关键在于积累资本、提升技术水平以及优化社会结构，为经济的高速增长奠定坚实基础。紧接着的是起飞阶段，这是传统社会向现代社会转变的明确分界点。在这一阶段，新技术得到广泛应用，产业结构发生显著变化，经济增长速度明显加快，社会财富开始迅速积累。起飞阶段的成功实现，标志着一个国家正式迈入经济现代化的门槛。起飞之后，国家会迎来向成熟推进的阶段。在这一时期，经济体系更加完善，产业结构进一步优化，创新能力显著增强，国际竞争力不断提升。随后是高额群众消费阶段，此时社会财富已经积累到一定程度，民众消费能力大幅提升，内需市场成为经济增长的重要驱动力。最终，国家会进入追求生活质量阶段。在这一阶段，经济增长的重心转向提升民众生活品质和福利水平，环境保护、文化教育、医疗健康等领域的投入不断增加，社会整体向着更加均衡、可持续的方向发展。从起飞阶段开始的后续三个阶段，虽然在时间顺序上有所先后，但都是经济现代化阶段的不同表现，它们共同构成了一个国家从传统走向现代、从贫困走向富裕的完整转变过程。罗斯托的这一理论框架，不仅为我们深入理解经济现代化的内涵提供了有力工具，也为各国制定和实施经济发展战略提供了重要参考。

在定义现代化时，国内经济学家的贡献同样不容忽视。发展经济学家张培刚教授在其哈佛大学博士论文《农村的工业化》中提出了具有代表性的观点：现代化的核心和本质必须包含工业化的基本要素。但除此之外，它还应涵盖政治思想、生活观念、文化修养等诸多新内容，其中很多是由工业化这一巨大变革所引发的。张教授认为，在特定情境下，现代化可以被看作是一个有阶段性的过程。在这一过程中，现代化的活动内容和变化情境基本上与工业化进程保持一致。

（二）现代化的特征

关于现代化的特征，学者们有不同认识。美国亨廷顿教授指出，现代化是一个革命性的过程，一个复杂化的过程，一个系统而全面的过程，一个全球性过程，一个长期的过程，一个加速度发展的过程，一个趋同的过程，一个不可逆转的过程，一个进步的过程。我国著名学者罗荣渠教授把现代化的特征概括为民主化、法制化、都市化、工业化、均富化、福利化、社会阶层流动化、宗教世俗化、教育普及化、知识科学化、信息传播化、人口控制化等。

归结而言，现代化的内涵可阐述为以下几点：

首先，现代化是一个历史性的概念，它标志着人类社会文明在某一阶段的发展成果。其实质在于工业化，即人类社会由传统的农业社会向工业社会的历史性转变。

其次，现代化具有全球性特征，任何国家、民族和社会的现代化进程都不可避免地与世界现代化进程紧密相连。自科学革命以来，现代化已成为人类社会急剧变革过程的总称。

再次，现代化代表着我们所处时代的“文明形态”。

最后，现代化是一个不断发展和创新的概念，它随着时代变迁和新技术革命的推进而不断演变，呈现出一种持续向前、不断创新的社会运动态势。可见，现代化可定义为人类社会自工业革命以来所经历的一场深刻变革，这场变革以工业化为驱动力，推动了传统农业社会向现代工业社会的全球性转变。现代化既是一个历史过程，展现了从传统农业社会向现代工业社会的转变轨迹，也是一种发展状态，反映了已完成现代化进程的工业化国家的发展水平。

现代化是一个以工业化为核心，以技术进步为根本动力的过程，它引发了经济、政治、社会结构以及文化心理等社会各个领域的深刻变革，推动传统农业社会向现代工业社会的演进。在历经两个多世纪的世界现代化历程中，先行国家积累了丰富的经验与教训，对这些经验的总结对于其他国家的现代化进程具有重要的指导意义。

首先，工业化构成了现代化的基石和核心。自工业革命伊始，大工业的崛起便成了现代化的显著标志，工业化不仅是推动现代化的主要力量，也是引导其发展方向的关键因素。工业革命带来了全球范围内的巨大变革，改变了世界的格局和文明的传播方式，因而被视为人类社会发展的重大转折点。

在新科技革命的浪潮中，先行工业化国家已然完成了工业化进程的主体部分，并逐步迈入了工业化的更高级阶段。这些国家正积极探索内部模式的适应性转变，寻求从工业社会平稳过渡到后工业社会的有效路径。与此同时，众多欠发达国家也纷纷崭露头角，迅速崛起为新兴工业化国家。这一全球性的工业化浪潮不仅深刻改变了各国的经济社会结构，推动了经济的持续增长，更为现代化进程的深入发展注入了强劲动力。

工业化作为任何国家现代化进程中的核心环节，其关键在于制造业的坚实发展。制造业不仅是实现工业化的重要基石和现代化的原动力，更是彰显国家实力的支柱所在。即便在知识经济日益显现的当下，工业经济依然构成知识经济的物质基础，制造业在发达国家国民经济中的地位依旧举足轻重。高度发达的制造业，尤其是装备制造业及先进制造技术的掌握，已然成为衡量一个国家国际竞争力的重要标尺。

为了在新时代背景下加速推进我国的现代化进程，我们必须采取多种有力措施，促进制造业的快速健康发展。为此，我国明确提出了走新型工业化道路的战略方针。这一方针的核心在于通过信息化技术的深度融合与广泛应用，带动和促进工业化实现跨越式发展。我们坚信，通过信息化与工业化的深度融合，我国将能够在新时代的现代化进程中迈出更加坚实的步伐。

其次，科技进步被视为现代化发展的根本动力所在。工业革命是经济发展、政治变革、思想文化变革和科技革命共同作用下的产物，而科技进步和创新则是实现工业化和现代化的核心驱动力。在世界现代化的历史长河中，每一次产业革命的爆发都离不开科技领域的重大突破。随着科学技术的飞速进步和技术创新的不断涌现，工业生产从机械化逐步迈向自动化和智能化，人类对自然界的掌控能力也不断增强并开始探索外层空间等未知领域。

自 20 世纪中叶以来，世界迎来了第三次科技革命浪潮。这次革命促使科学技术更加直接地转化为生产力，从而引发了工业化进程的质变。人类由此进入了技术型工业社会和知识经济时代。知识经济的兴起和发展势必大大加速世界现代化的历史进程并对全球经济社会产生深远影响。通过总结先行国家现代化的成功经验我们可以发现，科学技术和教育的现代化是经济现代化的实质所在。发达国家高度重视并充分发挥了科学技术和教育在经济发展中的先导作用，它们的科技和教育水平始终处于世界领先地位。例如日本、美国和西欧等发达国家和地区在现代化进程中推行了教育先行的战略并取得了显著成效。因此，在推进现代化的过程中我们必须坚持科技和教育先行的原则，将科技进步作为推动现代化发展的根本动力。

再次，经济发展和社会结构变迁是推动现代化进程的重要动因。唯物史观认为，一个国家的文明程度和发达程度首先取决于其经济发展的状况。经济发展作为现代化的基础，必然引发社会其他方面的变革和进步。这些变化推动了传统社会向现代社会的转型和变迁以及先行国家现代化进程的深入发展。

在推进现代化进程的过程中，我们必须保持经济的快速、持续和健康发展，并相应地调整经济结构、经济体制以及其他方面的结构和体制以适应经济社会发展的需要。同时社会结构也是决定现代化进程的重要条件之一。西欧的工业革命是在市场经济这只看不见的手的支配下自发形成的历史进程。市场经济的发展为内源型现代化提供了所需的物质技术条件和推动创新的机制。

因此，在现代化过程中我们不能仅仅重视引进技术和工业化成果，更要重视社会结构和制度的变革以及创新能力的培养和提升。借鉴先行国家现代化的经验教训，我们在推进现代化的过程中一方面要大力发展实体经济筑牢现代化经济体系的坚实基础；另一方面要加快推进社会结构的改进和创新为社会的和谐稳定及未来发展奠定坚实基础并提供持续动力。

最后，随着时代的发展变化现代化的内涵也在不断深化和扩展。从现有国家现代化的实践来看，现代化是一个历史范畴，其内涵随着社会的发展和发展观的变化而不断丰富和拓展。现代化的发展观经历了由传统发展观向现代发展观的转变过程，对现代化的认识也逐步从经济视角转换到社会视角再转换到人与自然和谐共生的视角。

传统现代化观以经济增长为标志衡量发展水平，将一个国家的工业化程度作为实现现代化的标准。然而，这种以经济增长为唯一目标和动力的现代化模式在带来巨大物质财富的同时也产生了一系列严重问题如环境污染、资源危机等。自 20 世纪六七十年代以来，发达国家的现代化观和发展模式开始引起人们的深刻反思和批判，新的现代化观应运而生并逐步深入人心。

新的现代化观强调经济增长与保护环境、维护生态平衡相协调，反对以牺牲环境为代价换取短期经济利益的行为；强调经济发展的整体性、综合性和内生性以及与科技、教育、文化等社会各方面的协调共进；强调发展应以人为中心实现人的全面发展和人与自然和谐统一为目标。借鉴先行国家现代化的经验教训，我国必须树立新的现代化观念，坚持走经济、政治、文化、社会以及生态环境全面协调可持续发展的道路，探索出一条符合中国国情的现代化新路径。

二、我国现代化的历史演进

自中国共产党诞生至今的一百多年间，其始终不渝地团结并引领着中国人民，致力于将我国构筑成为一个社会主义现代化强国，以期实现中华民族的伟大复兴。在这一波澜壮阔的历史征程中，我们党对于现代化的理解持续深化，战略规划日趋成熟，实践行动也愈发丰富多样。正因如此，我们成功开辟了一条独具特色的中国式现代化道路，取得了令世界瞩目的辉煌成就，并积累了宝贵的历史经验。

回溯至 1840 年，中国逐步沦为半殖民地半封建社会，国家尊严受辱，人民生活困苦，文明之光黯淡，中华民族遭遇了前所未有的深重灾难。自那时起，通过探索现代化道路以实现中华民族的伟大复兴，便成了中国人民和整个民族最为崇高的梦想。太平天国运动、洋务运动、戊戌变法、义和团运动以及辛亥革命等历史事件接连爆发，无数志士仁人为此进行了艰苦卓绝的探索和尝试，然而最终都未能如愿。在那段黑暗的历史时期，中国急切地需要新的思想来引领救亡图存的运动，需要新的组织来凝聚革命的力量，更需要找到一条全新的现代化道路来扭转国家的颓势，引领我们走向复兴。而探索这条中国现代化道路的历史重任，最终落在了中国共产党的肩上。

（一）新民主主义革命的胜利为我国现代化发展提供了根本社会条件

现代化不仅是一个共时性的概念，更是一个历史演变的过程。它在不同的历史阶段拥有各异的衡量尺度和内涵。对于中国而言，追求并实现现代化同样是一个持续进化的历史篇章。

十月革命的震撼，为中国带来了马克思列宁主义的光辉，进而催生了中国共产党。自诞生之初，中国共产党便以民族复兴为己任，坚定地引领中国人民历经血雨腥风的奋战，经过北伐战争、土地革命战争、抗日战争、解放战争等重重考验，以武装的革命力量击溃了武装的反革命势力，成功推翻了帝国主义、封建主义、官僚资本主义这三大压迫力量，建立了人民真正当家作主的新中国。这一伟大的历史变革，彻底终结了旧中国半殖民地半封建的悲惨命运，也结束了国家四分五裂、一盘散沙的局面，更废除了列强强加给中国的一切不平等条约和特权，为中国探索独特的现代化道路、实现中华民族的伟大复兴奠定了坚实的社会基础。

中国共产党在探索中国式现代化的征途上，首先着眼于工业化的发展。早在新民主主义革命时期，中国共产党人便敏锐地提出了中国工业化的命题。工业化是实现国家独立和民族复兴的必由之路，它不仅能够助力我们打败日本帝国主义，更是保障中华民族独立和巩固的基石。中国的落后正是帝国主义敢于欺凌我们的根源，因此，消灭这种落后是全民族的共同任务。1949 年，随着革命的胜利和新中国的建立，工业化进程被正式写入国家的发展蓝图，成为推动中国由农业国向工业国转变的核心动力。

新民主主义革命时期，中国共产党对于现代化的理解主要聚焦于工业化这一核心概念。这一时期的主要历史任务是带领中国人民摆脱半殖民地半封建的枷锁，实现国家的独立和人民的解放。新民主主义革命理论是中国共产党人将马克思主义原理与中国实际相结合的杰出成果，它不仅丰富了马克思主义的理论宝库，更指导中国革命取得了辉煌的成功，为后来中国以自身独特的现代化道路全面推进中华民族的伟大复兴奠定了坚实的社会和理论基础。

（二）社会主义革命和建设为我国现代化发展奠定了根本政治前提和制度基础

新中国成立后，中国共产党领导人民成功地应对了政治、经济、军事等多方面的严峻考验，进而开启了社会主义革命与建设的新纪元。在这一时期，我国对现代化的探索历程经历了从单一的工业化目标到全面的“四个现代化”构想的转变。

通过连续实施多个五年计划，我国成功地建立了独立且相对完整的工业体系和国民经济体系。农业生产条件得到了显著改善，教育、科学、文化、卫生和体育等各项事业也取得了长足的发展。在国防建设方面，“两弹一星”等尖端科技的突破标志着我国国防工业的崛起和发展。人民解放军的战斗力得到了显著提升，从单一的陆军发展成为包括海军、空军和其他技术兵种在内的合成军队，为捍卫国家主权和民族尊严提供了坚实的保障。

（三）改革开放和社会主义现代化建设为我国现代化发展提供了充满新的活力的体制保证和快速发展的物质条件

自党的十一届三中全会作出历史性决策，将党和国家的工作重心转移至经济建设并开启改革开放新篇章后，我国便踏入了改革开放和社会主义现代化建设的新时期。立足中国实际，邓小平同志开始深入探索国家现代化的发展层次与进程。在 1987 年 4 月，他首次系统性地阐述了“三步走”的战略目标：第一步是在八十年代实现国民生产总值翻一番；第二步是到世纪末再翻一番，使中国步入小康社会；第三步是在下世纪的头五十年内，实现人均国民生产总值达到中等发达国家水平，基本完成现代化进程。

党的十三大正是基于这样的构想，确立了我国现代化建设的“三步走”发展战略。在实践中，中国共产党坚定以经济建设为中心的发展理念，坚持发展是硬道理的原则，将科技视为第一生产力，并相继实施了科教兴国、可持续发展、人才强国等重大战略。通过推进西部大开发、振兴东北老工业基地、促进中部地区崛起、支持东部地区率先发展等区域协调发展战略，以及深化国有企业改革、鼓励非公有制经济发展、加快经济转型升级、强化生态环境保护等措施，我国经济实现了持续快速发展，综合国力显著增强。

（四）新时代十年的历史性成就为我国现代化发展提供了更为完善的制度保证、更为坚实的物质基础、更为主动的精神力量

自党的十八大隆重召开以来，以习近平同志为核心的党中央高瞻远瞩、审时度势，紧密团结并带领全国各族人民，在已有的坚实基础上砥砺前行，不断在理论和实践层面取得创新性成果，成功推动并拓展了中国式现代化的深度和广度，为中华民族的伟大复兴注入了强劲动力。我们党在认识层面不断深化，创立了习近平新时代中国特色社会主义思想这一伟大理论成果。这一思想深刻回答了“新时代坚持和发展什么样的中国特色社会主义、怎样坚持和发展中国特色社会主义”的时代课题，实现了马克思主义中国化时代化的新飞跃，为中国式现代化提供了根本性的指导和遵循，为全党全军全国各族人民提供了强大的思想武器和行动指南。我们党对现代化的内涵和本质有了更为深刻的理解，系统概括了现代化的中国特色、本质要求和重大原则，初步构建了中国式现代化的理论体系。这一理论体系立足中国实际、符合中国国情，具有鲜明的中国特色和时代特征，使中国式现代化的路径更加清晰明确、科学可行，为全面建设社会主义现代化国家提供了坚实的理论支撑。同时，我们党在战略层面持续完善，深入实施科教兴国、人才强国、乡村振兴等一系列重大战略，为中国式现代化提供了全方位、多层次的战略支撑。这些战略的实施，不仅有力促进了经济社会的持续健康发展，也为提升国家综合实力和国际竞争力奠定了坚实基础，推动中国式现代化不断迈上新的台阶。

在实践层面，我们党以卓越的智慧和勇气，不断丰富和拓展中国式现代化的实践路径，推动了一系列具有深远影响的变革性实践。通过这些实践，我们实现了一系列突破性的进展，不仅改变了国家面貌，更引领了时代潮流。在实践的过程中，我们取得了一系列标志性的成果，这些成果不仅彰显了中国式现代化的独特魅力，更为世界现代化进程提供了宝贵的中国经验。我们迎来了中国共产党成立一百周年的伟大时刻，这一时刻不仅是对党的辉煌历史的庄重宣示，更是对新时代中国特色社会主义伟大事业的坚定宣示。在这一伟大时刻的引领下，我们成功地迈入了中国特色社会主义新时代，这是中国历史上的一个重要里程碑，也是世界社会主义发展史上的一个耀眼篇章。在新时代的征程上，我们完成了脱贫攻坚、全面建成小康社会的历史任务，这一成就不仅实现了中华民族的千年梦想，更为全球减贫事业作出了不可磨灭的贡献。我们成功地实现了第一个百年奋斗目标，这是党和国家事业发展史上的一座丰碑，它见证了我们党带领人民从贫穷走向富裕、从封闭走向开放的壮丽历程。推动党和国家事业取得历史性成就、发生历史性变革，是我们党在新时代的伟大实践中交出的一份精彩答卷。这些成就和变革不仅深刻改变了中国人民的命运，也为世界和平与发展注入了强大正能量。展望未来，我们有理由相信，在中国共产党的领导下，中国式现代化必将迎来更加光明的未来。

第二节 传统文化的发展脉络与现代价值

优秀传统文化是中华民族历经五千年漫长岁月所积淀的珍贵宝藏，它深深植根于全体中华儿女的血脉之中，作为一种传承不息的精神基因，持续为中华民族的生生不息提供着源源不断的动力。作为中国文化的核心组成部分，优秀传统文化超越了社会形态的束缚，即便在社会的巨变和历史的演进中，它依旧闪耀着独特的魅力与光辉，为中华民族的传承与发展贡献着不可或缺的力量。

一、文化与传统文化

（一）文化

文化，这一由人类心智与创造力共同编织的丰富多维织体，不仅深刻地塑造了人类社会及其发展轨迹，更成了人类存在的核心与灵魂的反映。其内涵之深厚、外延之广泛，令人惊叹。有些人将文化精妙地比喻为一张“无形的巨网”，意在强调文化那无与伦比的包容性与普遍性——它横跨世界，渗透人生，无所不在，无所不包，无时不有。

自 1871 年爱德华·泰勒在其开创性的著作《原始文化》中首次对“文化”概念进行系统性的界定以来，无数的学者、思想家从历史脉络、社会环境、学科特性等多重维度出发，对文化进行了深入且多元的剖析与解读。至今，关于文化的定义已积累至数百种之多，这恰恰印证了人类历史与文化之间的紧密交织：一部人类的发展史，实质上就是一部文化的演变史。

放眼人类历史的长河，不同国家和民族因其各自独特的历史传承、文化背景及国情差异，对文化的理解与诠释自然呈现出千姿百态的面貌。这种多样性不仅丰富了文化的内涵，也为我们理解和欣赏人类文明的多样性提供了宝贵的视角。

1. 文化的含义

（1）中国关于文化的起源与界定

中华文化，这一历经五千年沧桑而依旧璀璨夺目的文明瑰宝，其深厚的历史积淀与丰富的文明成果，共同构筑了一幅波澜壮阔的文化画卷。经过严谨的考证，我们可以确认，“文化”这一概念实际上起源于中国，其相关记载可追溯至春秋战国时期。

在早期的文献中，“文”与“化”二字通常是分开使用的，各自承载着独特的含义。其中，“文”的原意是指各种色彩交织而成的纹理或图案。如《易·系辞下》所言：“物相杂，故曰文。”而《礼记·乐记》则进一步阐述：“五色成文而不乱。”这些记载都强调了“文”的多样性与和谐性。而“化”字，则寓意着变化、生成与造化之意。如《礼记·乐记》所述：“和，故百物皆化。”这里强调了和谐促使万物生长变化的观念。同时，《庄子·逍遥游》中的“化而为鸟，其名为鹏”以及《易·系辞下》的“男女构精，万物化生”等记载，都从不同角度揭示了“化”的深刻内涵。

随着时间的推移，“文”与“化”二字的含义逐渐融合，并最终在战国末年儒生编辑的《周易·彖传》中首次以“文化”的形式出现。书中提到：“观乎人文，以化成天下。”这里明确提出了“以文教化”的思想，即通过人文的力量来教化天下、促进社会的和谐与进步。

随后的历史进程中，众多学者对“文化”这一概念进行了深入的阐释和拓展。如西汉的刘向所言：“圣人之治天下也，先文德而后武力。凡武之兴，为不服也。文化不改，然后加诛。”这里的“文化”已经与“武功”相提并论，成为治理国家的重要手段之一。而晋代的束皙则进一步指出：“文化内辑，武功外悠。”这强调了文化在内部治理中的重要作用。

到了近代，随着西学东渐的影响以及中国社会的变革与发展，“文化”这一概念的含义也得到了进一步的丰富和拓展。蔡元培等学者开始从人类社会发展的角度来定义文化，认为它是人生发展的状况和人类生活的样法。而梁漱溟则更为系统地阐述了文化的内涵与外延，他认为文化涵盖了人类各民族的生产方式、生活习俗、宗教信仰、道德伦理以及教育制度等多个方面。他强调指出："中国文化是一个整体。它为中国人所享用和创造的同时又反过来塑造了中国人本身。"

如今，"文化"一词已经成为学术研究的热点和永恒课题之一。随着时空的转换和社会的发展进步，"文化"的内涵不断丰富和深化，其外延也不断拓展和延伸。它不仅关乎人类的精神世界和文明成果，更与我们的日常生活息息相关，成为连接过去与未来、沟通你我的重要桥梁和纽带。

（2）西方关于文化的起源与界定

在西方语境中，"文化"（culture）一词起源于拉丁语，原初意义关联着对土地的精心耕作与动物的饲养。这一原始含义在现代英语词汇中仍有所保留，诸如"agriculture"（农业）、"horticulture"（园艺）以及"cultured pearls"（人工养殖的珍珠）等词汇，均隐含着对自然的有序管理与培育的概念。然而，当我们将视线转向东方，尤其是中华文化时，会发现关于文化起源与含义的表述存在着显著的差异，这种差异丰富了我们对文化多样性的理解。

古罗马哲学家西塞罗在文化的语义转变上发挥了重要作用。他的名言"智慧文化即哲学"赋予了文化更加深远的内涵，使之不再局限于物质层面的耕作与饲养，而是扩展到精神层面的培养、教育、发展，乃至信仰与尊重。这一转变极大地丰富了西方对文化的理解，使文化成了一个包含人类智慧、精神追求与社会实践的广阔领域。

随着时代的演进，什么是文化以及如何界定文化成了国际学术界广泛探讨的议题。西方学者从不同的学科背景和理论视角出发，对文化进行了多维度、深层次的解读。这些解读不仅涉及文化的物质层面，更深入到文化的精神内核，包括价值观、信仰体系、社会习俗、艺术表达等方面。通过综合中西方对文化含义的界定，我们可以更加全面地理解文化的深刻内涵与广泛外延，从而拓宽我们的文化视野，深化对文化多样性的认识与尊重。

①从哲学的角度谈对文化的理解。康德在《判断力批判》中深刻指出，文化源自于有理性的存在者内部所孕育的一种能力，这种能力使存在者能够自由地选择并达成其所追求的目的。这一观点强调了文化不仅是主体对客体的改造活动，更是主体在选择和创造过程中所展现的能动性。康德的这一阐释，突出了文化作为主体与客体相互作用的产物，其核心价值在于主体的自由选择和创造性实践。

与此同时，黑格尔对于文化的理解也颇具洞见。他提出，文化的本质在于其解放的力量，这种力量能够推动人类从各种束缚中走向更高层次的自由。黑格尔的这一观点强调了文化作为一种客观存在的价值性，以及其在推动社会历史进程中所产生的深远影响。与康德相似，黑格尔也从人与文化的紧密联系出发，认为文化的形成与发展是主体与客体相互交织、相互影响的结果。

康德和黑格尔这两位哲学巨匠对文化的深刻阐释，不仅为我们理解文化的本质提供了宝贵的思想资源，也对马克思主义文化观的形成与发展产生了深远的影响。马克思主义文化观在吸收和借鉴康德与黑格尔思想的基础上，进一步强调了文化在社会历史进程中的重要作用，尤其是其在推动人类解放和全面发展中的关键地位。这一观点不仅凸显了文化的主体性和创造性，也为我们全面、深入地理解文化的社会历史价值提供了重要的理论支撑。

②从文化的特性去解读文化。英国知名学者雷蒙德·威廉斯曾断言，“文化”一词在英语语言的丰富宝库中堪称最为复杂多变的词汇之一。这一说法凸显了文化概念的广泛性和深刻性，它包含了从人类物质生活到精神世界的方方面面。

同样地，美国学者对“文化”的定义也表达了一种类似的看法。他们幽默地作了比喻，试图定义文化就像是在空气中抓握一样——你感觉自己似乎触及了某些东西，但当你摊开手掌时，却发现什么也没有。尽管如此，这种“抓空气”的体验恰恰展现了文化的无所不在和包容性。文化就像空气一样，无形无相，却无处不在，无时无刻不在影响着我们的思维、行为和生活方式。

这些学者的观点共同强调了文化对人类生活的深远影响。文化不仅塑造了我们的个人身份和社会认同，还引导着我们的价值观念和行为准则。从日常生活的细节到国家民族的历史传统，从艺术音乐的表现到科技教育的进步，文化的足迹可谓遍布人类社会的每一个角落。因此，对于我们每个人来说，深入理解和欣赏文化的多样性与丰富性不仅是一种智慧的体现，更是我们作为人类共同遗产的守护者和传承者的责任所在。

③从文化人类学角度定义文化。美国人类学家路易斯·亨利·摩尔根在其研究中深刻指出，文化是在人类社会漫长的发展进程中逐步形成并完善的。他特别强调了“生存的技术”——包括生产技术和生活技术——的发明创造对于文化发展的推动作用。这些技术的不断进步不仅提高了人类适应和改造自然的能力，也促进了人类智力的显著提升。在摩尔根看来，文化与人类的存在紧密相连，它既是人类智慧的结晶，又是推动人类社会向前发展的不竭动力。

与此同时，英国文化人类学家爱德华·泰勒在其经典著作《原始文化》中，对文化作出了更加全面和深入的界定。他认为文化是一个由知识、信仰、艺术、道德、法律、风俗以及社会成员所习得的其他能力和习惯所构成的复杂体系。这一定义不仅涵盖了文化的物质和精神层面，还强调了文化作为社会现象的整体性和复合性。泰勒从人类学的独特视角出发，突出了文化在精神层面的表现和社会属性，为我们理解和研究文化提供了重要的理论框架。

泰勒的文化定义对后世产生了深远的影响，它不仅启发了无数学者对文化现象的深入探索，也为文化研究领域奠定了坚实的基础。在今天的学术研究中，我们仍然可以从泰勒的定义中汲取智慧，不断深化对文化本质和功能的认识。

④运用综合的思维方式对文化的含义进行系统梳理。西方学者在文化研究上一直表现出极高的热情和深度。其中，美国的克罗伯和克拉克洪在《文化的概念》一书中，对既有的文化定义进行了系统性的梳理与整合，提出了他们自己的见解：文化是由外层和内隐的行为模式所共同构成的，而其核心则在于那些历史地获得和选择的传统观念，特别是这些观念所承载的价值。这样的定义既强调了文化的行为层面，也突出了其历史和价值的维度。

与此同时，英国学者雷蒙·威廉斯对18世纪以来“文化”含义的演变进行了详尽的梳理。他认为，文化不仅仅局限于心灵的状态、知识的发展或艺术的展现，更是一种涵盖了物质、知识和精神的整体生活方式。在威廉斯看来，文化就像一张特殊的地图，忠实地记录着历史变迁所带来的种种影响。他特别强调了文化作为整体生活方式的重要性，并指出文化在实践中常常以“主流文化”、“新生文化”和“残余文化”三种形式存在。站在无产阶级的立场上，威廉斯对作为新生文化的“工人阶级文化”给予了特别的关注。

中西方关于文化起源的观点与本民族的文化背景、思维方式紧密相连。随着时间的推移和社会的发展，“文化”这一概念也在不断演变和丰富。各位学者从各自的研究领域出发，运用不同的研究方法，以不同的视角去探究、解读和阐释关于文化的基本问题。这种持续的研究热情和多元的研究视角，不仅推动了文化研究的深入发展，也为我们更全面、更深刻地理解文化提供了宝贵的思想资源。

（3）文化的基本含义

中西方对于文化的起源和演进的看法，深受各自独特的文化背景、历史积淀和思维模式的塑造。在中国，对于文化的理解通常从两个维度展开：狭义与广义，这一观念在权威辞书《辞海》对文化的阐释中得到了淋漓尽致的体现。广义而言，文化是一个包罗万象的概念，它囊括了人类在社会实践中所累积的物质与精神的生产力，以及由此衍生出的物质与精神财富的总和。这一定义不仅涵盖了物质文明的成果，也包含了精神文明的丰富内涵，展现了文化作为人类社会发展产物的全面性和多样性。狭义上，文化则更多地聚焦于精神层面的生产能力和产品。它涵盖了诸如自然科学、技术科学、社会意识形态等各种社会意识形式。这些精神产品不仅反映了人类智慧的结晶，也构成了社会文化的核心要素。有时，狭义的文化也特指那些在教育、科学、文学、艺术、卫生、体育等领域中的知识与设施，这些方面共同构成了社会文化的重要支柱。

《苏联大百科全书》与《大英百科全书》亦对“文化”这一概念进行了广义与狭义的细致划分。在苏联的百科诠释中，广义的文化被视作社会及个体在历史长河中达到的一定发展水平，它具体展现在人们生活的多元类型、活动形式，以及所累积的物质与精神财富之中。而狭义的文化，则更为聚焦地指向人们的精神生活层面。相较之下，英国的百科全书则提供了“一般性”与“多元的相对的”两种文化解读。前者将文化等同于全人类社会的遗产总和，后者则着重强调了文化的多样性与相对性。

词典与各类书籍对文化的定义，为我们准确且全面地把握文化含义提供了重要途径。近现代的中国学者同样对文化进行了深入且富有创见的研究与定义。梁漱溟先生强调文化的广泛包容性，认为文化无处不在、无所不包，它构成了人们生活所依赖的全方位基础。陈独秀先生则从狭义角度阐释文化，将其具体划分为科学、宗教、道德、美术、文学、音乐等几个核心领域。瞿秋白先生则从唯物史观出发，对文化进行了广义的解读，将其扩展至生产力状态、经济关系、社会政治组织、社会心理及思想系统等多个层面。而毛泽东同志则以历史唯物主义为指导，定义了狭义的文化概念，即观念形态的文化是特定社会政治与经济的反映，并对此产生深远的影响与作用。

2. 文化的分类

文化作为无所不包、无所不有的文化形态，关于如何将文化进行分类整合这一问题，学者从不同角度进行了探究。

（1）从文化形态上来看

文化可划分为两大层面：理论形态与世俗形态。陈先达教授指出，这两种文化形态既各自独立，又相互交织、相互影响。文化，作为人类心智的结晶，体现了人类在精神领域的创造性成果。它不仅深刻体现在诸如哲学、宗教、文学、艺术、音乐等经典的文化形态中，更广泛渗透于人们的日常生活实践中。

日常生活中的文化观念、民间智慧以及现代大众文化，均属于世俗形态的文化范畴。这种世俗文化为理论形态的文化提供了肥沃的土壤和生动的现实背景；而理论形态的文化，则是从世俗生活中提炼、升华而来的精神瑰宝。无论文化以何种形态呈现，“其本质和根源，始终深深植根于人类社会生活的方方面面”。

在生产实践与社会生活的持续演进中，文化不断吸收新的养分，与时俱进，展现出无穷的活力和创新性。随着社会的变迁，文化也在不断推陈出新，反映着时代的风貌和人类精神的新追求。

（2）从文化结构来看

文化是一个多层次、多维度的复合体系，通常可划分为物质文化、制度文化和精神文化三个主要层面。基于马克思主义的基本理论框架，并以近代中国文化的演进作为研究范例，庞朴进一步细化了这一分类，将文化划分为外层、中层和核心层三个递进的层次。外层，即文化的物质层面，对应于马克思所提及的“第二自然”或对象化劳动成果。这一层面涵盖了人类通过劳动所创造和改造的物质环境，包括工具、建筑、艺术品等。物质文化以其直观性和实用性为特点，变化迅速，传播广泛。中层，即文化的制度层面，是心与物相结合的产物。它包含了人类关于自然和社会的理论体系、社会组织结构、法律法规等。制度文化具有权威性和规范性，对个体和社会行为起着指导和约束作用。核心层，即文化的精神层面，是文化最为深邃和稳定的部分。它涉及价值观念、思维方式、审美趣味、道德情操、宗教情感和民族性格等深层次的心理结构。精神文化作为文化的灵魂和内核，对个体和社会的发展起着根本性的引领作用。

这三个层面的文化在地位和作用上各有侧重，相互交织，共同构成了一个民族或社会的文化全貌。物质文化为制度文化和精神文化提供物质基础，制度文化为物质文化和精神文化提供组织和制度保障，而精神文化则为物质文化和制度文化提供价值导向和精神动力。三者相辅相成，共同推动文化的传承与发展。

（3）从文化的影响力来看

文化作为社会现象的重要组成部分，可以依据其影响力和接受范围被划分为主流文化与非主流文化两大类别。主流文化，作为社会上的主导力量，与广泛的社会主流意识形态保持高度一致，并因此被社会中的大多数人所接纳和认同。这种文化不仅具有深远的影响力，还在很大程度上引领着整个文化体系的发展方向。

相对而言，非主流文化在社会中的影响力较小，它通常只被部分社会成员或特定的社会群体所接纳。尽管其传播力度和辐射范围有限，但对于特定的受众群体来说，非主流文化仍然具有重要的教化作用，能够满足他们特定的精神需求。

研究者们还从多个不同的视角对文化进行了更为细致的分类。例如，从地域的角度出发，我们可以区分出东方文化、欧美文化等；从学科的属性来看，文化又可以被划分为政治文化、科技文化、艺术文化等不同的子类别；而从文化的功能角度进行分类，则可以得到饮食文化、茶文化、服饰文化等更为具体的文化形态。这些分类和分层的方法不仅有助于我们更全面地理解文化的多样性，还能够更深入地探讨不同文化形态的内涵和功能。

3. 文化的功能

文化作为历史的积淀和人类创造力的结晶，涵盖了科学、哲学、文学、艺术、教育等诸多领域，不仅内涵丰富，而且功能多样。深化对文化功能的认识，有助于我们更好地挖掘和利用文化在推动社会进步中的积极作用。

（1）认知功能

无论是揭示自然奥秘的自然文化、推动科技进步的科技文化，还是探寻人文精神的人文文化，它们均承载着人类社会发展的丰富经验与深邃智慧。这些知识宝藏不仅为我们提供了理解世界的多元视角，更有助于我们深刻洞察并和谐协调人与自然、人与社会以及人与自我之间的复杂关系，从而推动人类社会的持续进步与发展。

（2）识别功能

文化与国家、民族的悠久历史紧密相连，深刻地体现了一个国家的独特魅力、一个民族的鲜明特色以及群体的共同属性。正因如此，文化成为辨别不同国家和民族身份的关键标识。从多元的价值观念、独特的思维方式，到各异的规范制度、传统习俗，乃至丰富多样的语言文字，这些文化要素不仅共同塑造了一个国家和民族的精神风貌，更为我们准确识别和区分不同的国家和民族提供了不可或缺的重要依据。文化的这种独特性和辨识性，使每个国家和民族都能在全球文化大舞台上展现其独有的风采和魅力。

（3）传承功能

中华文化历经五千年沧桑岁月，依然璀璨夺目，这得益于其深厚的文化传承与不懈的创新精神。文化通过各种符号，诸如文字、语言的流转，透过多元化的载体，如文物、建筑、风俗的展示，再经由文学、哲学、自然科学等学科的解读与传播，使文化的精髓得以代代相传、永葆生机。同时，文化更拥有引领社会发展的强大功能。作为一种无形而深刻的精神力量，文化对政治经济的演变产生着深远的影响。那些顺应时代潮流、符合社会发展规律的文化，能够高瞻远瞩地为社会指明前进方向，为国家和民族的进步提供源源不断的动力。它们不仅在宏观层面引领着国家和民族的崛起与繁荣，更在微观层面激励着每一个个体的成长与自我实现。先进文化，作为时代发展的先驱和引领者，以其前瞻性和创新性推动社会不断迈向新的高峰；相反，那些陈旧落后的文化观念，因其与时代精神的脱节和对创新进步的阻碍，终将成为社会前行的绊脚石。因此，文化的力量在于其传承与创新的双重奏，既承载着历史的厚重，又昭示着未来的希望。

（4）教化功能

文化，在本质上是观念形态的深刻体现，它牢固地扎根于上层建筑的沃土之中。在世代相传的连续过程中，文化所蕴含的价值观念、道德情操以及科学知识等核心要素，均对个人成长和社会进步产生着深远而持久的影响。借助家庭教育、学校教育、社会宣传以及社会示范等多元化文化手段，我们能够有效地规范个体行为，进而在社会层面上凝聚广泛共识，为社会的和谐稳定与发展繁荣提供坚实支撑。这些文化手段不仅塑造了我们的社会行为准则，更在深层次上引领着社会的价值取向和道德标准，从而推动整个社会向着更加文明、进步的方向不断迈进。

4. 文化的特征

文化的发展呈现为一种变与不变的辩证统一，即既要保持传承延续的连续性，又要追求更新发展的创新性。文化的持久活力源于其在延续中不断更新，其中延续为根基，更新为目标。这两者如同驱动文化前行的双轮，相互依存，缺一不可。文化传承代表着后代对前人文化成就的认同与尊重，而为了开辟新的道路、赋予文化新的生命力，我们必须积极创新，在传承的基础上催生祖先文化成果的新芽。因此，文化创新成为推动社会不断前行的核心动力。唯有摒弃陈旧的元素，引入新的思想与观念，才能使传统文化在新时代背景下焕发新的光彩。

（1）继承性

尽管文化与生产力和生产关系之间存在着紧密的联系，受到它们的决定性影响，但文化与这两者之间的关系并非完全的重叠或镜像反映。这种非完全对应性表现得尤为明显，在文化与经济发展的步伐上，它们并不总是保持同步。文化拥有强大的历史传承性，它可以作为一种独立而自主的存在，而不必始终与经济发展的步伐保持紧密一致。

一旦特定的文化观念在历史的长河中得以形成和确立，它们便会以某种深刻的方式根植于人们的心灵深处，进而外化为鲜明的民族传统，构成一种具有深远影响力的文化历史惯性。这种文化历史惯性不仅塑造了一个民族的精神风貌，还对其社会发展产生着深远的影响。

任何时代的思想文化都不是凭空产生的，它们都是在前人创造的观念基础上逐步发展起来的。人类总是在直接面对、既定且从过去继承下来的文化条件下进行创造和创新。这是因为我们的生活深受整个文化环境的熏陶和影响，我们通过口耳相传、书籍文字等多种方式，不断地从先辈那里汲取哲学、艺术、技艺等方面的智慧。

在学习的过程中，我们融入自己的思考和见解，使传统元素焕发新的生命力和表现形式。当前的文化环境无疑为未来探索和发展新文化奠定了坚实的基础，提供了丰富的资源和灵感。没有文化的持续传承和发展，就不可能有更高层次的创新和飞跃。因此，我们应该珍视和尊重文化的传承性，推动文化在创新中不断发展，为社会的进步和繁荣贡献力量。

（2）创新性

文化不仅包含既定的文化成果，更是一个持续创造与演进的动态过程，它蕴含着生生不息的活力与灵魂，绝非僵化固定的存在。尽管文化具有一定的稳定性和传承性，但它也随着人们在不同历史时期的实践活动而不断得到丰富和创新。这种创新从内部视角来看，是生产力进步和社会发展的必然结果。

正如马克思主义唯物史观所强调的："物质生活的生产方式决定了整个社会生活、政治生活以及精神生活的走向。"当社会的经济发展模式发生变革，历史的车轮滚滚向前时，社会个体成员将以新的视角和方式去适应和改造自己所处的环境。他们往往不会盲目崇拜传统，而是结合当下时代的特点和大众的精神文化需求，对传统文化进行有针对性的补充和完善。这样一来，文化传统便在不断地转化和创新中焕发新的生机。值得注意的是，这种转化和创新通常以一种渐进的方式，在文化传统的各个组成部分内部悄然发生，推动着文化的持续发展与进步。

从文化创新的外部条件来看，主要有两大驱动力。

一是文化的交流与互动，这种交流与互动不仅发生在同一文化传统内部的不同地域、民族之间，也存在于不同文化传统之间，即国与国间的文化交流与比较。这种交流通过比较和借鉴，对文化的形成和发展产生深远影响，为文化创新提供了重要契机。然而，对其他文化的吸收和借鉴并非盲目进行，而是需要经过选择，只有那些能够适应本地自然与人文环境、与本民族文化相契合的文化要素，才有可能被接纳并融入其中。

二是文化的冲突与碰撞，这种摩擦和矛盾既可能存在于单一民族文化内部，也可能发生在不同文化之间。这种矛盾冲突有助于打破旧的文化结构，使文化在淘汰旧有元素、吸纳新元素的基础上实现新的整合，甚至在某些情况下可能引发文化的突变。然而，在面对外来先进文化时，我们必须保持本民族文化的主体性，避免盲目照搬而失去民族生存的根基。同时，我们也要认识到那些代表着先进生产力、符合时代特征的先进文化更有可能成为打破原有文化结构的力量，推动文化的创新与发展。

因此，文化的创新与发展是一个持续不断的过程，它既受到内部生产力进步和社会发展的影响，也受到外部文化交流与互动以及文化冲突与碰撞的驱动。在这个过程中，我们需要保持对传统文化的尊重与传承，同时也要积极吸收和借鉴外来文化的优秀元素，推动文化的创新与发展，使其更好地适应时代的需求和社会的发展。

（二）传统文化

1. 传统文化的概念和内涵

自党的十八大以来，党中央对中华传统文化进行了全新的定位与提升，注入了鲜明的时代内涵，使其成为我国文化建设及研究领域的核心议题。然而，长期以来，由于“传统文化”概念及其研究对象的界定模糊不清，导致该领域内的研究成果与观点存在显著分歧。因此，当前的首要任务是明确传统文化的内涵与特性。

人类学家泰勒在《文化的起源》一书中深刻阐释了文化的广泛内涵，包括知识、信仰、艺术、道德、习俗等以及作为社会成员所获得的其他能力与习惯。而传统则被视为历史发展过程中的继承性表现，深刻地体现了民族性与阶级性。忽略历史性与继承性，则无法谈及传统文化的概念与内涵。在词条工具书和常规观念中，“传统文化”通常被解释为在历史演化中继承与积淀的、能够反映民族特质的总体表征，其外延涵盖了所有物质的、制度的以及精神的文化实体与文化意识。这一概念是相对于“现代文化”或“外来文化”而言的。

在国际上，关于“传统文化”的明确提法相对较少。其中，联合国教科文组织于1989年通过的《保护传统文化和民俗的建议》较为突出，提及民俗和传统的大众文化是文化团体基于传统创造的全部，通过群体或个人表达出来；其标准和价值是通过模仿或其他方式口头流传的，形式多样，包括语言、文学、音乐、舞蹈、游戏、仪式、手工艺品、建筑及其他艺术。与此同时，类似的概念如“传统知识”和“非物质文化遗产”分别源自世界知识产权组织和联合国教科文组织的官方解释。这些定义虽各有侧重，但都强调了民族性、历史性、继承性和创造性的基本特征。

具体而言，“传统知识”是指基于传统的文学、艺术和科学作品、表演、发明、科学发现、外观设计、商标、商号及标记、未公开的信息等以及一切来自工业、科学、文学艺术领域的智力活动所产生的、基于传统的革新和创造。而“非物质文化遗产”则涵盖了被各社区、群体和个人视为其文化遗产组成部分的各种社会实践、观念表述、知识、技能以及相关的工具、实物、手工艺品和文化场所，主要包括口头传统、表演艺术、社会实践、仪式礼仪、节日庆典、有关自然界和宇宙的知识和实践以及传统的手工艺技能等内容。

改革开放以后，我国对传统文化的态度逐渐趋于冷静与成熟。在处理传统文化传承问题时，众多学者开始致力于阐述中华传统文化的深刻内涵以明晰研究思路与惯例。李宗桂认为，中国文化应分为物质文化、制度文化和思想文化等多个层次，它们共同构成一个有机整体且博大精深。其中，思想文化作为核心部分反映了中国文化最为本质的特征和精神气象。而中国传统文化作为重要组成部分是中华民族在数千年发展过程中创造的、不断发展的、具有自身独特烙印的文化。窦坤和刘新科强调传统文化不仅具有历史意义更具有超越历史的价值，是在特定地理环境、政治结构、经济形势和意识形态共同作用下由中华民族世代积累形成的并为大多数人所认同的中国古代文化。汤一介则从崇尚自然、体证生生、德性实践三个层面深入阐述了中华传统文化的价值所在即追求普遍和谐与重视人的精神生活。

特别值得注意的是，自党的十六大以来，“传统文化”在当前已经具备了一定的政治理论和国家战略高度，在党的文献中多次提及相关概念。这表明“根植中华优秀传统文化”已经成为马克思主义中国化的重要维度之一，而中华优秀传统文化特指传统文化中的优秀部分。在一般情况下，“中国文化”“中华文化”“传统文化”与“中华优秀传统文化”并不做特别区分，其概念均作为褒义出现，凸显了其在当代社会中的重要地位和价值。

综上所述，要准确把握“传统文化”的内涵，需要注意以下几点。

①传统文化是在历史长河中逐渐形成、发展和传承的。它不仅是某个时代的产物，更是民族在历史演化过程中不断积累和沉淀的结果。因此，传统文化具有深厚的历史

性。然而，传统文化并非僵化的历史遗迹，而是在现代社会中仍然具有生命力和价值的文化遗产。它超越历史，与现代社会紧密相连，为人们提供智慧、启示和精神滋养。

②传统文化是民族身份和文化认同的重要标志。它反映了一个民族的总体表征，与该民族或本地社区有着紧密的联系。这种联系使传统文化具有独特的民族性和地域性，成为区分不同民族和文化的重要依据。同时，传统文化也是大多数人民共同认同和认可的文化符号，承载着民族记忆和共同情感。

③传统文化的表现形式极为丰富多样。从思想、语言、文字到美食、建筑、神话、民俗等各个方面，传统文化无处不在。无论是物质形态还是非物质形态，无论是生活方式还是价值观念，传统文化都以其独特的方式影响着人们的日常生活和精神世界。这种多样性使传统文化具有广泛的包容性和吸引力，能够满足不同人群的文化需求。

④传统文化是一个相对的概念。与“现代文化”和“外来文化”相比，传统文化更强调历史的传承和民族的特色。在全球化背景下，传统文化成为国家软实力和国际竞争力的重要组成部分。因此，讨论传统文化不能脱离现代社会的实际情况和未来发展规划。同时，我们也应该以开放、包容的心态对待外来文化，实现文化的交流与互鉴，共同推动人类文明的进步与发展。

2. 传统文化的基本特征

（1）伦理性

中华文化自古以来便以伦理道德为核心价值取向，高度重视社会伦理道德体系的构建以及个人伦理道德规范的培育。儒家思想作为中华传统文化的精髓，将仁、义、礼、信、孝等理念融入人们的日常生活中，作为修身的具体标准和要求。其显著特点在于，始终把道德教育置于首位，强调德育在人的全面发展中的核心地位。

孔子提出的“行有余力，则以学文”这一观点，充分彰显了他对道德修养的极度重视。在孔子看来，修德是人生的第一要务，它对于个人的成长和发展具有至关重要的意义。儒家学者在继承和发展孔子德育思想的基础上，进一步将道德教育提升到治国理政的高度，强调其在国家治理中的关键作用。这种对道德教育的不断深化和拓展，推动了道德教育思想的理论化、系统化和完善化，为中华民族的持续进步提供了强大的精神动力。

中华传统文化在继承传统优秀元素的过程中，始终强调道德教育和德行培养在人的教化中的核心地位。它注重完善人的道德品质、提升人的精神境界以及实现人的人生价值。我国所倡导的社会主义核心价值体系，正是以中华民族传统美德为根基，紧密围绕个人、社会、国家三者之间的关系，着力解决现实生活中的实际问题和民生关切。这一体系不仅具有深厚的历史文化底蕴，更展现出鲜明的人学伦理特色，为新时代我国社会主义事业的发展提供了坚实的道德支撑。

（2）包容性

中华传统文化之所以具有绵延不绝的强劲生命力，并在历史长河中生生不息、从未间断，这与其自身所蕴含的包容性与开放性特质息息相关。这种包容性在儒家思想中得到了集中体现，其开放多元的文化理念，如“君子和而不同”“天时不如地利，地利不如人和”等，都展示了儒家对于多元文化的接纳与融合。这种开放多元的态度，使儒学能够不断吸收各家之长，发展壮大，延续至今，并对现代社会产生深远影响。

中华文化的包容性不仅体现在对内部多元文化的融合上，更体现在对外来文化的接纳与吸收上。在发展过程中，中华文化始终对外来文化保持开放态度，以自觉的姿态吸收佛教等外来文化的精华。在坚持本民族文化主体地位的基础上，中华文化以“以我为主、为我所用”的原则，对外来文化进行筛选、借鉴，并与自身文化相融合，从而不断丰富和发展自身的文化内涵和体系。

这种开放包容的态度，使中华文化在保持自身独特性和优势的同时，能够不断汲取外来文化的营养，为自身注入新的生机和活力。这种文化的自我更新和发展，不仅赋予了中华文化蓬勃的生命力，更使其成为培育和涵养本民族精神的宝贵土壤。因此，中华传统文化之所以能够历久弥新、生生不息，正是得益于其内在的包容性与开放性特质。

（3）革新性

中华传统文化在人类历史的漫漫长河中，历经无数坎坷与挑战，却始终未曾断绝，展现出了令人赞叹的生命力和自我革新的能力。这种文化之所以能够穿越时空的界限，延续至今，并在现代社会中仍然保持着活力和影响力，正是因为它具备了一种独特的自我更新和自我完善的能力。

在社会变革和发展的每一个阶段，中华传统文化都能够主动吸收时代的优秀元素，丰富和提升自身的内涵，不断实现自我革新和自我完善。无论是古代文明的探索时期，还是当代文化的实践过程，中华文化都能够在历史的更替中逐步革新和发展，展现出一种不断更新、不断进步、不断焕发新生的活力。

这种强烈的自我革新精神，正是中华传统文化能够不断适应时代和社会发展的需要，始终保持生命力和活力的关键所在。而这种精神，也为我国高校思想政治教育工作的创新发展提供了强大的动力。我们可以从中华传统文化中汲取智慧和力量，不断创新思想政治教育的内容和方法，使其更加贴近时代的需求，更加符合学生的实际情况，从而更好地发挥思想政治教育在培养学生综合素质、促进学生全面发展中的重要作用。

（4）民族性

中华传统文化的核心特性在于其鲜明的民族性，这一特性不仅深刻反映了一个国家独有的精神风貌和审美取向，更成为展示民族文化形象的重要窗口。举例来说，当提及《西游记》和《红楼梦》这两部文学巨著时，人们会自然而然地联想到中华传统文学的瑰丽与深邃；同样地，京剧、豫剧以及川剧的变脸艺术等，无不让人即刻感受到中华传统戏曲艺术的独特魅力；而谈及四合院、胡同这些传统建筑元素，则又让人沉浸于中华传统建筑的韵味之中。这些文化符号所承载的，正是传统文化民族性所赋予的深厚内涵和独特魅力。

强调并凸显传统文化的民族性，其根本目的在于深入挖掘本国的精神财富，以此展现中国文化的深厚底蕴和强大力量。通过这种方式，我们不仅能够更好地传承和弘扬中华民族的优秀传统文化，更能够让世界感受到中国文化的独特魅力和价值所在。这既是对本国文化自信的体现，也是推动中华文化走向世界的重要途径。

（5）传承性

中华传统文化的传承性，是指这一文化体系经过无数代中华儿女的智慧积累与努力传递，得以绵延不绝。这一过程远非一蹴而就或轻而易举，而是历经漫长岁月的洗礼与筛选，最终保留下来的文化瑰宝。尽管历史长河中涌现出众多文明的创造者，但并非所有文明都能经受住时间的考验，深刻影响后世。正是得益于中华传统文化的卓越传承性，传统思想、文学、习俗等文化元素得以百花齐放、繁荣发展，进而使中华民族在世界民族之林中独树一帜，始终保持着鲜明的民族特色。这种传承性不仅彰显了中华文化的深厚底蕴和强大生命力，也为中华民族的持续发展提供了坚实的文化支撑。

3. 传统文化的表现形式

中国传统文化，历经数千年的时光流转与世代传承，凝聚成一座博大精深、内涵丰富的文化宝库。作为华夏民族悠久历史的见证和智慧的结晶，它以卓越的艺术魅力和深厚的文化底蕴，闪耀在人类文明的长河中。

中国传统文化的存在形态呈现为物质与非物质两种维度的交融。在物质层面，它以具体可感的形式出现，如古建筑、工艺美术、典籍文献等，这些元素不仅具有直观的物质性，还因其独特的审美价值而深受环境变迁的影响。而在非物质层面，它则以思想观念、宗教信仰、哲学智慧和文学表达等方式存在，这些无形的文化精髓承载着浓厚的历史印记和民族特色，具有相对稳定和持久的传承性。

随着我国科学技术的迅猛发展和社会经济的快速腾飞，人们对于精神生活的追求日益提升，文化、文学、哲学、宗教等领域的知识逐渐成为时代的重要议题。相应地，非物质文化遗产在文化传承与发扬中的角色愈发重要。这些无形的文化资产不仅是探寻传统文化深邃内涵的关键途径，更是激发文化创新、促进文化繁荣不可或缺的资源宝库。

鉴于此，我们应当致力于深入挖掘并整理传统文化的非物质元素，通过加强研究与宣传，让更多的人领略中国传统文化的瑰丽风采和丰富内涵。同时，我们还应积极探索传统文化与现代科技的有机结合，以创新的方式推动文化的传承与发展，使中国传统文化在新时代的浪潮中焕发更加绚烂的光彩。

4. 传统文化的主要内容

中华传统文化基本包括哲学思想、人文精神、道德理念三个方面的内容。就特征来看，中华传统文化重人伦道德、讲经世致用、求贵和尚中。

（1）哲学思想

中国传统哲学作为文化的核心，其世界观、价值观和思维方式构成了独特的理论体系。在世界观层面，中国哲学展现出鲜明的唯物主义倾向，与宗教神学形成鲜明对比。古代哲人对于万物始源的回答，虽名异而实同，均指向物质形态。如道家之“道”、宋明理学家之“气”，以及“太极”“五行”等概念，均强调世界的物质性。同时，中国哲学认为世界处于不断变化之中，如庄子的物质变化观，这种朴素直观的认识在唯物主义哲学发展中具有重要意义。

在价值观方面，儒家崇尚道德至上，以“和谐”为最高价值标准，通过道德力量实现人、己、物、我的和谐统一。然而，儒家在强调道德的同时，对利与力的看法逐渐走向片面。相比之下，法家崇尚竞争与法治，彻底否定道德价值，形成与儒家截然不同的价值观。墨家则主张义与利、力与德的统一，但其立场局限于小生产者，因此也存在偏颇。当今时代，我们应理性继承传统哲学中的价值观精华，站在马克思主义立场上实现义与利、力与德的统一以及和谐与斗争的协调。

在思维方式上，中国传统哲学注重和谐、整体、直觉、关系和实用。这些思维方式推动了中国古代社会的长期稳定发展，并在应用科学领域取得显著成就。然而，传统思维方式也存在忽视矛盾斗争性、缺乏理论体系构建和逻辑论证推理的局限性。因此，在继承传统思维方式时，我们应客观看待其优缺点，取其精华、去其糟粕。

（2）人文精神

人文精神作为对人类自身的深刻关怀，在我国古代思想中占据了举足轻重的地位。它主要体现在对人的地位、作用的肯定，以及对理想人格的不懈追求和塑造上。

在人的地位方面，儒家思想赋予了人极高的尊崇。人被视为四方宇宙中的制高点，是国家的根基所在。荀子通过对比人与水火、草木、动物，深刻阐述了人在广阔天地间的特殊性和尊贵性。与此同时，道家思想中的老子也同样肯定了人的地位，他将人、天、地并列为宇宙间三大要素，彰显了人在自然系统中的不可或缺性。

在人的作用方面，古人深刻认识到人的主观能动性。人不仅能够顺应自然，更能够利用自然为人类服务。荀子提出的“制天命而用之”正是对这一思想的集中体现。

人作为天地间的最高存在，有责任也有能力充分发挥自己的天性，帮助万物展现其本真之美，从而在宇宙中确立自己的地位。

在理想人格塑造方面，君子品格成了世人的楷模。通过“礼乐政刑”的综合教化，人们努力追求并塑造着君子般的人格魅力。君子不仅博学多才、谦逊有礼，更在道德品行上达到了极高的境界。而“礼乐政刑”作为塑造理想人格的重要手段，既包含了内在的道德修养，也涵盖了外在的行为规范和社会秩序。其中，“礼”是道德的外在表现，“乐”则能促进人心和社会的和谐，“政”强调为政者的榜样作用，“刑”则是维护社会秩序、惩恶扬善的必要手段。

值得一提的是，儒家思想在肯定人的地位和追求理想人格的同时，也积极吸收了法家的思想精华。儒家认识到，单靠道德教化不足以平天下，必须将道德与法治相结合，才能真正实现社会的和谐稳定。因此，在中华传统文化中，“礼乐政刑”并不仅仅是单一的教化手段，而是相互补充、相互完善的综合体系。

（3）道德理念

“道德”这一概念，源自“道”的品性，它不仅渗透于自然界的方方面面，也是人类社会所应恪守的准则。在人类社会中，“道德”体现为对各种原则的尊重和遵循。

中国传统道德观念丰富多样，历经多个历史阶段的演变。从商代的“六德”到先秦儒家的“四德”，再到汉代的“五常”以及宋元的“八德”，每一个时期都有其独特的道德理念。现当代学者更是从忠、孝、和等十三个方面，系统总结了中国传统道德的核心要义。

其中，“仁”在儒家思想中占据核心地位，它体现了对生命的深切尊重和关怀。儒家所倡导的“仁”，鼓励人们以温柔、慈爱的心态对待世间万物。而“义”则强调适宜、合宜的行为准则。儒家学者在道德层面对“义”进行了解读，提倡在面对利益时要思考其是否合乎道义，甚至在必要时应舍生取义。这种观念体现了古人对公平、正义的不懈追求。“忠”在儒家思想中也有着举足轻重的地位。它原本是指尽心尽力地为国家、民族服务的一种精神。然而，在历史发展过程中，“忠”有时被误解为盲目的“愚忠”。在现代社会，我们应该摒弃这种封建落后的观念，将“忠”的积极意义与爱国、爱民的精神相结合，从而强化人们的爱国主义精神。此外，“信”也是中国传统道德中的重要元素，它主要涵盖了两大方面：一是“以信立身”，即对自己要诚实守信，不断完善自我修养；二是“以信待人”，即对待他人要言出必行，保持诚信。

尽管这些道德理念历史悠久，但它们仍然深深植根于中国人的心中。其合理部分对于提升个人品德、促进社会和谐仍具有重要的现实意义。

二、传统文化产生的根基

（一）传统文化产生的地理环境基础

中国传统文化产生和发展的地理环境是指中国进入文明社会以来的整个历史时期的地理环境，即历史地理环境。地理环境包括自然地理环境和人文地理环境，人文地理环境又分为经济地理环境和社会文化地理环境。一般来说，自然地理环境，如气候、地形、地貌、水文、植被、海陆分布等，其发展变化的速度比较缓慢。而人文地理环境，如疆域、政区、民族、人口、城市、交通、农业、牧业等，其发展变化的速度要快得多。

地理环境对中国传统文化的形成与发展具有较大的影响和作用。不同的地理环境条件，造就了人们不同的生活方式；不同的生活方式产生了独特的文化，并在不断变化着。我们的生活离不开土地，因为土地是人们赖以生存的基础。文化是在物质基础上出现的，所以地理环境对中国传统文化的发展有直接的影响。

在中国历史上，地理环境在中国文化形成中的作用主要体现在以下两个方面。

①有利的地理环境因素为中国传统文化奠定了一定的基础。中国国土面积比较大，大部分地区处于北温带，少部分地区处于热带。我国的地理位置比较好，适合农耕等农事活动，有利于人们聚居繁衍生息。大部分地区处于中纬度，气候温和，下半年雨热同季，温度和水分条件配合良好，为发展农业提供了适宜的条件。中国的黄河流域、长江流域、辽河流域、东南和西南崇山峻岭间适合人类生存的地域有五百多万平方公里，尤其是黄河流域、长江流域的中下游地区更适合人类生活、生产，因而成为中华文明的发祥地和中国人民繁衍生息的区域。

农业在中国有着极其悠久的历史和相当辽阔的地域，最早在黄河中下游地区由于河流冲击而形成的冲积平原，人们聚居在这里进行农耕劳作，便形成了农业区。随着人们不断地聚居在黄河流域的平原地带，耕作的面积不断扩大，中国传统文化便悄悄萌生。由于不少地区迁入的人口众多，他们带来的文化就成了迁入地的主体文化被保留并传承下来。

②中国传统文化的多样性得益于中国多样性的地理环境。中国传统文化的滋生地疆域广阔，腹里纵深，拥有气候、土壤、动植物群落差异显著的地理生态格局，必然使文化形态具有丰富多元特性，每一个区域的文化都明显带有该区域的地理生态特色。不同特质的文化又构成了不同的文化形态，如黄河流域的秦文化、三晋文化、齐鲁文化与长江流域的楚文化、吴越文化之间就存在着较大的差异，而东部温暖湿润地区的农耕文化与干燥的西北部地区的游牧文化更是大相径庭。人们长期生活在不同的文化氛围中，自然要接受其教化，因此他们的心理、性格、行为也必然带有该类型文化的特征。

数千年间，中国王朝有规律地经历了多次迁徙，大体上是自东向西，之后又由西北向东南，最后到元、明、清时期集中在北方，先后形成了闻名于世的七大古都，即安阳、西安、洛阳、开封、南京、杭州、北京。中国这一历史现象有别于其他大多数古老国家，那些国家的都城都较为稳定甚至单一，如埃及的开罗、古罗马（现意大利）的罗马、印度的新德里、英国的伦敦、法国的巴黎等。中国的都城之所以不固定，与经济重心的开拓及民族的融合有关。在数千年辗转迁徙的过程中，汉民族文化不断吸收各兄弟民族的优秀文化，使中华民族的文化走向了一体化，进而成为博大精深的中国传统文化，并以其独特的魅力自立于世界东方，影响远播世界各地。

（二）传统文化产生的社会经济基础

以农耕经济为主的中国农业自然经济，其历史之悠久、持续性之强，为世所罕见。正是这一深厚的经济土壤，孕育出了中国那绚烂多彩的古代文化。历经数千年的文化积淀，农业自然经济对中华民族的民族心理、思维方式及意识形态产生了深远的影响，主要体现在以下三大方面：

①农耕经济的持续稳定性赋予了中国传统文化强大的延续力。作为拥有数千年文明史的古国，中国农耕经济的持久性是其自然经济的鲜明特征。这种稳定性确保了中华文明的连绵不绝，为其注入了强大的承受力、自我修复力和内聚力。尽管历史长河中朝代更迭频繁，甚至游牧民族多次入侵并建立政权，但中国的农耕经济始终坚韧不拔地前行。基于此，中华文明也从未中断，反而在短暂的战乱与分裂中更加坚韧，向心力更强。例如，魏晋南北朝这一动荡时期，却是农耕文化进一步发展的关键阶段；辽夏金元时期的文化传承同样坚韧；清朝时，满洲贵族迅速融入中原文化。在各民族的共同努力下，中国传统文化得以持续传承与发展，这种深厚的文化传统是任何外来势力都无法割裂的。然而，这种早期定型的文化也导致了人们常常回顾过去，寻求完美制度与礼教，这在一定程度上积累了文化的保守性。因此，在封建社会后期，中国传统文化略显僵化，缺乏创新活力。

②农耕经济的多元化结构造就了中国传统文化的包容性。中国地域辽阔，自然条件和社会发展水平差异显著，形成了多样的区域文化格局，如齐鲁文化、楚文化等。随着农耕经济的扩张，中国文化的包容性促使这些区域文化相互融合、共同发展。中国传统文化不仅吸收了百家学说和不同地区的文化精华，还长期吸纳了周边少数民族的优秀文明，使其更加丰富多彩。例如，汉代吸收了北方民族的器用和歌舞；魏晋南北朝时期，北方民族精神为中原文化注入了新活力；盛唐时期更是文化融合的巅峰，胡汉文化相互交融，使中国传统文化更加生机勃勃。即使面对外域文化，中华民族也展现出了博大的胸怀和扬弃吸收的态度。如佛教传入中国后，与儒、道等文化相融合，达到了新的高度；明末清初时期，有识之士主张学习西方科学技术；近代以来，面对

西方列强的压迫，知识分子仍然不忘吸收西方文化以自强。这种开放的文化心态正是中国传统文化包容性的体现。

③农耕经济的早熟性赋予了中国传统文化凝重的特质。农耕经济的多元化结构推动了中国封建社会经济的充分发展，孕育了辉煌的中国古代文化。然而，这种早熟性也导致了中国传统文化的早熟。早在先秦时期，中国就出现了“敬德保民”“民为邦本”的思想。儒家学说强调人与人在道德上的平等，这种民本意识曾受到西方启蒙思想家的赞赏，但在中国却未得到正常发展。由此派生的人人平等思想既成为农民反抗压迫的武器，又加剧了社会稳定与动乱的循环。中国农耕经济和中国传统文化的早熟性与社会的多元结构相互配合，增强了传统社会的坚韧性。但随着封建社会的发展，中国传统文化逐渐显露出保守性格。宋元以后，其开放性和包容性较汉唐时期有所衰退。然而，近现代以来，中国人通过不懈努力和改革开放，使中国传统文化重新焕发了生机与活力。

（三）传统文化产生的社会政治结构基础

一个民族的文化演进，除了受到其独特的地理环境、经济状况及外来因素的深刻塑造外，其社会政治结构亦扮演着举足轻重的角色。纵观全球几大古代文明的发展历程，中国古代的社会政治结构凸显出两大鲜明特色：其一，是以血缘纽带为核心的宗法制度，这一制度既完备又系统；其二，则是专制主义的严密性。历经漫长岁月，中国特有的专制政治与富含血缘情感的宗法制度相互交织，共同构筑了一种独特的“家国同构”社会政治格局。

这种传统社会政治结构对中国文化产生了深远影响，主要体现在以下三个方面：

①宗法制度在中国社会结构中的主导地位，导致中国传统文化呈现出一种伦理型范式。这种范式的积极面在于，它强化了中华民族的凝聚力，注重道德修养，使中国成为举世闻名的礼仪之邦。然而，其消极面也不容忽视，三纲五常的伦理教条在一定程度上阻碍了中国传统文化的健康发展。

②传统社会结构的特征也促使中国文化形成了中心化范式。这一范式的正面价值在于塑造了中华民族的整体观念、国家利益至上的信仰以及民族心理上的文化认同感。但与此同时，它也带来了负面影响，即容易使人对权威和权力产生迷信，从而削弱了个人的自信心。

③宗法制度与专制政治的紧密结合，在政治层面上表现为儒法合流的现象，而在文化层面则体现为伦理与政治的相互渗透。这种融合突出地展现了一种“内圣外王”的心态——即将修身、齐家、治国、平天下视为人生最高理想和追求。

三、传统文化的历史演变

中华传统文化不是一潭死水、一成不变的，而是变与不变的统一。其变化的一面体现在中华传统文化总能以开放包容、兼收并蓄的特质因时而变、开拓创新。这种创新的特质不仅发生在中国古代，同时也延续至中国近现代乃至中国当代。

（一）传统文化的古代发展

我们的先祖深谙历史作为智慧之源的道理，他们精通于汲取古人的智慧精髓，并以富有创新的时代理念重新解读传统，从而使其焕发新的生命力，达到前所未有的高度。这种对传统的坚守与传承，如同一条主线，贯穿了中国文化的漫长历史。

当我们回顾中国古代文化的发展历程时，可以清晰地看到两个显著的文化高峰。第一个高峰跨越了西周、春秋战国直至两汉的时期，而第二个高峰则从隋唐延续至两宋。这两个时期的文化繁荣不仅代表了中华传统文化在创新发展方面的杰出成就，更凸显了持续不断的文化创新作为推动力量的重要性。

在西周至春秋战国再至两汉的这一历史阶段中，西周在深刻反思殷商灭亡的历史教训后，提出了全新的天命观念，为社会秩序的建立提供了思想基础。同时，在礼乐制度方面，周公的划时代贡献在于他完成了礼乐制度的全面建设，为社会行为树立了典范，并构建了道德文化的宏伟框架。这一时期孕育了“德”“孝”等核心道德观念，为后世社会树立了道德典范。而到了春秋战国时期，面对社会的深刻变革和危机，诸子百家纷纷涌现，提出了各自独特的政治主张和思想体系，形成了中国历史上最早的文化繁荣盛景。这一时期被誉为中华文明的思想发源地，同时也是人类文明轴心时期的重要代表。进入两汉时期，政府致力于对先秦儒学进行改造和提升，使其成为国家的核心意识形态。其中，董仲舒的贡献尤为突出，他融合阴阳五行家的思想，对以往的学说进行了深刻的变革和创造性的发展。在天人观念上，董仲舒以阴阳五行为纽带，提出了天与人皆有阴阳的独特见解，深化了人们对宇宙和人生的理解。在道德伦理方面，他提出的“三纲五常”思想对后世社会产生了深远的影响。同时，董仲舒在人性论上也进行了深入的探讨和阐述，他认为人有善恶之分，并主张通过德刑兼备的方式来维护社会的和谐统一。尽管董仲舒的理论体系存在一定的历史局限性和争议，但他对先秦儒学的成功改造无疑将其推向了新的理论高峰，为后世儒学的发展奠定了坚实的基础。

在隋唐至两宋的阶段中，隋唐文化以开放包容、繁荣壮美的姿态屹立于世界文化之林。在佛教文化方面，国人以“格义”的方法将其与中国传统文化相融合，实现了佛教的本土化传播和发展。同时，在文学艺术领域，隋唐文化也达到了前所未有的繁荣程度，诗歌、绘画、音乐、舞蹈、雕塑等艺术形式都得到了空前的发展和创新，涌现出了大量的杰出诗人和艺术家群体。进入两宋时期，文化发展达到了中国传统文化的成熟阶段和巅峰时期。其中，宋明理学对先秦儒学的扬弃继承在中国哲学史上具有举足轻重的地位和影响。与先秦汉唐儒学相比，宋明理学更加注重从形而上、本体论的角度对宇宙和人生进行深入探讨和阐释，创造性地超越了原始儒学的理论框架和思维模式。在天道观念上，宋明理学形成了系统而深刻的宇宙本体论思想体系，并将这一理论引入人类社会领域和伦理道德层面，将伦理纲常提升到了本体论的高度和绝对权威的地位，成为人们遵循的理论依据和行为准则。同时，宋明理学也弘扬了主体的能动性和自主性原则，增强了士人对儒学的认同感和归属感，对于原始儒学中心性讨论的不足进行了重要的补充和完善。此外，两宋时期的文学艺术、科学技术等领域也取得了举世瞩目的辉煌成就和历史性贡献。

（二）传统文化的近现代转型

鸦片战争后，中华传统文化在西方文化的强烈冲击与中国社会内部深层矛盾的共同作用下，逐渐走向了解体的边缘。然而，这种解体并非意味着中华传统文化的消亡，反而标志着它踏上了近现代转型的艰难而曲折的征程。对于如何推进这一转型，张岱年先生提出了四种观点，其中第四种观点——“倡导发扬民族主体精神，融合中西文化精华，以创新中国文化”——在历史的长河中逐渐显现出其深远的意义和正确性。这一观点不仅激发了传统文化的内在活力，更成为其复兴的关键所在。

中国共产党人作为这一观点的积极倡导者和坚定践行者，为中华古代文化的复兴绘制了清晰的蓝图。他们以辩证的视角审视中西方文化，坚持在坚守核心原则的基础上，随时代变迁不断丰富和发展对中华传统文化的理解与实践。

（三）传统文化的当代创新

自党的十九大以来，党中央对挖掘古代思想遗产的重要性赋予了前所未有的高度关注，并制定了一系列具有针对性的文化政策方针，以确保这些宝贵的文化遗产在新时代背景下能够持续闪耀其独特的光辉。

在价值观层面，社会主义核心价值观便是传统与现代相融合、相转化的杰出典范。从国家层面的价值目标来看，它与传统文化中强调的“家国一统”“民本为基”“以文化人”等理念产生了深刻的共鸣，体现了对古代智慧的继承与发展。在社会层面，社会主义核心价值观所追求的理想境界，则是对中国传统哲学中“天人合一”的自然观念以及“贵和崇中”的思维方式的创新性转化和拓展。而在个人层面，行为准则的制定则汲取了中国传统道德中“精忠报国”“敬业乐群”“言信行果”以及“仁者爱人”等思想精华，为现代社会的道德建设提供了深厚的文化底蕴。

在国际交往领域，构建人类命运共同体的宏大构想，正是基于传统文化中“贵和崇中”的哲学理念而提出的。这一构想强调了各国间相互依存、共同发展的重要性，为新型国际关系贡献了中国智慧和中国方案，体现了中国传统文化的世界意义。

纵观历史长河，无论是在古代、近现代还是在风起云涌的当代，中华传统文化都展现出了强大的生命力和适应性。它能够在时代变迁中自我更新、与时俱进；在面对不同文化时，它以开放包容的姿态积极学习借鉴、不断完善自我。尽管在发展过程中经历了争论与曲折，但其总体发展趋势始终是向前的、上升的。历史已经并将继续证明，只有不断创新和发展、只有坚持中国共产党人科学正确的传统文化观，中华传统文化才能永葆生机与活力。

因此，传承和发扬我国传统思想文化不仅是必要的也是顺应历史潮流的必然选择。在新时代的征途上，我们必须坚定不移地把握“两创”（创造性转化、创新性发展）方针、推动中华文化实现更高层次的“内在超越”。这既是对传统文化的尊重与传承，也是对现代社会的创新与发展。通过不断挖掘古代思想遗产的宝藏，赋予其新的时代内涵和表达形式，我们将推动中华文化在世界文化交流中展现出更加独特的魅力。

四、传统文化的现代价值

在充满希望与挑战并存的 21 世纪，当代中国所面临的核心任务，无疑是加速推进现代化进程。正因如此，我们有理由坚信，21 世纪的中国文化将是一种与现代化建设紧密相适应的新型文化。然而，这种新型文化的诞生并非凭空而来，它必然与深厚的传统文化底蕴有着不可分割的内在联系。

实际上，通过观察那些已成功完成现代化转型的国家，我们不难发现一个共通点：对传统文化的现代价值进行深入挖掘，几乎总是成为他们文化现代化建设的关键步骤。传统文化远非守旧与僵化的代名词，相反，它作为一个国家和民族智慧与理性的历史积淀，对于现代人的生存方式和发展路径具有深远的启示意义。这正是传统文化能够历久弥新、不被历史洪流所吞没的根本原因，同时也为我们理解、传承和发掘传统文化提供了坚实的内在逻辑依据。在这样一个承前启后、继往开来的时代，我们有责任也有信心让传统文化在现代化建设中焕发新的生机与活力。

（一）科学合理地评价中国传统文化

自 20 世纪 80 年代以来，中国掀起了一场被誉为“文化热”的现代文化运动，这场运动将中国传统文化的再评价及中西文化的交融冲突等议题从学术殿堂推向了社会舆论的风口浪尖。此现象或许从侧面映射出我们这个古国在社会转型期的深刻变革，以及民众对于构筑与现代化进程相契合的新文化体系的迫切期望。

然而，“文化热”背后，关于中国传统文化现代价值的评判却存在着广泛的争议与分歧。为达成某种共识，首当其冲的是解决对中国传统文化的科学评价问题。这不仅是挖掘其现代价值的理性前提，更是对其内蕴进行深入探索的必由之路。科学合理地评价中国传统文化，实质上意味着要站在历史的高度，全面审视其几千年来的辩证发展轨迹，从而以客观、理性的态度对其作出整体性评判。

在这一指导思想的引领下，我们可以从以下三个维度对中国传统文化进行概略性评价：

①中国传统文化展现出统一性与多样性的辩证统一。自秦汉时期形成封建大一统文化以来，尤其是董仲舒提倡“独尊儒术”后，其统一性愈发凸显。但这并不意味着中国传统文化是单一、同质的。相反，它汇聚了对自然界的深邃洞察、社会人文的深刻反思、政治经济的独到见解以及科学技术的智慧结晶，共同构成了中华民族丰富的精神宝库。同时，在其发展脉络中，诸子百家、新道家、新法家、新儒学以及佛、道等宗教文化异彩纷呈，形成了多元化的学术派别和思想体系。因此，在评价中国传统文化时，我们必须采用多元化的视角，全面考量其在不同领域、不同层面、不同角度的呈现，以避免陷入片面和偏颇的误区。

②中国传统文化体现了连续性与变革性的有机统一。其连续性在世界文化发展史上独树一帜，从远古时代的文化萌芽到夏商周三代的文化积淀，再到春秋战国的百家争鸣以及秦汉以后的封建文化繁荣，都昭示着一个绵延不断、逐步深化的历史过程。然而，这种连续性并非静态的重复或守旧，而是在继承传统基础上的不断创新和发展。各个时代的思想家们在承袭前人智慧的同时，不断注入新的思考和见解，使中国传统文化既保持了历史的延续性又呈现出鲜明的时代特色。这种连续性与变革性的统一为我们今天深入探究传统文化的现代价值提供了方法论上的启示和指导。

③中国传统文化彰显了独立性与融通性的和谐统一。其独立性源于中国人民自身的创造力和智慧结晶，在漫长的历史进程中逐渐形成了独具特色的文化体系。这种独立性不仅体现在独特的语言文字系统上，还贯穿于哲学思想、道德规范、宗教信仰以及文学艺术等多个领域。同时，中国传统文化又表现出极强的包容性和融合力，能够积极吸纳外来文化的有益成分并与之相融相通。这种独立性与融通性的统一特性告诉我们，在认识和发掘传统文化的现代价值时，既要坚守本土文化的主体地位和特色优势，又要以开放的心态拥抱世界文化的多元性和互补性。这正是中国传统文化能够历久弥新并持续焕发生机与活力的奥秘所在。

（二）传统文化现代价值的发掘所必须遵循的基本原则

自 1840 年鸦片战争以来，中国传统文化经历了由古代向近现代的深刻转型，这一过程充满了危机与痛苦。20 世纪初期，人们的这种情绪展现为全盘西化论与中国文化本位论的激烈争论。值得关注的是，其中李大钊创造性提出在中西交流互鉴中创造“第三新文明”，为后期中国共产党人发展传统文化锚定了基础。

以毛泽东为代表的中国共产党人，在构建新民主主义新文化的过程中，科学地确立了对待中国传统文化的基本方法论原则——“批判继承”。在《新民主主义论》中，毛泽东明确阐述了这一主张，强调在清理中国古代文化时，必须剔除其封建性的糟粕，同时吸收其民主性的精华。这一原则不仅划清了与民族虚无主义的界限，也与文化保守主义划清了界限，为正确处理传统文化提供了科学指导。

遵循“批判继承”的基本原则，我们可以对中国传统文化内容进行深入甄别与归类，进而发掘其现代意义。首先，对于传统文化中的封建糟粕，我们应持彻底批判与摒弃的态度。这些糟粕在道德伦理、秩序制度、价值观念、风俗习惯、民族心理、思维方式等方面均有体现，如专制制度、等级观念、宗法思想、人治传统等。对于这些遗留于现实社会的沉渣和糟粕，我们必须坚决予以清除，以净化社会文化环境。其次，对于传统文化中既包含糟粕又蕴含精华的成分，我们要善于辩证地扬弃。这部分文化观念或风俗习惯已成为我们民族文化的基本规范与原则。在批判与改造的基础上，我们应继承并发掘其现代价值，为现代社会提供有益借鉴。例如，“天人合一”、“义利合一”以及“仁、义、礼、智、信”等观念，在赋予它们崭新时代内容的同时，可以为我们抵制工业文明的负面效应、构建和谐社会提供重要启示。最后，对于传统文化中的优秀遗产，我们必须着意继承并大力弘扬。这些积极成分作为传统文化中的宝贵遗产，是我们民族过去、现在和将来始终需要的永恒精神支柱。如爱国主义传统、注重人际关系和谐的传统、尊重事实的求实精神、民族自尊心、自信心以及勤奋、勇敢、吃苦耐劳的美德等。这些精神不仅与农业文明相伴始终，而且在工业文明时代仍具有重要价值，是推动社会进步的重要力量。

概括地说，中国传统文化中具有积极意义和恒久价值的内容主要包括体现和表达民族精神的内容以及扬善抑恶、注重人格和道德修养的伦理精神和人生价值观念。对于这部分内容，我们应在立足于继承的同时，注意清除其中的封建主义痕迹，并补之以具有时代精神的先进内容，使其焕发新的生机与活力。

在当前的文化热潮中，我们应旗帜鲜明地反对各种错误理论和实践主张。全盘西化论实质上是民族虚无主义的表现，在理论和实践上都是极为有害的；儒学复兴论则持复古主义和保守论调，主张完全恢复儒学在中国文化的统治地位并用以指导现代化建设是不切实际的幻想；彻底重建论则主张以彻底的反传统来创立新传统，这种对传统的片面理解和情绪化态度也是错误的。这些错误主张都忽视了传统文化的独特价值和现代意义，不利于文化的健康发展。

事实上，传统文化对于现代人来说具有重要意义，它是我们赖以生存和发展的理性工具，也是我们成为文化人的主要依据。在建设走向新世纪的新文化过程中，我们最大的问题并不在于要不要传统文化，而在于能否辩证地看待传统文化并充分发掘其现代价值，从而创造出一种既适应于现代化建设又能积极推动精神文明进步的新文化。这需要我们以开放的心态、科学的态度和创新的精神来面对传统文化，让其在现代社会中焕发出新的光彩。

（三）传统文化的世界价值

从全球历史的长河中审视，中国传统文化犹如一颗璀璨的明珠，始终在世界文明与文化的宝库中散发着令人神往的魅力。早在罗马帝国时代，中国文化的影响力便以丝绸等物质形态为媒介，跨越重洋传递至西方，并在时间的流转中逐渐深化其影响。17 ~ 18 世纪欧洲兴起的“中国热”便是这一影响的明证，彼时，西方世界对中国文化，尤其是其道德观念和戏曲艺术产生了浓厚的兴趣。德国哲学家莱布尼茨在其著作中赞叹不已：“我们曾难以置信地认为，世间不存在比我们更完善、更先进的民族，然而，东方中国的发现却让我们如梦初醒。”

在法国启蒙运动中，伏尔泰等思想家更是将孔子的人道思想奉为圭臬，以此作为反对宗教神权和封建王权的有力武器。他们对中国崇尚理性的道德观念推崇备至，甚至呼吁欧洲各国政府应以中国为楷模。在这一时期，中国古代的道德理性为法国启蒙思想提供了重要的理论支撑，成为其思想体系中不可或缺的一部分。

即便在现代社会，中国传统文化的世界性价值依然不容忽视。英国著名历史学家汤因比曾深情地表达了对中国文化的向往和赞誉。他不仅盛赞中国古代文化的卓越成就，更预言其在世界未来发展中将发挥积极的作用。汤因比敏锐地发现，中国传统文化中蕴含着一种强大的精神力量，这便是中华民族的世界精神——以儒学的人道主义思想、道教的自然道德观等为核心。他甚至断言：“未来统一世界的力量将来自中国，而非西欧或其他西欧化国家。”这一观点不仅彰显了中国传统文化的深远影响，也预示了其在未来世界文明发展中的重要地位。

西方世界对中国传统文化的向往并非个别思想家的偶然兴趣，而是具有深刻的历史必然性。尽管工业文明在人类发展史上晚于农业文明出现，并在许多方面被视为进步的力量，但它并非完美无缺。特别是在一些工业文明高度发达的国家，其弊端和问题已日益凸显。因此，西方学者在展望和设计“后工业社会”时，常常将目光投向农业文明，特别是以中国传统文化为核心的“东方文明”，从中寻求启示和对策。这种跨文明的对话与交流，不仅有助于解决现代社会面临的问题，也促进了不同文化之间的相互理解与融合。

西方世界对中国古代文化的认同表现在多个层面：在人与自然关系上，他们推崇中国传统的天人合一、和谐共生理念；在个人与社会关系上，他们汲取中国传统道德中的重德、贵和思想；在人与自身关系上，他们则向往和追求自觉、自在、自由心性的充实与尽心、知性、知天的理想人格。这些认同不仅体现了中国传统文化的“普世价值”，也为现代社会提供了宝贵的思想资源和精神滋养。

进入 21 世纪，无论东方还是西方，现代化已成为共同的时代主题。在经历种种曲折与迷误后，人们逐渐认识到现代化的进程不仅是物质文明的高度发展，更包括精神文化的相应建构。物质文明的进步虽已充分证明人类能够征服自然——从地球村居民通过电视接收宇航员太空问候的壮观景象，到克诺地下隧道连接亚美大陆成为“世界捷径”的宏伟工程，再到超微型电动机预示“新科技革命开端”的惊人发明——但人类能否像征服自然那样征服自身心性？这已成为现代社会面临的一大挑战。

当今世界，无论经济发达的西方还是正在崛起的中国，都面临着社会生活过度物质化、功利化和外向化的问题。精神需求得不到满足、心性问题被忽视已成为普遍现象。文化建设与经济建设特别是人生理想问题未得到妥善解决，导致人们在物质生活改善的同时精神世界却日益荒芜。单纯追求物质享受让现代人陷入一系列不安情形：利他主义和献身精神被漠视、善良同情博爱等优美人性被忽视、正义气节勇敢被怀疑、工作中实惠报酬成主要考量、爱情追求中肉体与性相互取悦成主导、与社会他人相处中自我主义无限膨胀等。这些现象正滋长着冷漠感、荒谬感和无意义感，成为现代人的悲哀。

要走出这种困境，首先需摆脱物质的束缚，认识到物质并非人生的全部或最主要部分；人作为存在还应拥有更高的内涵，即以智慧、德行和审美情趣为表现形式的文化存在。正是从这个意义上讲，以注重心性和伦理为基本特征的中国传统文化无疑能为现代人提供多方面的理性启迪，帮助其走出自我心性的迷失。这也正是中国传统文化在当今仍具有世界价值的重要体现。

因此我们坚信，在经历由古至今的转型过程中，拥有几千年历史的中国传统文化必将继续以其特有的思想精华启迪和影响人类文明与文化创造。在 21 世纪的中国和世界舞台上，它将为文明的进步与发展作出独特的贡献，成为引领人类走向更加美好未来的重要力量。

第三节　研究目的与价值

一、研究目的

（一）探究传统文化在现代化进程中的定位

本研究致力于深入探讨在中国特有的现代化进程中，传统文化应如何被精准定位、有效保留和积极发展。追求的是一个明确的方向，确保传统文化在现代社会的各个层面中保持其相关性，并持续焕发新的生命力。这不仅涉及对传统文化的深入理解和尊重，还需要我们探索其与现代社会相互融合的最佳路径，使其在新的时代背景下继续发光发热。

（二）解析传统文化与现代价值的契合点

深入挖掘传统文化中的各个元素，寻找它们与现代价值体系的契合之处。这样的契合点不仅能够为现代社会提供道德、伦理和审美等方面的宝贵指导，还能够促进传统文化与现代文明的和谐共生。通过这样的研究，我们期望能够更好地理解传统文化的深层含义，并发现其在现代社会中的新应用和新价值。

（三）提供文化传承与创新的策略建议

基于对上述内容的深入研究和分析，我们将为传统文化的传承、创新及其与现代文明的融合提供一系列策略性的建议。这些建议旨在帮助我们在新的历史条件下，更好地保护和发扬传统文化，同时推动其与现代社会的深度融合，实现文化的持续发展和繁荣。

（四）增进文化自信与身份认同

通过研究，我们期望能够进一步增强广大民众对中华文化的自信心和认同感。文化的自信是一个民族、一个国家走向强盛的重要支撑，而身份认同则是维系社会和谐稳定的关键因素。我们相信，通过对传统文化的深入研究和有效传承，我们不仅能够强化国家的文化软实力，还能够为构建更加和谐、更加繁荣的社会奠定坚实的基础。

二、研究价值

（一）文化价值

深化对传统文化的理解是我们当前的重要任务，这需要我们深入挖掘其深层次的哲学思想、道德规范以及艺术形式等各个方面。传统文化是中华民族几千年文明积淀的结晶，其中蕴含着丰富的智慧和深邃的思想。通过深入研究，我们可以更好地把握传统文化的精髓和核心价值，从而为丰富和发展当代中国文化提供坚实的基础。

同时，通过研究传统文化，我们更能够保护和弘扬中华民族的优秀传统文化。传统文化是民族认同和文化自信的重要源泉，它承载着民族的历史记忆和共同情感。只有深入研究并传承这些宝贵的文化遗产，我们才能够确保它们在当代社会中得到应有的尊重和重视，进而促进文化多样性和文化生态的健康发展。

（二）社会价值

通过深入研究传统文化与现代社会的关系，我们可以为社会各界提供宝贵的见解和思路，具体指导传统文化如何更好地融入现代社会并服务于社会发展。这些见解和思路不仅涉及传统文化的传承与创新，还包括其在教育、艺术、科技等领域的广泛应用，以及与现代价值观、生活方式的有机结合。

传统文化中蕴含着丰富的积极元素，这些元素对于促进社会主义核心价值观的建设具有重要意义。例如，传统文化中的诚信、仁爱、和谐等理念，与社会主义核心价值观高度契合，可以为社会的道德建设提供有力支撑。同时，传统文化中的艺术、音乐、舞蹈等形式，也可以为现代社会的文化生活注入新的活力，丰富人们的精神世界。

此外，传统文化的积极元素还有助于形成和谐、文明、进步的社会氛围。在快速发展的现代社会中，人们往往面临着各种压力和挑战，而传统文化中的智慧和教诲可以为人们提供心灵的慰藉和指引，帮助人们更好地应对生活中的困难和挑战。同时，传统文化所倡导的尊老爱幼、互帮互助等社会风尚，也有助于增进人与人之间的信任和友爱，推动社会的和谐发展。

（三）历史价值

从历史的角度审视传统文化在现代化进程中的演变和变革，为未来的文化发展提供历史借鉴。研究可以为历史学者和文化研究者提供关于传统文化与现代化交互作用的新的视角和案例。

从历史的长河中，我们可以清晰地看到传统文化在现代化进程中的演变与变革。这种变革并不是一蹴而就的，而是在不同的历史时期，随着社会、政治、经济等多方面的变化而逐渐发生的。通过深入研究这一过程，我们可以为未来的文化发展提供宝贵的历史借鉴。

传统文化作为民族精神的载体，承载着一个民族的历史记忆和文化基因。然而，在现代化进程中，传统文化不可避免地遭遇了挑战和冲击。面对这些挑战，传统文化并没有消失，而是通过与现代化的交互作用，不断地进行自我调整和创新。这种调整和创新，既包括对传统文化元素的重新解读和运用，也包括对现代化元素的吸收和融合。

研究传统文化在现代化进程中的演变和变革，对于历史学者和文化研究者来说，具有极其重要的意义。它不仅可以帮助我们更好地理解历史，还可以为我们提供关于传统文化与现代化交互作用的新视角和案例。这些新视角和案例，可以进一步丰富我们的学术研究，推动文化理论的创新和发展。

（四）国际价值

中国作为一个拥有几千年文明史的伟大国家，在传统文化保护和现代化发展方面取得了举世瞩目的成就和经验。通过向世界展示这些宝贵的成果，我们可以增进国际社会对中国文化的了解和尊重，促进东西方文化的交流与互鉴。

中国在传统文化保护方面付出了巨大努力，通过修缮古迹、整理典籍、传承技艺等多种方式，确保了传统文化的传承与发展。同时，中国还积极推动传统文化与现代社会的融合，让传统文化在现代社会中焕发出新的生命力。这些成就不仅让中国人民为自己的文化感到自豪，也让国际社会对中国文化的深厚底蕴和独特魅力表示赞赏。

在现代化发展方面，中国坚持走符合自身国情的发展道路，将传统文化与现代科技、教育、艺术等领域相结合，取得了令人瞩目的成绩。这些经验对于其他国家在现代化进程中如何处理好传统文化与现代文明的关系具有重要的借鉴意义。

通过展示中国在传统文化保护和现代化发展方面的成就和经验，我们可以促进东西方文化的交流与互鉴。东西方文化各有其独特之处，相互之间的交流与互鉴有助于增进彼此的了解和尊重，推动文化的多样性和共同繁荣。在这个全球化时代，不同文化之间的和谐共处与共同繁荣是人类社会发展的重要目标。中国愿意为此贡献自己的智慧和力量，与世界各国一道共同推动人类文明的进步与发展。

第二章　文化现代化与国家现代化的内在关系

第一节　国家现代化内在地包含着文化现代化

“现代化”作为一种深刻的社会现象和价值追求，在人类历史长河中凸显出其重要性，它揭示了人类社会由古老的农耕文明向现代工业化时代的根本性转变。这一历史性的演进最初在西欧地区萌芽，随后扩散至北美和欧洲其他地区，最终波及亚洲、非洲和拉丁美洲。现代化可划分为两种类型：自发型与诱发型。自发型现代化，以早期西方国家为代表，是一个由内部社会经济力量自然驱动的发展过程；相对而言，后发的亚非拉美国家多属于诱发型现代化，即在外界影响下启动的现代化进程。中国便是这一类型的典型例子，其现代化之旅在西方文明的冲击下拉开帷幕。

国家现代化是一个错综复杂的多维、多阶段的社会演进过程，它不仅涉及物质层面的经济发展，还包括制度层面的政治进步以及社会文化深层次的思想与行为模式的转变。这种全方位的发展意味着国家现代化涵盖了一个丰富的内涵体系，它不仅关乎经济增长和政治体制的完善，还触及社会结构、生态环境以及思想文化等多个领域。在这一宏大的框架内，文化的现代化转型尤为关键，它是国家现代化内涵中不可或缺的一环，标志着一个国家在历史与现代、传统与创新之间找到了和谐的平衡点。

一、文化是国家和民族发展总布局中的重要组成部分

文化在人类生活与社会构造中占有举足轻重的地位，它是社会与文明演进中不可或缺的一环。文化对于社会和文明的形成与发展具有深远的影响，它承载着所有社会和文明的共同精神内核。西方学者施宾格勒曾深刻指出，文明的发展是“文化发展的必然归宿”。英国知名历史哲学家汤因比在其文明形态理论中，将人类社会历史的本质揭示为各种文明形态的演变过程。他认为，文明是一个由经济、政治和文化三个维度以特定方式相互交织而成的有机整体。这种整体性的视角，为理解文明的复杂性和动态性提供了新的框架。美国学者塞缪尔·亨廷顿在《文明的冲突与世界秩序的重建》一书中进一步阐释了文化的核心地位，他指出：“一个文明是一个最广泛的文化实

体。”[1] 在这里，亨廷顿将文化视为与经济、政治并驾齐驱的重要力量，是推动文明形成与发展的关键因素。这种视角不仅凸显了文化在社会发展中的重要作用，也为我们理解和分析文明的演进提供了新的思路。

中国共产党一直深刻认识到文化在民族进步与社会演进中的核心地位。在新民主主义革命时期，社会主义现代化建设的宏伟蓝图就已经涵盖了经济、政治、文化、社会和生态等多个层面，这一科学体系的构建是动态且不断深化的。新中国成立伊始，在以毛泽东同志为核心的第一代中央领导集体的引领下，中国踏上了现代化建设的探索之路。毛泽东等领导人始终将文化视为这一伟大进程的关键组成部分。自 1957 ~ 1960 年，毛泽东同志多次强调要构建一个具备现代工业、现代农业、现代科学文化和现代化国防的社会主义国家，这标志着新中国“四个现代化”构想的初步形成。在此基础上，1964 年第三届全国人大一次会议的《政府工作报告》中，首次明确阐述了“四个现代化”的战略目标，旨在在相对较短的时间内，将我国打造成一个拥有现代农业、现代工业、现代国防和现代科学技术的社会主义强国，以期赶超世界先进水平。随着党的十一届三中全会的召开，以邓小平同志为核心的第二代中央领导集体继续将文化融入社会主义现代化建设的整体框架中。党的十三大报告从经济建设、政治建设、文化建设三个维度出发，提出了“将我国建设成为富强、民主、文明的社会主义现代化强国”的宏伟目标。党的十五大报告更进一步制定了“社会主义初级阶段具有中国特色的社会主义经济、政治和文化纲领”。随后，党的十六届六中全会将我国社会主义现代化的总目标从富强、民主、文明的“三位一体”拓展为包括和谐在内的“四位一体”。党的十八大报告进一步强调了全面落实经济建设、政治建设、文化建设、社会建设、生态文明建设“五位一体”的总体布局，以促进现代化建设各方面的协调发展。到了党的十九大，更是明确提出了“到 21 世纪中叶，把我国建设成为富强民主文明和谐美丽的社会主义现代化强国”的目标。纵观历届党中央领导集体对社会主义现代化的规划与描绘，我们不难发现，文化始终在社会主义事业总体布局中占据举足轻重的地位。社会主义文化的繁荣与发展，是实现社会主义现代化建设不可或缺的一环。

二、文化现代化是国家现代化的内在要求

国家与社会的现代化是一个错综复杂且宏大的系统性工程，它涵盖了多元化的指标维度，远超出单一的经济层面。尽管经济因素在现代化进程中占据核心地位，但人们日益认识到，仅凭经济指标无法全面衡量一个国家或地区的现代化水平。现代化的真谛不仅在于某一领域的突破，更在于包括文化在内的社会各领域的全面协调与进步。

[1] 塞缪尔·亨廷顿：《文明的冲突与世界秩序的重建》，新华出版社 2010 年版，第 21 页。

特别在中国特色社会主义事业中，“五位一体”总体布局赋予了现代化更为丰富的内涵，其中文化的地位不容忽视。党的十七届六中全会深刻指出，物质贫乏和精神空虚均不符合社会主义的本质。社会主义文化的繁荣与发展是实现社会主义现代化的必要条件。换言之，若无文化的昌盛，就谈不上真正的社会主义现代化。

现代化不仅是人类社会演进的必然趋势，更体现了社会主义的前进方向。在这一过程中，文化的繁荣不仅反映了社会主义建设的内在要求，更是其本质属性的体现。中国特色社会主义现代化对文化繁荣提出了更高要求，旨在构建一种既符合人类社会发展规律，又能满足人们深层次价值需求的先进文化。这种文化应超越资本主义社会的文化成就，展现出社会主义的独特优势。因此，在推动经济、政治和社会进步的同时，我们必须着力加强社会主义文化建设，努力实现文化的大繁荣与大发展。唯有如此，我国的现代化进程才能真正契合社会主义的发展理念与方向。

第二节　文化现代化是推动国家现代化的深层力量

在国家现代化的推进体系中，文化作为其核心驱动力之一，已经受到学术界的广泛认可与深入研究。所谓“文化现代化”，不仅意味着在道德伦理层面展现出人类理性的深层次进步，更代表着人类最为卓越、积极向上的情感和心理追求。从观念形态的角度来看，它是合理性、现实性与前瞻性的有机融合。若要详细剖析文化现代化对于国家现代化进程的推动作用，我们可以从以下几个维度来深入探讨：

一、现代化文化中所蕴含的科学价值理念是实现国家和民族现代化的巨大精神动力

伟大的历史事业往往需依托强大的精神力量。回溯历史长河，我们可以清晰地看到，资本主义之所以能够迅猛崛起并持续发展，其背后离不开资本主义精神的坚定支撑。德国知名社会学家马克斯·韦伯对此有着独到的见解，他深入探讨了基督教新教中的加尔文教派对现代资本主义发展的深远影响。韦伯认为，西方社会在经历宗教改革后，新教的诞生对西方近代资本主义的演进起到了举足轻重的推动作用。在其名著《新教伦理与资本主义精神》中，他详细阐述了加尔文教派的教义如何与资本主义精神紧密相连。加尔文教义主张，个人的救赎取决于上帝的选择，而上帝在选择时是以个体在世俗世界中的善行为标准的。这些善行包括勤勉努力、诚实守信、节俭自律、热爱劳动以及自我克制等品质。加尔文的信徒们坚信，只有践行这些教义，才能得到上帝的眷顾和救赎。正是这些教义所强调的价值观和行为准则，为近代资本主义的崛

起和发展注入了强大的动力。

美国知名学者塞缪尔·亨廷顿在其主编的《文化的重要作用：价值观如何影响人类进步》一书中，深入探讨了文化价值观对经济、政治以及社会发展的深远影响。在该著作中，亨廷顿通过对比分析20世纪60年代初的加纳和韩国经济状况，揭示了文化因素在国家发展中的关键作用。据亨廷顿的研究，当时的加纳和韩国在经济指标上呈现出惊人的相似性：它们的人均国民生产总值相当，经济结构中的原材料、制造业、服务业比重接近，且都以原材料出口为主，仅在制造业方面韩国略有优势。此外，两国所获得的国际援助也大致相当。然而，30年后，韩国经济已跻身世界第14位，而加纳却仍原地踏步，其人均GDP仅为韩国的十四分之一。对于这一巨大的发展差距，亨廷顿将其归因于文化差异。他指出，韩国文化中的节俭观念、投资意识、勤奋工作的精神、对教育的重视以及强烈的纪律性，共同推动了韩国的经济腾飞。相比之下，加纳的价值观念则与韩国截然不同，这在很大程度上制约了其经济发展。因此，亨廷顿的研究为我们提供了一个全新的视角，即文化价值观在推动国家发展中的重要作用不容忽视。[1]

自“二战”结束至20世纪80年代，全球迎来了第三次工业化与现代化的浪潮。在此期间，日本、亚洲“四小龙”以及中国大陆沿海地区实现了迅速崛起，使这次浪潮的中心逐渐转移至被称为儒教文化圈的东亚地域。在东亚地区的显著发展中，人们普遍认同一种观点，即东亚的儒家文化对该地区在新时期的现代化进程产生了积极的推动作用。“大过渡理论”的创立者赫尔曼·康恩指出，东亚地区普遍遵循的儒家伦理——诸如勤奋工作、团结协作、与人为善、尊敬权威以及强调集体主义而非个人主义等特质——构成了其独特的“现代儒教伦理”。与早期的新教伦理不同，这种现代儒教伦理更侧重于倡导个人对组织的忠实、贡献与责任感，这些价值观对于现代社会和现代企业的高效运作具有极其重要的意义。因此，康恩坚信，这种“新儒家文化”相较于西方的新教伦理，更加有利于经济的持续增长。美国学者彼得·伯格则对儒家文化进行了更为细致的划分，他将其区分为“士大夫儒学思想”与“老百姓的儒家伦理”。在伯格的理论框架中，“士大夫儒学思想”代表的是精英阶层的价值体系，它重视道义而轻视物质利益，更看重精神上的回报。然而，这种价值观在某种程度上可能阻碍了现代化的步伐。相对而言，“老百姓的儒家伦理”则体现了普通民众的价值取向，它更加关注实际利益，追求物质上的满足而非精神上的寄托。这种价值观鼓励人们对现实世界持积极态度，并崇尚实用主义。伯格认为，正是这种平民化的儒家伦理，为东亚国家和地区在第三次现代化浪潮中取得辉煌成就提供了有力的解释。

当前，全党全国正致力于全面建设社会主义现代化国家的伟大征程。在这一宏

[1] 塞缪尔·亨廷顿、劳伦斯·哈里森:《文化的重要作用：价值观如何影响人类进步》，新华出版社2012年版，第7页。

伟目标的引领下，我们深刻认识到，社会主义现代化事业的成功离不开坚实的精神支柱——社会主义现代化文化。中国特色社会主义文化，以马克思主义为理论灵魂，深深植根于中华优秀传统文化的丰厚土壤。这两大要素的有机融合，不仅铸就了当代中国与中华民族发展的文化根基和灵魂，更为国家和民族的发展指明了方向。进一步而言，文化的力量在于其能够汇聚民族凝聚力和精神动力，这是国家和民族繁荣昌盛的必备条件。社会主义现代化建设的推进，迫切需要通过社会主义文化来集结全国人民的智慧和力量，形成共同的奋斗目标。社会主义文化承载着弘扬与培育民族精神的重任，它将全党全国人民的意志统一到建设中国特色社会主义的伟大旗帜下，这是我们时代的历史使命。通过社会主义文化的引领，我们能够统一全国各党派、各社会阶层以及各族人民的思想观念，增强他们对国家和民族的归属感和认同感。这种文化凝聚力将转化为推动社会主义现代化事业的强大精神动力，助力我们形成团结一心、奋发向前的中华民族意志合力。

二、现代化文化所蕴含的先进科学知识为国家现代化提供重要智力支持

现代化的文化体系不仅蕴含了前沿的、与人类核心价值相契合的科学观念，这些观念能够汇聚民族的向心力，为国家和民族进步注入强大的精神力量。同时，这种文化还沉积了深厚的人类智慧，包含了领先的科学知识，进而为国家和民族的崛起提供了坚实的智力支撑。科学文化无疑是先进文化与现代化文化中不可或缺的一环。正是这种先进的现代化文化，推动着人类从“必然王国”向“自由王国”跃进，指引国家和民族踏上现代化的征途。

现代化是一个多维度的概念，它远超过工业化的范畴。然而，对于众多后发展型国家而言，工业化无疑是实现现代化的核心步骤和必经之路。从这个角度看，现代化可以被理解为人类社会由传统的农业文明向工业文明转型的历史性进程。

国家的现代化离不开工业化的助推，而工业化进程的基础和驱动力正是科学文化，马克思曾深刻地指出，科学是“历史的有力杠杆”，是“最高意义上的革命力量”。这一观点在《马克思恩格斯全集》中得到了明确的阐述。同样，20 世纪 30 年代的爱因斯坦也强调了科学对社会的双重影响：一方面，科学直接并间接地催生了改变人类生活方式的工具；另一方面，科学通过教育深刻影响着人们的心灵。随着科技的日新月异，其对社会发展与历史进步的推动作用日益显著。科技以空前的速度和规模渗透到社会的每个角落，深刻影响着社会结构、生产关系和上层建筑的方方面面，从而引发了生产方式、生活方式和思维方式的根本变革，推动了社会的全面进步。

从历史视角来看，近代以来，西方资本主义国家之所以能够迅猛发展，引领世界经济，并迅速实现现代化，其关键在于不断创新的科学技术极大地推动了生产力的提

升。同样，中国的社会主义现代化建设也离不开科学文化的智慧滋养，中国特色社会主义文化肩负着这一历史重任。我们党始终将科学文化建设置于重要位置，视其为中国特色社会主义文化的核心组成部分，这必将为社会主义现代化建设奠定坚实的基础并提供源源不断的动力。

第三节　文化现代化是实现国家现代化的根本标准

"二战"结束后，众多学派与专家纷纷投身于现代化研究，并提出各自的现代化评判准则。其中，四种标准尤为引人瞩目，对现代化理论构建产生了深远影响。

①布莱克标准，由美国普林斯顿大学国际研究中心的教授布莱克在《比较现代化》一书中提出。他通过设定 10 项具体指标，从经济发展与社会流动两个维度，深入剖析了"前现代化社会"向"高度现代化社会"的转型过程，从而揭示了社会发展的差异性。

②坎特里尔标准，在其 1965 年问世的著作《人类事务模式》中，坎特里尔运用定量研究方法，通过构建一个包含 11 个"结构变量"的综合指数，对 14 个国家的社会经济发展水平进行了精准度量。

③美国现代化人文学研究的领军人物英克尔斯所提出的英克尔斯标准。他在布莱克标准的基础上进行了创新与发展，提出了全新的 10 条评判准则。

④牛文元标准，中国科学院学者牛文元在其主导的《2001 年中国可持续发展战略报告》中，独辟蹊径地开创了现代化研究的系统方向。他精心设计了包含 3 个集合（现代化动力、质量与公平表征）、8 个指数（分别涵盖工业化、信息化、竞争力、城市化、生态化、集约化、公平化与全球化水平）以及 21 个基础要素的指标体系，为国与国间的现代化水平比较提供了有力工具。

这些标准不仅为社会与国家的现代化进程提供了翔实的数据参考，同时也对我们今天评估文化在现代化进程中的核心作用提供了重要启示。然而，从人类社会发展的更宏观视角来看，我们坚信，文化才是推动国家与社会实现现代化的根本标准。

人类现代化的征程可追溯至工业革命的开端，这一进程深刻地改变了社会的面貌。然而，"文化的现代化"这一概念，直至 20 世纪中叶才被明确提出并受到关注。"二战"落幕之后，早期实现现代化的国家加速了发展步伐，而众多发展中国家则纷纷效仿这些先行者的现代化模式。但遗憾的是，不少后发展型国家在追求现代化的道路上遭遇了重重困境，甚至深陷困境无法自拔。在深入研究和反思人类现代化的历程中，学者们的关注点逐渐从物质层面转向了人的层面，“文化的现代化”与“人的现代化”逐渐成为学术界探讨的热点。这种转变标志着对人类现代化理解的不断深化和拓展。

从广大亚非拉地区发展中国家在现代化进程中遭遇的重大挫折中我们汲取了宝贵的教训。实践证明，仅仅引入现代化的制度和管理方法，或单纯模仿最先进的政治和行政管理模式，并不足以保证一个国家成功实现现代化。关键在于，执行这些制度和管理方法的人们，必须从心理、思想观念、思维方式和行为方式上完成从传统到现代的彻底转变。唯有如此，他们才能真正顺应并推动现代经济制度和政治管理的健全发展。否则，这个国家的现代化之路将遥不可及。

在20世纪60年代，美国知名社会学家亚历克斯·英格尔斯对阿根廷、智利、尼日利亚、以色列、印度及孟加拉等六个发展中国家开展了广泛且深入的社会调研。基于这些研究，他撰写了颇具影响力的著作《人的现代化》，深刻挖掘了文化现代化与人的现代化之间的紧密联系及其重要性。英格尔斯主张，一个国家的现代化应首先着眼于人的现代化。他强调：“一个真正意义上的现代化国家，其核心在于其人民是否具备现代化特质。只有当国民在心理和行为层面均展现出与现代化进程相契合的现代性，这样的国家才能被称为现代化国家。否则，即便经济稳定高速发展、管理高效，也难以持续。经济即便短暂起飞，也缺乏长久维持的动力。”[1]他进一步警示：“若一个国家的人民未能形成支撑现代制度活力的坚实心理基础，若执行与运用这些制度的人们在心理、思想、态度及行为上未能完成现代化的转变，那么发展的失败与畸形将难以避免。无论制度多么完善、管理方式多么先进、技术多么精湛，若由传统思维的人掌控，最终都将成为空谈。”[2]英格尔斯所探讨的“人的现代化”，其实质是对“文化的现代化”的深入剖析。

此后，越来越多的学者被吸引到文化现代化和人的现代化的研究领域中，例如卡瓦里斯的著作《后现代人》（1970年）和苏兹曼的博士论文《人格现代化》(1973年)等。美国社会学家戴维·波普诺提出：“现代化是一个传统前工业社会向工业化和城市化社会转变过程中所经历的主要内部社会变革。”[3]这种变革不仅体现在外在的现代化上，如经济、政治和社会建设的进步，更体现在内在的现代化上，即文化和人的思维、价值观念的深刻转变。而这种内在的现代化，往往比外在的现代化更具挑战性，也更为根本。我国学者俞吾金也指出：“‘现代性’触及现代社会生活中最抽象、最深刻的层面，即价值观念的层面。”[4]这一观点进一步强调了内在现代化在整体现代化进程中

---

❶ 亚历克斯·英格尔斯：《人的现代化》，殷陆君编译，四川人民出版社1985年版，第8页。

❷ 亚历克斯·英格尔斯：《人的现代化》，殷陆君编译，四川人民出版社1985年版，第4页。

❸ 戴维·波普诺：《社会学（下）》，刘德云、王戈译，辽宁人民出版社1987年版，第618页。

❹ 俞吾金：《现代性现象学》，上海社会科学出版社2002年版，导言第36页。

的核心地位。

随着全球化的持续深化与迅猛推进，世界范围内的文化交流、融合与碰撞愈发频繁，不同民族与国家的思想体系、风俗习惯和价值观念在这一过程中相互交织、相互影响。文化在综合国力竞争中的地位日渐提升，其重要性愈发凸显，对全球的影响力也日益扩大。如今，一个越来越被广泛认同的观点是：文化正逐步成为衡量国家和民族现代化程度的根本指标。社会的进步不仅仅局限于经济繁荣、政治昌明、科技发达等外在成就，更在深层次上体现为文化的现代化与人的全面发展。这种内在的进步，才是社会进步的真正精髓所在。

现代化作为人类社会演进的必然趋势，同样构成了中国特色社会主义的发展路径。中国特色社会主义社会追求的是一种全面、均衡的发展状态。自新中国成立伊始，我们便明确了实现工业、农业、国防、科技四个现代化的战略目标。然而，中国特色社会主义现代化的完整实现，并不仅仅局限于物质和技术层面的进步，更深层次的，它呼唤着文化的现代化、价值观念的更新以及国民素质的提升。这些要素共同构成了现代化的多维画卷，缺一不可。事实上，这一洞见在 20 世纪 80 年代就已被一些前瞻性的学者所揭示。

文化的现代化不仅占据着社会主义现代化的重要一席，更是推动经济、政治、科技等领域现代化平稳发展的关键基石，它甚至可以被视为衡量社会主义现代化程度的根本标尺。但值得我们深思的是，中国的社会主义现代化道路与西方早期发达国家的现代化模式存在着本质的差异。因此，中国的文化现代化所追求的目标和路径，也必然与西方国家的标准有所不同。这就要求我们在审视和评价中国文化发展时，必须保持清晰的认知，避免简单地套用西方的文化现代化标准来进行衡量。

中国特色社会主义文化建设是一个兼具深厚理论底蕴和实践挑战性的重大课题。我们不仅要深刻理解社会主义文化建设的深远意义、明确其目标导向与核心内容，还需探寻切实可行的建设路径。通过深化文化体制改革来推进社会主义文化建设，首要任务是促进文化事业与文化产业的全面、协调、可持续发展。具体而言，我们应大力发展公益性文化事业，确保人民群众的基本文化权益得到充分保障；同时，加速文化产业的发展步伐，使其成为国民经济的支柱性产业，为经济增长注入新的活力。此外，加快文化体制机制的创新也是关键一环。我们需要深化国有文化单位的改革，建立健全现代文化市场体系，推动文化管理体制的创新，并完善相关保障机制。在此过程中，还应积极推动中华文化走向世界，展现中华文化的独特魅力，并积极吸纳和借鉴国外的优秀文化成果，以丰富和提升自身的文化内涵。为了支撑社会主义文化的繁荣发展，我们还需着力打造一支宏大的文化人才队伍，为文化的创新与传播提供源源不断的智力支持。最后，加强和改进党对文化工作的领导至关重要。通过提高推进文化改革发展的科学化水平，我们可以确保文化建设沿着正确的方向前进，为实现社会主义文化的繁荣与发展奠定坚实基础。

文化现代化与人的现代化在推动国家现代化进程中具有举足轻重的意义，它们是国家走向现代化的重要驱动力。然而，文化现代化的实现并非孤立存在，而是必须依托于具体的物质基础和实施路径——这一基础和路径恰恰是国家和社会的现代化建设实践。换言之，国家和社会的现代化建设不仅为文化现代化提供了土壤，同时也能够促进其进一步深化。马克思曾深刻指出，在改造世界的物质生产活动中，生产者自身也在不断变化与提升，他们在生产过程中锤炼新品质，发展并改造自我，从而孕育出新的力量和观念。纵观历史，西方发达资本主义国家在科学技术与社会生产力迅猛发展的同时，人们的思想观念、思维方式以及人格素质均经历了显著的变化和提升。

从辩证的视角来看，文化现代化不仅是国家现代化不可或缺的组成部分，更是衡量国家现代化水平的根本标准，它对于推动国家现代化具有深远的意义。同时，文化现代化也是国家现代化发展的自然产物。在国家现代化的进程中，它必然会在一定程度上引领和促进社会文化以及人的现代化发展。而一旦文化与人的现代化得以实现，又将反过来为国家现代化的进一步发展注入新的活力。因此，文化现代化与社会现代化是相互依存、相互促进的有机整体，二者在发展过程中相互融合，共同推动着国家的全面进步。

第三章　中华优秀传统文化与文化现代化

第一节　中华优秀传统文化现代化的理论基础与必要性

文化是国家和民族的血脉，人类文明每一次跨越都离不开文化的进步。中国共产党在实现中华民族伟大复兴、建设现代化国家等一系列现实需要的同时，也意识到现代化是实现中华民族伟大复兴的必由之路，其中文化现代化是推动发展的重要动力。我国在新时期提出了充分发掘中华优秀传统文化的历史价值与当代价值的要求，但是如何对待中华传统文化，却是一个需要认真回答的重要问题。事实证明，中华优秀传统文化仍然可以为现代社会出现的新问题提供价值指导，对中华民族伟大复兴、构建和谐社会起到重要作用。

现代化是一个涵盖了社会各方面的复杂概念，它必然包括经济、政治、文化、生产、社会和生态各个领域的现代化。在学者罗荣渠看来，现代化是一种全球性的历史过程，是一种具有发展性的进程。由此可见，现代化是人类社会发展的必然趋势，任何一个国家和民族都必然会走上现代化这条道路。

文化现代化从根本上说是一个不断发展、不断变革的创新过程。文化变革最终目标必然是实现文化现代化。文化是动态的，只要社会和时代在变化，文化也必然随着时代周而复始地不断演变，打破历史桎梏，凸显文化的时代价值。在任何情况下，文化现代化都不能排斥、否定自身传统，中华优秀传统文化欲得到发展，就必须进行自身的现代化转换，而中华优秀传统文化现代化则是我国社会主义现代化建设的必然趋势和必然产物。

“苟日新，日日新，又日新”，中华优秀传统文化必须根据时代的需要做一定的调适。陈先达教授曾指出，一种文化之所以有活力，并不在于放弃传统，而在于吸收传统，并在一定程度上重新创造传统。这也就在一定程度上指出，中华传统文化现代化就是要把握好传统文化与时代发展之间的问题。从文化角度来看，中华传统文化“双创”理论，是对新时代中华优秀传统文化现代化的生动诠释。“双创”理论的出现，既是新时代推进文化现代化发展的理论维度，又是实现文化现代化的方法路径。在认识和应用中华优秀传统文化时，不能忽略其自身的历史局限性，必须与新的实践、新的发展需求结合起来，使中华优秀传统文化与时代的主旋律紧密相连，有选择地继承和创新中华优秀传统文化，使中华优秀传统文化与当代文明融为一体，为当代社会提供更多的价值，让中华文化真正融入世界优秀文化体系之中，为我国实现文化繁荣兴盛营造有利环境。

中华优秀传统文化现代化，就是中国共产党重视马克思主义与中国实际情况的结合，对中华传统文化进行中国化时代化，即立足中国，放眼世界，以中华民族特色为基点，坚持马克思主义为指导，结合时代特点和现实要求，对中华优秀传统文化中具有现代意义的内容进行科学梳理，并用新的表现形式加以补充、拓展，使历史与现代、传统与创新有机结合，使其更好地挖掘中华优秀传统文化精髓，服务当代社会。

一、中华优秀传统文化现代化的理论基础

中华优秀传统文化现代化并非空穴来风，它是在人类早期就已形成的、根植于马克思主义经典著作之中，又充分借鉴了中国共产党人的文化思想，具有扎实的理论基础。全面和科学地掌握文化发展理论，对新时代中华优秀传统文化现代化研究具有重要的理论指导意义。

（一）马克思恩格斯相关的文化论述

马克思恩格斯在文本中虽没有对文化进行比较系统的专门论述，但在部分文章、经典著作、政治及经济的研究中，都提到了相关文化理念，其中蕴含着极其丰富的文化思想。马克思主义文化理论是马克思主义哲学思想的一个主要内容，始终贯穿于马克思主义理论研究的全过程，并在科学理论体系中处于不可或缺的重要地位。马克思恩格斯从文化与政治、经济二者的关系来理解文化的性质、文化的特点及文化的最终目的。

1. 马克思对物质生产与文化关系的研究

精神是由物质存在所决定的，文化并不是一开始就存在，而是社会生产力发展的产物，作为上层建筑的文化与生产力发展状况、经济发展程度密切相关，文化与经济有机统一，相互作用相互影响。意识无论何时都只可能是一种被认识的存在，而这种存在也只能在人们现实生活中。“不是意识决定生活，而是生活决定存在。”[1] 马克思和恩格斯把经济看作是基础，并决定着文化的发展状况，与此同时也肯定了积极文化的反作用，先进的文化会推动经济社会的发展，相反，落后的文化则会阻碍经济的发展。

2. 文化具有相对独立性

文化有其自身发展的规律，有一定的相对独立性。虽然文化是由特定的经济基础所决定，但并不是说文化与经济就必须同步进行，同步发展。“法国和德国尽管在 18

[1] 马克思、恩格斯:《马克思恩格斯文集（第 1 卷）》，人民出版社 2009 年版，第 525 页。

世纪经济落后，但仍能从哲学角度演奏第一小提琴。”由此可知，一个国家的经济、政治不能代表文化的全貌，一些国家在经济上比较贫瘠，但文化方面仍能孕育出绚丽多彩的文化。

3. 劳动实践是一切文化的源泉

马克思恩格斯将劳动作为人类历史的第一前提，充分肯定了劳动在人类历史进程的重要地位。马克思在《1844 年经济学哲学手稿》中论述了所有的文化结果是人们通过劳动实践不断创造的，并对文化的产生进行了论述，进而揭示了文化的本质。马克思与恩格斯将文化与劳动实践联系起来，在《1844 年经济学哲学手稿》中指出，“抓住了劳动的本质”即把人“理解为他自己的劳动的结果”。文化是人类生活实践所形成的产物，是人创造性劳动的结晶，只有人才能独享其文化。把文化异化的成因归结为异化劳动所发挥的作用，而究其根本原因，则在于人类活动主体——人类在自己的劳动实践过程中实现了自身异化。

4. 文化的基本特征

马克思主义文化观认为文化的基本特征包括以下几点。首先，文化具有阶级性。文化由物质生产方式所决定，在特定的经济基础下，物质生产方式也会有所不同，文化内容及文化呈现形式也会不同，文化是一定阶级意志的反映，一定程度上文化就具有一定的阶级性。其次，文化具有科学性。马克思主义文化观经历了孕育、发展到成熟再到完善的漫长过程，马克思主义文化理论经历了从黑格尔理性唯心主义到费尔巴哈人本唯物主义，再经过否定之否定过程逐步升华成历史唯物主义文化观。从它的形成过程来看，马克思主义文化观具有科学性，同时，它也在社会实践的反复检验之后，再次证明了马克思主义文化理论的科学性。马克思主义文化观是建立在唯物史观之上的，它立足于人民群众，充分体现了无产阶级革命与人民群众思想相统一的文化观，因此马克思主义文化观亦可被理解为人民群众文化观。最后，文化具有发展性。文化不是一成不变的，而是伴随着社会的发展及人们的需求而持续地丰富和发展，它是不断地自我更新的文化，从不完善到完善的发展过程，通过发展和更新自身，造就出新的力量。对待传统文化要用发展的眼光，辩证吸收，绝不全盘接受。文化发展也就是人的发展，马克思恩格斯认为，文化发展最终极的目标就是实现人自由的发展，文化的价值最终回到人与自然的关系，批判了以往抽象的人，立足社会现实中的人，充分体现人的解放和自由。

（二）列宁相关的文化论述

列宁，一名伟大的马克思主义者，缔造了人类历史上第一个社会主义国家，他在建设经济、政治实践中取得重大成就的同时，文化建设也取得重大突破。列宁的文化观及文化建设方面继承和发展了马克思、恩格斯文化理论，又结合当时的具体国情，留下了宝贵的文化建设思想。

（1）无产阶级必须掌握文化领导权

列宁非常重视文化建设，也充分地证明了文化建设的重要性，一方面，党对文化建设必须引起高度重视，文化建设在无产阶级政党的领导下，朝着健康、有序的方向发展，一定程度上促进了社会、经济的发展；另一方面，大力发展文化建设改善俄国文化相对落后的局面。以上种种都再次佐证了文化建设是无产阶级巩固领导权不可忽视的重要方面。

（2）高度重视教育事业

在开展文化建设进程中，列宁大力发展教育事业。列宁认为一个文盲众多，没有技术和文化的国家，是不可能建设好社会主义的，为此，列宁提出了一系列文化建设的重要措施，例如，注重教师在文化教育中发挥的作用、给予教育充足的经费、注重从事文化工作者的文化素养和文化能力的培养等，强烈呼吁文化工作者重视学习，同时还呼吁文化工作者要将理论知识运用到教育实践中。

（3）辩证看待传统文化

列宁肯定了文化是历史积淀而成的财富，建设新文化的前提是，批判吸收前人思想学说中合理因子的基础上，不断地建设新文化。因此，想要发展新文化，就必须辩证看待旧文化，通过吸收借鉴旧文化的积极成分来建设新文化。传统文化是进行文化创造的基础，这是毋庸置疑的事实，传统文化具有一定优势，不能完全抛弃传统文化，可借鉴与时俱进、合理的部分。高度重视传统文化与社会主义的结合，列宁将文化批判思想贯穿于整个文化建设实践中，建立无产阶级的文化，不仅要批判吸纳以前的文化成果，还要对整个人类总体发展过程中的文化进行精确的理解，并对其进行有效的改造，这样才能建立无产阶级的文化。对于文化遗产方面，列宁强调要正确对待文化遗产，以尊重的姿态对待以往的文化成果，他还提到在此过程中应贯彻“取其精华、去其糟粕”的原则、循序渐进原则。文化有着自己的发展规律和发展特征，不能将它揠苗助长，要尊重它的文化规律，持有辩证态度最终才能更好地实现社会主义文化建设繁荣发展。

马克思恩格斯等马克思主义经典作家的文化建设思想与中国共产党人对文化传承问题的探索进程中形成的较为完善的文化理论是一脉相承的。新时代，在复杂的文化环境下需要坚持马克思主义立场，因时势变化调整文化方针，建设与政治、经济、社会、生态相匹配的文化软实力。重视传统文化，对其历史位置再定位，文化创新不是生搬硬套而是需要辨证看待，摒弃它的封建糟粕，汲取它的民主性精髓。无论处在哪个年代，中华优秀传统文化都呈现生机勃勃的景象，中华优秀传统文化始终是鲜活的，因时而动、因时而变。在一定意义上，马克思主义经典作家的文化观及中国共产党人的文化观，创新性地回答了“中华文化何去何从”的历史问题，中华优秀传统文化的传承发展符合历史趋势，新时代引领先进文化前进发展，使传统文化与时代元素融合发展，为新时代中华优秀传统文化创新发展提供重要启迪。

二、中华优秀传统文化现代化的现实必要性

在新时代和社会主义现代化建设大背景下，从根本上说，文化现代化是一种文化革新，文化现代化不是简单的嫁接或移植。新时代重视中华优秀传统文化现代化有其重要的现实必要性，从国家层面来看，有利于助力中国梦进程，加快建设社会主义现代化强国；从社会层面来说，有助于涵养社会主义核心价值观，促进社会主义和谐社会的建设；从个人层面来看，有利于提升人民群众文化道德素养，推进公民道德建设；从国际层面来看，有利于契合当今世界的发展潮流，有效应对西方文化挑战。

（一）加快建设社会主义现代化强国的现实需要

中华优秀传统文化有其丰富的思想智慧，将传统文化上升到了国家战略资源这一高度。虽说中华文化产生于过去，但在新时代优秀传统文化的价值仍然绵延连续。中国共产党清楚地指出，要把“文化强国”的理念植根于中华优秀传统文化之中，重视文化现代化的价值内涵，使传统文化与现代文化有机结合才符合时代要求。

1. 助力中华民族伟大复兴中国梦

在中国特色社会主义建设过程中，我国一直遵循着“五位一体”的总体规划，其中文化建设对社会主义经济、政治、生态及社会四个方面具有强大的影响力，历史也证明了文化建设得好，会更好地促进经济、政治的发展。随着时代的发展，早已经将文化推向了一个新高度，中华优秀传统文化为建设社会主义文化强国提供智力支持和精神源泉。中国梦的实现需要中国各种力量，而中国力量既包括经济力量，也包括政治力量，更包括文化力量，其中文化的影响力越发凸显。现代化是实现中国梦的必然选择，推动中华优秀传统文化现代化，使传统与现代因素双向融合，发挥其重要的时代价值。其一，文化对其经济发展具有能动的反作用，推进中国梦必须立足中华优秀传统文化。从历史上看，我国取得的辉煌成绩，没有强大的财力支持是不行的，要想实现中华民族伟大复兴，同样也必须有强大的财力支持，优秀文化对社会经济发展具有推动作用，充分利用中华优秀传统文化现代化要素，驱动经济发展，助力国家富强、民族振兴。其二，中华优秀传统文化为中国梦的实现提供精神支撑。新时代我国把弘扬传统美德作为一项重大的战略使命，为实现中华民族伟大复兴，提供强大的精神动力。中国梦不是一部分人的梦，而是每一个中国人的梦，中国梦归根到底是人民的梦，中国梦需要国家、民族、人民等多方共同努力才可实现，中华优秀传统文化的精髓深深根植在人民的血液里，影响人民的思维模式和行为，要想实现中国梦，必

须立足于中华优秀的传统文化，这样才能更好地凝聚人心，激发人民的自信心，为中国梦而奋斗。

中国梦的科学意蕴并非空穴来风，中国梦也不是无本之木、无源之水，它吸取了中华文化的精华，当代，重视文化现代化和中华优秀文化，有利于为中国梦的实现提供强大的精神力量和思想动力。

2. 再塑文化软实力，提升国家文化话语权

在信息全球化和文化多元化背景下，国家与国家之间综合国力的竞争不局限于经济、军事及科技的比较，更是体现在文化实力的比拼。20 世纪 80 年代美国哈佛大学教授约瑟夫·奈首创“软实力”。文化软实力是相对于经济实力、军事等国家“硬实力”而言具有凝聚力的一种文化力量，文化软实力是综合国力的重要部分，也是综合国力的重要象征。在我国，王沪宁最早将“软实力”运用到国内，将文化视为软权力是当今国际政治的一个全新理念。国际文化交流与合作是常态，文化交流中难免会有碰撞和冲突，如何才能更好地面对一系列的文化挑战，提升文化的软实力，以保证一个国家的文化安全是其重要问题。我国要提高自己的文化软力量，就应该以中华优秀的传统文化为根本，而中华优秀的传统文化又是重构自己的最佳土壤，要从中华优秀传统文化中发掘出丰厚的精神资源，使之成为我国乃至世界最宝贵的文化财富。

新时代我国国家硬实力不断增强，同样国家文化软实力也大大增强，在某些方面已经改变了国家软实力与国家硬实力不相匹配的局面，高度满足了人民群众对美好生活的向往。我国之所以能够改变此局面，重要的原因是充分利用了中华优秀传统文化蕴含的文化软实力要素，国家将国家软实力和国家硬实力放置于同等重要的地位，在信息时代，软实力发挥的作用更为突出。新时代，我国将传统的文化基因进行不断调适，以适应当代文化，并通过人民群众喜闻乐见和广泛参与的形式加以弘扬，以提升文化软实力，因此，也再一次证明了中国人所创造的辉煌文化在提高中华文化软实力方面具有独一无二的价值，二者相辅相成、相互作用。一方面，深挖优秀传统文化内在历史底蕴，又结合时代发展要求创新性地推动中华优秀传统文化现代化，中华优秀传统文化蕴含的软实力要素与现代要素有机结合，使中华优秀传统文化化作精神力量，赋予新活力，展现文化强大的影响力和凝聚力，进而发展我国社会主义文化，再塑文化软实力。另一方面，增强国家文化软实力，也能让广大民众更加坚定自己的文化，为文化现代化发展营造良好的社会环境。

文化话语权是文化建设的重要方面，文化软实力越强，在国际交流中国际话语权就越有分量。进一步推动中华优秀传统文化现代化，一是通过中华优秀传统文化蕴含的时代价值，为国家文化话语权提供新的视角；二是优秀传统文化为提高国际文化话语权提供内在支撑，加强文化话语的感召力和鲜活力，为中国在国际社会上讲好中国故事、传播中国声音添砖加瓦，维护中国国际形象。总之，再塑文化软实力、增强国家文化话语权离不开中华优秀传统文化，在新的历史方位下，也再次印证了中华优秀传统文化现代化是再塑中华文化软实力的重要抓手，是我国提高国家文化话语权的基础。

3. 为治国理政提供思想指导，推动国家治理体系现代化

中华优秀传统文化不仅对人们认识世界和改造世界有指导意义，对国家治国理政也有积极启发。新时代中国共产党提倡的“依法治国”与“以德治国”相结合的思想在中华优秀传统文化中追溯得到。新时代推动国家治理体系和治理能力现代化离不开文化的推动作用，从中华优秀传统文化中汲取治国理政思想，是实现国家治理体系现代化的关键。国家所传承的文化传统对国家治理体系具有决定作用，中华优秀传统文化中所包含的历史智慧与治理国家的方法，对新时代治理政策和方针具有特别意义。

中华优秀传统文化为国家治理现代化提供了有利条件，把中华优秀传统文化与革命文化、社会主义先进文化视为一个很好的结合体。国家治理体系和治理能力现代化水平显著提高，部分原因是将中华优秀传统文化蕴含的传统治国理政思想与现代治国之道结合，进而推动国家治理体系现代化，比如，中华优秀传统文化现代化中的“因时而进，因势而新”“与时俱进”“天人合一”“德治思想”“道法自然”都是中国特色国家治理体系的独特之处。

（二）涵养社会主义核心价值观的现实需要

在社会主义现代化过程中，中华优秀传统文化蕴含着丰富的道德思想与哲学思想，这些思想对于当今我国构建社会主义核心价值体系具有重要启示。一方面，有效促进传统文化中的思想精华、精神基因与现代元素创新融合，对社会主义核心价值观的形成具有重要的指导意义和启示意义。另一方面，传统文化现代化与社会主义核心价值观的价值理念高度契合，对于营造和谐氛围以及良好的社会文化环境具有重要作用。

1. 为培育和践行社会主义核心价值观提供价值导向

社会改革不断深入，必然会出现的一些文化冲突，人民价值观念受到挑战，人民群众的价值观念和价值取向难免会发生偏差。在此大环境下，肖琴从文化发生学角度说明，任何一个民族的优秀传统文化对其核心价值观的产生起着根基与源泉性的影响，这是世界文化发展中的共有现象或者普遍规律。这也充分证明了我国优秀传统文化与社会主义核心价值观之间具有紧密的内在关联。

从历史渊源上讲，中华优秀传统文化是我国社会主义核心价值体系的承载者和源头。一个国家或者一个民族的核心价值，必须与其历史、文化相吻合，中华优秀传统文化与我国社会主义核心价值体系有着很好的一致性。中华五千年的文化积淀所积累的历史智慧和价值观念，为构建社会主义核心价值观提供了价值指导，新时代要大力吸收中华优秀传统文化的精华，使之富有内涵。例如，“天人合一”“文明以止”“圣人无常心，以百姓心为心”“和为贵”“故王者富民，霸者富士”这些中华优秀文化价值观皆具有永恒价值，对社会主义核心价值观国家层面提出的“富强”“民主”“和谐”“文明”有价值导向作用。再如中华优秀传统文化中“人以和为贵，事以法为准”“崇德始于心，尚法践于行”蕴含了丰富的法治思想，这为社会主义核心价值观中的“法治”提供重要启迪。

从关系来看，二者是有机统一体。中华优秀传统文化现代化是指，我国对优秀传统文化的内容与形式进行创新，二者不是敌对的关系，而是有机统一体，中华文化现代化不仅有中华优秀传统文化的精华，还包含了世界其他文明的有益元素，体现世界价值。肖贵清曾指出“中华文明价值体系在中国五千年历史上具有很独特的地位和不可替代的功能，它对中国人行为方式和思想方式产生了很大的影响。在此背景下，社会主义核心价值观的培育与践行需要突出中华文化的特征，如果不能很好地体现优势，那我国所倡导的社会主义核心价值观就会丧失活力”。因此，必须将这两种理念有机地融合起来并化为人们的行动，才能让中华优秀传统文化现代化以一种无形的方式去影响和感染大众，让中华民族的核心价值观念深入到每一个人的心中。

2. 有助于构建社会主义和谐社会

社会主义和谐社会是中国共产党重要的治国方略。建设社会主义和谐社会遵循了马克思主义在意识形态的指导原则，中华优秀传统文化为基础的原则。当下，社会出现诸多问题，经济上贫富差距大、人际关系上关系冷漠等问题，为解决或缓解这些难题，建设和谐社会，必须从中华优秀传统文化中吸取智慧。中国自古以来就有“和谐”的观念，中华民族的“和谐”思想，充分展现了我国是具有和谐品格的民族，从历史文化角度来看，“和谐社会”是从中华优秀传统文化思想精髓中提炼出来的，构建和谐社会有利于和平相处、尊重差异、相互借鉴、实现共赢。在建设社会主义和谐社会生动实践中，推进中华优秀传统文化现代化有利于和谐内容的构建，中华传统文化将“大同世界”作为中国人民自古以来的理想社会，构建社会主义和谐社会，中华优秀传统文化必须参与其中，并贡献智慧和力量。从中华优秀传统文化中吸取和谐思想、社会和谐观念，辩证运用到现代社会，有助于缓解社会矛盾，形成中华优秀传统文化与体现时代精神的现代文化相结合的立足点，有助于构建社会主义和谐社会，引导人民的思想，规范人民的行为，促进社会和谐发展，实现新时代赋予的新任务。

（三）推进公民道德建设的现实需要

中华优秀传统文化作为中国文化之本，蕴含了丰富的德育理念。公民道德建设和中华优秀传统文化之间存在着千丝万缕的联系，中华优秀传统文化对促进公民道德建设具有重要意义。弘扬中华传统文化，促进中华优秀传统文化的现代化，巧妙运用中华传统文化的道德力量，对公民个体的成长具有积极的促进作用，有助于满足人们多方面的文化需求和提升人民文化道德素养，进而构建新型社会主义道德。

1. 满足人民群众精神文化需求

当今社会，我国社会生产力得到极大的提高，中华优秀传统文化与经济、现代科技相互交融，人民群众的物质生活也得到了提高，对精神文化的追求也日益增长。新时代中国社会主要矛盾发生了历史性的转变，该如何去满足人民群众精神文化需求，是必须要回答的重大问题。以中华优秀传统文化为基点，为新时代人民群众精神文化需要提供动力，这样有利于满足人民群众日益增长的精神文化需求，还有利于推动社会、文化、政治事业的发展。在弘扬传统文化基础上，进一步推进中华优秀传统文化发展的终极目标就是，切实解决好人们对更高层次的精神生活需要，满足广大群众的精神文化需求最主要的方式就是大力发展社会主义文化事业，把中华优秀传统文化与现代化先进思想融合到中国传统精神文化产品中，继承并创新性地推出具有中国古典特色的文学产品，从而使广大人民群众享受一场精神与文化相互交融的盛宴，与此同时，大力发展新闻事业、广播影视以及文学艺术，着力提升公共文化服务水平，全方位地调动积极性，创造更多文化精品，更好地满足人民群众日益增长的文化需求。

2. 提升人民群众文化道德素养

当前，中国正处于经济社会转型关键期，衡量国家的发展，不是只有物质文明这一向度，精神文明、社会道德也成了重要的衡量指标。在全面建设社会主义现代化国家新征程这一阶段，人民群众的物质水平大大提高，然而，精神文明建设过程中却出现了一系列社会问题，严重影响了精神文明的发展，例如，公民个人品质上道德滑坡、社会交往中诚信消减以及社会责任感淡漠，该如何面对这一系列道德问题是我国需要解决的大问题。新时代重视中华传统美德，就必须利用好中华优秀传统文化蕴含的文化道德因子，将中华传统文化蕴含的道德资源提升到新高度。一个人想要成为一个什么样的人这与他自身的价值观念挂钩，实现中国梦要靠全体人民，假设公民个人道德修养不复存在，实现中华民族伟大复兴也将没有意义。中华优秀传统文化中蕴含着丰富的思想道德资源，必须深挖中华优秀传统文化精髓为新时代公民的道德建设提供理论借鉴，中华优秀传统文化的思想道德资源是新时代思想道德建设的重要法宝，充分利用中华传统美德，有效塑造公民个人道德和社会公德，进而提高公民道德修养，中华优秀传统文化就是“国民独具的特质”，其中蕴含的传统美德集中表达了中华民族的民族精神和共同价值取向。总之，中华优秀传统文化现代化与发扬中华传统美德，都是提高全民文明素质和综合素养的重要途径，因此，要以辩证的眼光看待中华传统文化，这样才能使中华优秀传统文化在新的历史条件下得到长足发展。一方面，加快中华传统美德建设与人民群众思想道德建设的结合，凸显中华文化独特魅力和现代价值；另一方面，通过道德教育手段为中华传统美德注入新活力，潜移默化地提高人民群众的个人素养以及文化道德素养，为进一步推动中华优秀传统文化现代化贡献力量。

（四）应对西方文化挑战的现实需要

经济发展的总量和速度已经不是当今时代唯一的竞争目标，国际舞台上世界各国文化的频繁交流和碰撞，文化在综合国力竞争中的重要地位日益凸显，文化现代化是人类社会发展的必然过程。凡事都具有两面性，顺应世界潮流，一方面，有利于充实中华文化，增强中华优秀传统文化核心竞争力，扩大国际影响力；另一方面，在各种文化交流过程中，一些糟粕文化也会随之渗入，严重冲击我国主流文化，使意志不坚定的人民在价值观念上发生偏差，因此，理性看待文化挑战，这既是中华传统文化走向世界舞台的契机，又是一场文化挑战，在文化多样化思潮下，该如何有效应对西方文化挑战，巩固国际地位，当下需要立足中华优秀传统文化，展现其民族魅力和时代价值，为解决世界难题贡献中国方案和中国智慧。

1. 有效应对西方文化挑战

中华优秀传统文化是有效应对文化挑战最有力的武器。主张舍弃中华传统文化中与时代和未来发展不相适应的部分，激活并强化中华优秀传统文化中与时俱进的元素，以中华优秀传统文化的思想精华来应对新的文化挑战。外来糟粕文化严重影响人民价值观念，造成了享受主义、奢靡主义、个人主义、极端主义以及拜金主义等不良现象，为了改变这些错误观念造成的不良现象，必须通过中华优秀传统文化现代化来解决这些现实问题。中华传统文化蕴涵着“俭朴”“尚和谐”“求同存异”“重公义”“守信用”的思想，只有牢牢立足中华优秀传统文化，社会不良现象才能得到缓解和解决。坚持通过勤劳、勤俭以及质朴等传统美德的教化作用，来缓解奢靡风气，使人民群众以理性的态度对待物质财富和物质欲望。从中华传统文化中吸取奋斗思想，无论国家或民族发展到什么水平，都不能将艰苦奋斗、勤俭节约的思想丢掉，并坚决反对极端的享乐主义。因此，面对社会上出现的不良风气，应该始终坚持中华优秀传统文化这一精神命脉，将其深深根植在人民群众的心中，这样才能使我国在复杂的国际大环境中站稳脚跟。

2. 推进中华文化民族性与世界性相结合

中华优秀传统文化不仅具有民族文化特性，还具有世界文化共性，利用中华优秀传统文化这一沃土，推进中华优秀传统文化民族性与世界性的统一。时下，提升国际地位，既要注重中华优秀传统文化的民族性，又要看到世界文化的多样性，坚持在本民族文化土壤上吸取西方优质文化资源以及有益文化，摒弃劣质文化。中华优秀传统文化早已成为世界文化的一个重要组成部分，中华优秀传统文化不仅具有民族特色，而且还具有普世意义，因此，在继承和发扬中华优秀传统文化的同时，使其在民族性和世界性之间保持一种辩证的关系，坚决不抛弃中华传统文化的民族特色，同时又积极汲取世界上其他优秀文化的精华，促进中华优秀传统文化的民族性和世界性的有机结合。通过传统文化和现代优秀因子的滋润，更好地促进中华文化的发展，也有利于抵御外来不好文化的侵蚀，对构建国家文化安全体系，有效应对西方文化挑战，巩固国际地位发挥着重要作用，进而实现我国文化健康发展的目标，将社会主义现代化建设推向新阶段。

第二节　中华优秀传统文化现代化的历史进程

现代化理论研究的著名学者罗荣渠认为，世界各国的现代化进程有两种类型：一种是内源的现代化；一种是外源或外诱的现代化。外源的现代化“是在国际环境影响下，社会受外部冲击而引起内部的思想和政治变革并进而推动经济变革的道路”。中国的现代化之路，是在鸦片战争之后列强坚船利炮的逼迫下开启的，是在内忧外患的交织中推进的，中华文化的现代化也是在西方文化的冲击下艰难起步的。“大体而言，一个国家（社会）的历史与文化传统越是深厚，越是自成体系，现代化变革遇到的阻力就越大，传统与变革的冲突就越剧烈，在变革过程中出现的延误、扭曲与变异性也越加突出。”从鸦片战争开始到中国特色社会主义进入新时代，中华优秀传统文化的现代化在延误、扭曲与变异中前进，这一进程大致可以分为艰难转型、狂飙突进、探索推进、创新发展四个阶段。

一、艰难转型

从鸦片战争到五四运动，是中华优秀传统文化现代化的第一阶段。19 世纪中叶，西方的坚船利炮打开了中国大门，西方文化汹涌而入。在“数千年未有之大变局”中，中华文化开始走上现代化道路，但这条道路从一开始就显得非常艰难坎坷。

一方面，一些有识之士开始“开眼看世界”，主张“师夷长技”，学习西方先进文化。1840 年鸦片战争轰开了中国的大门，给中华民族带来深重灾难和屈辱的同时，也为中国走向现代化开启了一扇窗，得以认识和接触西方先进工业文明。最早“开眼看世界”的是林则徐、魏源等开明之士，为了“洞悉夷情”，林则徐在鸦片战争前后令人翻译英国商人主办的《广州周报》《广州纪事报》等刊物，翻译西方人著作的《世界地理大全》《各国律例》，编成《四洲志》，开始了解西方文化。魏源完成了 50 卷本的《海国图志》，承认西方物质文明的先进性，表现出学习西方、赶超西方的开放胸襟。其后，中国大规模“师夷长技”，开展了轰轰烈烈的洋务运动。19 世纪末康有为、梁启超等人又发动了戊戌变法。在这一阶段，关于如何处理中西文化关系问题上出现了“中体西用”的主张：“夫中西学问，本自互有得失，为华人计，宜以中学为体，西学为用。”❶著名的洋务派张之洞在《劝学篇》中对“中学为体，西学为用”的思想作了解释、论证。由于这种主张并没有使中国传统文化脱胎换骨，也没有因此抵挡住西方列强的武力和思想的入侵，因此从一开始就受到质疑，可以说影响很大，但效果不佳。但是在林则徐、魏源、曾国藩、张之洞、康有为、梁启超、严复、孙中山等有识之士的不断推动下，中国的现代化缓慢推进，文化现代化也艰难地向前推进。

另一方面，文化的现代化之路遭到了文化保守论者的顽强阻碍。文化保守论的主张古已有之。早在清初，因为历法问题就引起了中外文化之争，当时有人主张：“宁可使中夏无好历法，不可使中夏有西洋人。”鸦片战争之后，中国在外力的压迫下，一批开明士大夫主张“师夷长技”，学习西方先进科技乃至思想文化。但学习西方的主张随即遭到顽固派的强烈反对和批判。洋务派要推行天文算学教育，当时理学领袖倭仁就反对说：“窃闻立国之道，尚礼义不尚权谋；根本之图，在人心不在技艺。今求之一艺之末，而又奉夷人为师，无论夷人诡谲，未必传其精巧，即使教者诚教，学者诚学，所成就者不过术数之士。古今来未闻有恃术数而能起衰振弱者也。”郭嵩涛出使英法，大学者王闿运写对联讽刺他：“出乎其类，拔乎其萃，不容于尧舜之世。未能事人，焉能事鬼，何必去父母之邦。”洋务运动代表人物李鸿章批评说：“中国士大夫沉浸于章句小楷之积习，武夫悍卒又多粗蠢而不加细心，以致用非所学，学非所用。无事则斥外国之利器为奇技淫巧，以为不必学，有事则惊外国之利器为变怪神奇，以为不能学。”❷在中国现代化的历程中，文化保守主义者的主张成为文化现代化的强大障碍。

二、狂飙突进

从五四运动到新中国的成立，是中华优秀传统文化现代化的第二个阶段。梁启超曾将近代中国学习西方文化的进程分为三期：“第一期，先从器物上感觉不足”；“第二期，是从制度上感觉不足”；“第三期，便是从文化根本上感觉不足”❸。鸦片战争以后，中国先后发动了洋务运动、太平天国运动、戊戌变法等民族救亡图存运动，但先后都失败了。辛亥革命推翻了帝制，但中国并没有实现独立和富强，国家更加分裂动荡。这一连串的失败，使中国人认识到只有“器物上”和“制度上”的现代化远远不够，还必须推进文化上的“现代化”。1915 年陈独秀创办《新青年》，1919 年北京青年学生发动了五四运动，文化上的狂飙突进成为时代特征。陈独秀在《“新青年”罪案之答辩书》中赞颂德先生（民主）和赛先生（科学），主张用民主取代专制，用科学扫

❶ 张岱年、程宜山：《中国文化精神》，北京大学出版社 2015 年版，第 247 页。

❷ 蒋廷黼：《中国近代史》，群言出版社 2015 年版，第 49 页。

❸ 梁启超：《梁启超文集》，北京燕山出版社 1997 年版，第 450–451 页。

荡迷信。在这一时期，民主和科学成为最鲜明的时代口号，以孔子为代表的传统文化成为人人批判的对象。“打倒孔家店”实质上是对中国几千年的传统的意识形态和思想体系的空前批判和否定。

不破不立，破旧迎新。在知识界“打倒孔家店”的同时，“全盘西化”的主张也被提了出来。历史证明，“全盘西化”并不能真正使中华优秀传统文化实现现代化。在这一阶段，中华优秀传统文化现代化的步伐大大加快，封建礼教思想受到深刻反思和批判，民主和科学的思想得以弘扬。特别是十月革命后马克思主义传入中国，早期共产党人和一些先进知识分子开始用马克思主义分析中华优秀传统文化，为中华文化的现代化之路找到了新的思想武器。

三、探索推进

从新中国成立到改革开放前，是中华优秀传统文化现代化的第三个阶段。1949 年全国实现了新的统一，新中国成立了。百年屈辱和失败一扫而尽，民族自信心和民族凝聚力空前强大，这些都转化为民族振兴和现代化的伟大动力。中国的现代化开始有了相对和平稳定的内外环境，人们对中华优秀传统文化的认识也更为深化。

早在新中国成立前，中国共产党人关于中华文化的现代化问题就有比较清醒和深刻的认识。毛泽东在《中国共产党在民族战争中的地位》中指出：“我们这个民族有数千年的历史，有它的特点，有它的许多珍贵品。对于这些，我们还是小学生。今天的中国是历史的中国的一个发展；我们是马克思主义的历史主义者，我们不应当割断历史。从孔夫子到孙中山，我们应当给以总结，承继这一份珍贵的遗产。”对于如何“承继”，毛泽东在《新民主主义论》中指出：“清理古代文化的发展过程，剔除其封建性的糟粕，吸收其民主性的精华，是发展民族新文化提高民族自信心的必要条件；但是决不能无批判地兼收并蓄。”毛泽东还在《论联合政府》中指出：“对于中国古代文化，同样，既不是一概排斥，也不是盲目搬用，而是批判地接收它，以利于推进中国的新文化。”毛泽东的这些关于传统文化的思想，为中华优秀传统文化的现代化指明了正确方向。

新中国成立后，毛泽东多次提到要利用传统文化，他指出：“对中国的文化遗产，应当充分地利用，批判地利用。”毛泽东还提出：“古为今用，洋为中用。”在毛泽东思想的指导下，新中国开始了改造旧文化和建设新文化的文化工作。在意识形态方面，儒家思想曾在中国古代长期占据主导地位。新中国成立后，儒家思想的一整套政治伦理、价值观念、道德规范与新民主主义社会、社会主义社会不相适应，因而必然要受到批判和改造，马克思主义取代儒家思想成为中国社会的指导思想。在文学艺术方面，对传统的戏剧、美术等民间文学艺术形式进行了改造。1950 年成立了中国民间文艺研究会，民族艺术遗产得到发展、保护和整理，民间艺人和民间艺术在新中国得到应有的地位和发展。在语言文字方面，为了推动文化的普及和发展，新中国大力推动语言文字的现代化。1956年《汉字简化方案》通过，全国报刊开始实行横排，使用简化汉字。1956年国务院发布《关于推广普通话的指示》，向全国推广普通话。在历史文物和古迹方面，新中国成立后，文化部设立文物局作为文物保护和管理的专门机构，中国科学院成立考古研究所，负责全国范围重大考古挖掘和考古研究。对历史文物和古籍的保护，使长期战乱之后的中国迅速摆脱文物管理的混乱状态，使中华文化瑰宝得以延续和传承。

四、创新发展

改革开放以来，是中华优秀传统文化现代化的第四个阶段。党的十一届三中全会以后，我们党总结历史经验，促进文化大发展大繁荣，中华优秀传统文化当代价值得到充分认识，文化现代化步伐加快。

改革开放以来，国家还先后出台了一些积极的文化政策推动中华优秀传统文化的现代化。特别是近几年来，国家密集出台了一系列重要的积极的文化政策，为中华优秀传统文化现代化提供了有利的政策支持。2017年1月，中共中央办公厅、国务院办公厅印发了《关于实施中华优秀传统文化传承发展工程的意见》，指出："实施中华优秀传统文化传承发展工程，是建设社会主义文化强国的重大战略任务。"[1]这个文件肯定了中华优秀传统文化的当代价值，对中华优秀传统文化的传承发展做出了全面部署。文件提出要重点传承中华优秀传统文化中的核心思想理念、中华传统美德和中华人文精神，重点要做好深入阐发文化精髓、贯穿国民教育始终、保护传承文化遗产、滋养文艺创作、融入生产生活、加大宣传教育力度、推动中外文化交流互鉴等方面的工作。这是改革开放以来国家层面出台的第一个专门的全面的关于中华优秀传统文化传承发展的文件，具有里程碑意义。经过40年的创新发展，中华优秀传统文化地位作用日益重要，成为坚定中国特色社会主义文化自信的文化根基，成为增强国家文化软实力的文化资源，成为助推中华民族伟大复兴的文化力量。

第三节　中华优秀传统文化现代化的现实挑战

纵观一百多年中华文化现代化的历史进程，历史经验值得总结，现实挑战不容忽视。当前，在思想内容、文化态度、传承方法、外来文化等方面，中华优秀传统文化现代化还面临着巨大挑战。

[1]《关于实施中华优秀传统文化传承发展工程的意见》，载《人民日报》，2017年1月26日，第6版。

一、思想内容影响的挑战

中国传统文化思想内容极为丰富，既有精华，也有糟粕，甚至精糟杂糅难以分辨。季羡林曾指出，文化精华和糟粕“这两个表面上看上去像是对立面的东西，不但不是泾渭分明，反而是界限不清；尤有甚者，在一定的条件下，双方可以相互向对立面转化”[1]。传统文化精华包含于传统文化之中，与传统文化糟粕混杂在一起，难以画出清晰界限。这种情况，对中华优秀传统文化现代化造成了很大困难。

在中国传统文化中，除了优秀传统文化外，还有许多不优秀的传统文化，甚至糟粕的东西。例如，“三纲”（君为臣纲、父为子纲、夫为妻纲）、“三从”（幼从父、嫁从夫、夫死从子）、“四德”（妇德、妇言、妇容、妇工）等封建伦理道德，在历史上随处可见又影响深远。近代以来，特别是经过五四新文化运动的思想启蒙和社会主义文化的教育引导，人们对传统文化糟粕的危害性认识已经比较深入。但是，文化具有惯性，传统文化糟粕的生命力非常强，可谓百足之虫死而不僵。如官僚主义、等级思想、享乐主义等封建糟粕在一定范围内还顽强存在，发源于封建官场的“潜规则”还在很多人心里根深蒂固。这些显然与现代政治文明，与社会主义精神文明建设背道而驰。因此，很多人对传统文化糟粕非常厌恶和警惕。但城门失火，殃及池鱼，人们对传统文化糟粕的厌恶与警惕，影响了人们对传统文化整体的认识，甚至影响了人们对传统文化精华的认识。于是在很多人印象中，传统文化整体都是糟粕，传承和弘扬传统文化就是一种文明退步。这种情况必然使中华优秀传统文化现代化遇到重重障碍。

传统文化精华包含在传统文化之中，往往与传统文化糟粕杂糅在一起，难以分辨精华和糟粕。例如，传统文化中的“孝”文化，它的内容就精糟杂糅、难以分辨。“孝”是中国古代伦理道德中的核心概念之一，孝敬父母也是中华传统美德之一。《论语》说：“孝弟也者，其为仁之本与！”（《论语·学而》）《孟子》也强调要“谨庠序之教，申之以孝悌之义”（《孟子·梁惠王上》）。然而，中国古代的孝文化却是精糟杂糅的，必须辩证分析。以《二十四孝》为例，其中记载的诸多孝子孝行就体现了精糟杂糅的特点，如埋儿奉母、怀橘遗亲、卧冰求鲤、恣蚊饱血等孝子故事，从“孝”的精神上说，他们确实感人至深、值得赞扬，但从“孝”的行为上来说，他们的做法不仅愚昧迷信而且有违天理人性。鲁迅曾在《二十四孝图》这篇文章中评论道：“我请人讲完了二十四个故事之后，才知道‘孝’有如此之难，对于先前痴心妄想，想做孝子的计划，完全绝望了。”[2]不仅“孝”文化，包括中华传统美德在内的许多优秀传统文化，往往是与一些封建糟粕杂糅在一起的，这就给我们今天的传承和弘扬带来极大的障碍。

中华优秀传统文化有其产生的时代背景，有其活跃的社会条件，也有其表现的具

[1] 季羡林：《季羡林谈国学》，浙江人民出版社 2016 年版，第 97 页。

[2] 《鲁迅全集》（第二卷），人民文学出版社 2005 年版，第 261 页。

体方式。时代在发展，环境在变化，时过境迁之后，中华优秀传统文化面临新的历史条件，就不可避免地要遇到传承上的困难。以中华传统美德为例，它产生于中国的农耕时代和封建社会，带有浓郁的宗法主义和专制主义色彩。今天，中国已经是一个社会主义国家，已经处于信息时代，怎样传承中华传统美德就面临着很多具体难题。不仅中华传统美德遇到新的历史条件，中华优秀传统文化中的许多内容，包括传统治国理念、社会礼仪、文学艺术、民俗节日、服饰饮食等，都要重新适应新的历史条件，这无疑增加了中华优秀传统文化现代化的难度。

二、文化态度转变的挑战

中华优秀传统文化包含于内容庞杂的传统文化之中，往往与传统文化糟粕混杂，导致人们对传统文化产生极为复杂的态度和观念。客观地说，人们对传统文化糟粕高度警惕无可非议，对传统文化本身冷静思考也无可非议。但在高度警惕和冷静思考两种态度和观念之外，还存在着一些错误态度和观念。当前，对待传统文化主要有三种错误态度，即虚无主义、复古主义和功利主义。

（一）彻底否定的虚无主义态度

这种态度的表现是眼睛向“前”、否定传统，认为传统文化已经失去当代价值，并对中国的现代化起着负面的、阻碍的作用，必须全盘否定和彻底摒弃。一些学者认为“中国的传统文化自从秦始皇一统天下的两千年来，一言以蔽之，就是专制主义”[1]，必须彻底抛弃，用西方近代以来的文化对中华文化进行彻底改造。这种态度可追溯到近代以来的“全盘西化”论，它的根源是中国近代中所遇到的民族危机，特别是文化危机。晚清民国以来，人们把鸦片战争后中国的落后和失败归咎于传统文化，许多学者认为只有彻底抛弃传统文化而“全盘西化”，中国才有救亡图存的希望。由对传统文化糟粕的否定，进而对传统文化全盘否定，以至于彻底否定传统文化中的优秀部分，是一种虚无主义的错误态度和观念。这种态度观念对中华优秀传统文化的传承和弘扬危害最大，因为它彻底否定了它的存在价值。

（二）过度拔高的复古主义态度

这种态度的表现是眼睛向“后”、食古不化，特别是宣扬儒学的当代价值，甚至提出全面“儒化中国”，提倡把“儒教”当成“国教”。一些学者对当下中国持强烈不满和批判态度，认为“这个世界没有温情，没有道德，没有正义，有的只是赤裸裸的弱肉强食”[2]，因此他们主张“恢复古代礼制，用礼制来规范社会生活的方方面面”，

---

[1] 马立诚：《最近四十年中国社会思潮》，东方出版社 2015 年版，第 140 页。

[2] 马立诚：《最近四十年中国社会思潮》，东方出版社 2015 年版，第 221 页。

“中国需要复古更化，重建中国儒教，将中国建成一个政教合一的儒教国”[1]。这种态度的产生源于一些学者认为国内出现的种种问题，如官员腐败、道德沦丧、贫富分化、环境污染等，都是丢失传统文化所致，因此，这些问题必须用传统文化来解决。这种态度忽视了传统文化中的糟粕，特别是忽视了时代发展之后僵化地照搬传统文化，如“恢复古代礼制”“重建中国儒教”等做法已经严重违背了文明的发展规律。复古主义的态度表面上看来肯定和弘扬中华优秀传统文化，但把中华优秀传统文化抬高到它本身不具有的高度，赋予它无法承担的历史使命，只会适得其反地引起人们的警惕和厌恶，反而损害了中华优秀传统文化在当代的地位。

（三）唯利是图的功利主义态度

这种态度的表现是向“钱”看、以古为利，打着弘扬传统文化的旗号，以赚钱营利为根本目的。在“传统文化热”和“国学热”的文化背景下，在文化产业蓬勃发展的经济势头下，一些人兴起了用中华优秀传统文化赚钱的念头。传统文化产业化本来是一种很好地传承和弘扬中华优秀传统文化的途径，但如果只求经济效益，不顾社会效益，功利主义地开发利用传统文化，就不仅不能使中华优秀传统文化现代化，而且损害它的形象，阻碍其价值的实现。近年来，以篡改、歪曲、恶搞中华优秀传统文化的方式盈利的文化现象层出不穷。在影视领域，近几年盛行宫斗剧、穿越剧等历史题材的影视作品，但其中表现的情节内容要么与历史事实严重背离，要么竭力呈现历史中的阴暗面，以吸引眼球和提高收视率为唯一目的，实际上严重损害了中华优秀传统文化的形象。功利主义的态度，使我们在面对传统文化时首先就迷失了方向，严重损害了中华优秀传统文化的形象，也影响了中华优秀传统文化的传承和弘扬。

三、传承方法选择的挑战

对于中华优秀传统文化，传承方法在很大程度上决定传承效果。目前，由于中华优秀传统文化本身庞杂思想内容的局限和一些错误态度观念的影响，也由于时代环境的变化，我们在传承和弘扬中华优秀传统文化时，还存在大量僵化的传承方法，从而削弱了中华优秀传统文化现代化的效果。

（一）食古不化的方法

中华优秀传统文化具有时代性，它产生、形成、繁荣、发展于中国古代，从经济土壤上说主要是一种农耕文化，从政治环境上说主要是一种封建文化。这种时代性，决定了我们今天传承和弘扬中华优秀传统文化时，必须进行契合时代的改造和创新，而不能囫囵吞枣、食古不化。然而，近年来这种食古不化的传承现象屡见不鲜。据报道，2014 年，北京凤凰岭书院某次开学典礼上，身着青灰色长衫的学员，向红襟黑

[1] 马立诚：《最近四十年中国社会思潮》，东方出版社 2015 年版，第 213 页。

衫的老师们齐齐叩首，行跪拜礼。2014年北京、广东、海南、陕西等地盛行“女德班”和“女德学堂”，积极倡导“打不还手，骂不还口，逆来顺受，绝不离婚”的“女德”四项基本原则。众所周知，“跪拜”是中国古代的一种礼节，是封建等级制度的一种外在表现，在“中华民国”成立之初即被废除。“女德”在中国古代主要是“三从”“四德”，曾经给中国女性带来巨大伤害。“跪拜礼”和“女德班”，看起来是传承传统文化，实则食古不化，是一种文化上的倒退。

（二）歪曲丑化的方法

食古不化的方法当然不好，需要我们进行契合时代的改造和创新，但改造和创新不能变成歪曲和丑化。2012年网络上掀起了一场恶搞诗人杜甫的热潮，杜甫被恶搞成各种造型，有网友评论道：“杜甫很忙：开完摩托骑白马，送水过后卖西瓜”。2015年，东方卫视节目《木兰从军》，将中国古代巾帼英雄花木兰恶搞成贪吃、不孝、胸无大志、贪生怕死的傻大妞形象。杜甫是具有高超诗歌艺术和浓厚人文情怀的伟大诗人，花木兰是践行热爱祖国、孝敬父母等传统美德的著名典范，歪曲丑化他们的形象是对中华优秀传统文化的破坏。此外，近年来热播的宫斗剧、穿越剧，其情节内容和价值导向往往与历史真实大相径庭，呈现出一种歪曲丑化的倾向。钱穆认为，“一国之国民”应“附随一种对其本国以往历史之温情与敬意”，只有这样“其国家乃再有向前发展之希望”[1]。缺乏“温情”与“敬意”，是产生歪曲丑化现象的重要原因，也是我们中华优秀传统文化现代化的一大障碍。

四、外来文化冲击的挑战

工业革命以来，随着世界市场的开拓，“各民族的精神产品成了公共的财产”[2]。一个国家不仅在政治、经济上无法闭关锁国，在文化上也无法不受外来文化的影响。历史上，中国文化曾经经受过“佛陀东来”的文化冲击和外族文化的大量融入，但其规模和强度都不及近代以来“西学东渐”文化浪潮。这次外来文化的浪潮给中国送来了民主、科学和马克思主义等西方文明的成果，极大改变了中国的面貌，但也极大冲击了中华优秀传统文化，使其面临艰难的生存处境。改革开放以来，西方的各种思潮和流行文化，再一次大规模涌入中国，如滔滔大浪冲击着中华优秀传统文化的存在根基。

（一）国外流行文化的冲击

流行文化是一个包含影视、音乐、文学艺术、游戏、时装等在内的文化概念。随着传播技术的日益发达，流行文化更是深刻影响着每一个普通人的日常生活。目前，来自国外的流行文化数量大、影响大，特别是在青少年阶层中流行甚广，对中华优秀

---

[1] 钱穆：《国史大纲》，商务印书馆1996年版，第1页。

[2]《马克思恩格斯选集》（第一卷），人民出版社2012年版，第404页。

传统文化产生重大冲击。在我国影响较大的国外流行文化主要有以下几种：一是美国流行文化。美国是世界头号经济强国，也是头号文化强国，如《变形金刚》系列、《速度与激情》系列、《阿凡达》《泰坦尼克号》等好莱坞电影，《纸牌屋》《权力的游戏》《越狱》等美剧，在中国影响巨大。二是日韩流行文化。以日本动漫、韩国电视剧等为代表的日韩文化在中国也很有市场，以《太阳的后裔》《来自星星的你》为代表的电视剧更是在中国有着极高的人气。三是西方节日文化。圣诞节、情人节、愚人节等西方节日文化在我国青少年中影响很大。四是国外饮食服饰文化。西餐和日韩饮食、西方和日韩流行服饰在我国影响很大。这些国外流行文化流入我国，丰富了普通民众的精神文化生活，也冲击了中华优秀传统文化的当代地位。

（二）西方政治思潮的冲击

近代以来，在救亡图存的大背景下，西方许多政治思潮涌入中国。除马克思主义之外，自由主义、无政府主义、社会达尔文主义、国家主义等政治思潮在中国也产生了较大影响。改革开放之后，西方各种政治思潮再次涌入。除自由主义等传统政治思潮外，一些新的思潮也竞相而入，如波普尔的政治哲学、熊彼特的精英民主主义、罗尔斯的正义理论、麦金太尔的社群主义、哈耶克的自由秩序原理、诺齐克的自由至上主义，以及绿色和平主义、女权主义、民主社会主义等政治思潮，纷至沓来，令人应接不暇。这些政治思潮在学术界颇有影响，对知识精英阶层影响尤其巨大，不仅干扰着他们对中国特色社会主义的认识，而且影响着他们对中华优秀传统文化的认识。在这些西方政治思潮的反复冲击下，中华优秀传统文化反而处于弱势地位，成了落伍的文化古董了。

中华优秀传统文化具有包容性，善于汲取各种文化而进行创新发展。外来文化对于中国利大于弊，但强势的欧美文化和日韩文化对中国文化产生强烈冲击，甚至有取中华优秀传统文化而代之的势头，这是我们进行文化建设时不得不面对的巨大挑战。

第四节　中华优秀传统文化现代化的路径选择

一百多年的曲折发展和不断探索表明，一个民族的现代化离不开民族传统文化的现代化。“适应现代世界发展趋势而不断革新，是现代化的本质，但成功的现代化运动不但在善于克服传统因素对革新的阻力，而尤其在善于利用传统因素作为革新的助力。”[1]实现中华民族伟大复兴和社会主义现代化，离不开中华优秀传统文化的有力支

[1] 罗荣渠：《现代化新论》，商务印书馆 2004 年版，第 400 页。

撑。中国特色社会主义进入新时代，必须更加深入地推动中华优秀传统文化现代化，使之成为社会主义现代化的强大助力。

一、以“批判继承、古为今用”为原则

毛泽东指出:“对中国的文化遗产，应当充分地利用，批判地利用。”[1]习近平也指出:“传承中华文化，绝不是简单复古，也不是盲目排外，而是古为今用、洋为中用，辩证取舍、推陈出新，摒弃消极因素，继承积极思想。”[2]对传统文化不是简单复古、全盘接受，而是要“批判地利用”。“批判地利用”指明了我们对待传统文化应坚持的基本原则，即批判继承和古为今用。批判继承是古为今用的前提，表明了继承的态度，回答了继承什么、怎样继承的问题；古为今用是批判继承的目的，表明了继承的方向，回答了为谁所用、怎样使用的问题。中华优秀传统文化现代化，实际上就是对传统文化的批判继承和古为今用。

（一）批判继承

近代以来出现过两种对待传统文化的极端倾向：全盘肯定和全盘否定。历史证明，这两种不加分析、绝对片面的态度是错误的，影响是负面的。对待传统文化，应坚持批判继承原则。毛泽东指出:“清理古代文化的发展过程，剔除其封建性的糟粕，吸收其民主性的精华，是发展民族新文化提高民族自信心的必要条件；但是决不能无批判地兼收并蓄。”[3]批判继承不是全盘继承，也不是原样继承，而是批判性地继承，是一种文化上的“扬弃”。

传统文化内容博大而复杂，做到批判继承，首先应科学分析它的构成。毛泽东曾指出:“中国几千年的文化，主要是封建时代的文化，但并不全是封建主义的东西，有人民的东西，有反封建的东西。要把封建主义的东西和非封建主义的东西区别开来。封建主义的东西也不全是坏的。”[4]在传统文化中，既有文化精华，也有文化糟粕，很多情况下精华和糟粕杂糅在一起。以唯物史观为指导，我们可以把中国传统文化分为四个部分：第一部分是文化精华部分，也即中华优秀传统文化，如传统美德和传统文艺等；第二部分是文化糟粕部分，如封建迷信和官僚主义思想等；第三部分是精糟杂糅部分，也即文化精华与文化糟粕相杂糅的部分，如传统政治思想和道德规范等；第四部分是精华和糟粕之外的其他部分，因为传统文化内容巨大，我们目前还难以完全认识、明确区分，如浩如烟海的典籍、埋藏地下的古物等。在以上几部分中，文化精华是主要的，文化糟粕是次要的。文化精华，也即中华优秀传统文化在传统文化中占

---

[1]《毛泽东文集》（第八卷），人民出版社 1999 年版，第 225 页。

[2] 习近平:《在文艺工作座谈会上的讲话》，人民出版社 2015 年版，第 26 页。

[3]《毛泽东选集》（第二卷），人民出版社 1991 年版，第 707–708 页。

[4]《毛泽东文集》（第八卷），人民出版社 1999 年版，第 225 页。

据主体地位。

对待传统文化，应具体内容具体对待。对第一部分，文化精华部分，应毫不犹豫地继承。文化精华是传统文化的主体，也是中华民族的宝贵资源和突出优势。对待传统文化精华，特别是其中的民族精神、治国理念、传统美德、文学艺术、历史经验等内容，应大力传承发展，使其发挥当代价值。对第二部分，文化糟粕部分，应旗帜鲜明地批判。特别是对于传统文化中维护封建等级制度、阻碍当代社会发展的文化内容，应进行深入的批判和清理。对第三部分，精糟杂糅部分，应如淘米洗菜一般，萃取精华、去除糟粕。在传统文化中，许多内容成分比较复杂，精华中有糟粕，糟粕中有精华。对这一部分不能全盘否定，也不能全盘肯定，而应该认真分析，把文化精华萃取出来，把文化糟粕清除出去。对第四部分，精华和糟粕之外的其他部分，应加强保护传承、逐渐开发利用。中华文化博大精深，许多内容我们至今尚无法认识、无法利用，对这一部分当前应加强保护传承，在今后条件成熟时逐渐加以开发利用。

（二）古为今用

批判继承传统文化，主要目的是古为今用。毛泽东在对待古代文化和外国文化问题上，首先提出了“古为今用，洋为中用”[1]的原则。党的十八大以来，习近平多次强调要“古为今用”，指出：“对我国传统文化，对国外的东西，要坚持古为今用、洋为中用，去粗取精、去伪存真，经过科学的扬弃后使之为我所用。”[2]古为今用，指明了我们传承传统文化的主要目的是“用”，还内在地指明了为谁用和怎样用两个方面的重要问题。

古为今用，就是为“今”所用，为当代社会所用。“古”就是传统文化，主要指中华优秀传统文化；“今”就是当代社会，既包括当代的人，也包括当代的事业。毛泽东曾指出：“向古人学习是为了现在的活人，向外国人学习是为了今天的中国人。”[3]我国在20世纪80年代初明确提出了“文艺为人民服务、为社会主义服务”的口号，成为文艺发展的根本方向。中华优秀传统文化现代化，也是要为人民服务、为社会主义服务，而不是为少数人服务、少数阶层服务。为人民服务，就是为广大人民群众服务，为广大人民群众的自由全面发展和幸福生活服务。在中国古代，广大人民群众没有接受文化教育的条件，文盲占人口大多数，诗词歌赋、琴棋书画等高级文化成果难以惠及广大人民群众，而只是少数上层阶级和知识分子的专利。在当代，文化的古为今用，就是要使广大人民群众共享中华优秀传统文化的共同文化遗产。为社会主义服务，就

[1]《毛泽东文艺论集》，中央文献出版社2002年版，第227页。

[2] 习近平：《胸怀大局把握大势着眼大事努力把宣传思想工作做得更好》，载《人民日报》，2013年8月21日，第1版。

[3]《毛泽东文集》（第七卷），人民出版社1999年版，第82页。

是为中国特色社会主义各项事业服务，为我国的政治进步、经济发展、文化繁荣、社会和谐、生态改善等提供精神动力和智力支持。此外，中华优秀传统文化作为人类文明的重要成果，不仅应为当代中国人、当代中国社会服务，还应为当代人类、当代人类社会服务，为当代世界的和平与发展提供中国智慧。

古为今用，要求“古”“今”结合，也就是传统文化与当代中国实际相结合。当代中国实际，既包括当代中国的发展目标，也包括当代中国的基本国情，还包括当代中国的时代特征。古为今用，要求我们把中华优秀传统文化与这些方面的当代实际相结合。第一，与当代中国的发展目标相结合。当前，中国最大的发展目标是“两个一百年”奋斗目标和中华民族伟大复兴的中国梦。中华优秀传统文化的古为今用，必须与当代中国的这一伟大目标相结合，在实现这一伟大目标的过程中实现自身价值。第二，与当代中国的基本国情相结合。党的十九大报告指出：“中国特色社会主义进入新时代，我国社会主要矛盾已经转化为人民日益增长的美好生活需要和不平衡不充分的发展之间的矛盾。”[1]但社会主要矛盾的变化并没有改变我国仍处于并将长期处于社会主义初级阶段的基本国情，我国政治、经济、文化、社会、生态等各领域的发展还处于初级阶段，人民思想道德素质和科学文化素质也处于初级阶段。中华优秀传统文化的古为今用，必须与社会主义初级阶段的这一基本国情相结合。第三，与当代中国的时代特征相结合。当代社会是一个世界多极化、经济全球化、社会信息化、文化多样化不断深入发展的社会，特别是科学技术突飞猛进，思想文化日益多元，文艺形式丰富多样，人类在文化领域的变化极为深刻。中华优秀传统文化的古为今用，必须与当代中国乃至当今世界的时代特征紧密结合，特别要与当代科学技术发展带来的新变化相结合，否则传统文化的“旧”形式就无法适应当代社会的“新”形势。

二、以“创造性转化、创新性发展”为方法

党的十九大报告强调，要“推动中华优秀传统文化创造性转化、创新性发展”[2]。在当代，“创造性转化、创新性发展”是传承发展中华优秀传统文化的科学方法。

（一）梳理萃取文化精华

我们认为“文化精华”，即“优秀传统文化”，应达到以下三个标准。第一，达到了一定高度，这是文化标准。“优秀”代表一定高度，“优秀”文化不是“一般”文化，它表明这种文化达到了一定高度。第二，产生了进步作用，这是历史标准。“优秀”代表一定作用，“优秀”文化在历史上必然要产生一定的进步作用。第三，于今仍有

[1] 习近平：《决胜全面建成小康社会　夺取新时代中国特色社会主义伟大胜利——在中国共产党第十九次全国代表大会上的报告》，人民出版社 2017 年版，第 11 页。

[2] 习近平：《决胜全面建成小康社会　夺取新时代中国特色社会主义伟大胜利——在中国共产党第十九次全国代表大会上的报告》，人民出版社 2017 年版，第 23 页。

一定价值，这是时代标准。“优秀”代表一定品质，因具有这种品质，“优秀”文化不仅在古代产生过进步作用，而且对于今天仍有一定价值。这三个标准既反映了“文化高度”，也反映“历史作用”，更反映了“时代要求”，所以更为科学全面。符合这三个标准的传统文化，就应视为文化精华。我们就应依据这个标准，把传统文化中的精华萃取出来。从系统角度看，一种文化是由若干文化要素组成的具有一定结构和功能的文化系统。组成这个系统的文化要素复杂多样，在系统中具有不同特征和功能。如果以特征和功能的相似性为标准，可以对复杂多样的文化要素进行分类，区分出精神、制度和物质三个层面的文化要素。精神层面文化是以精神形式而存在的文化，代表着人类认识世界的精神成果，如世界观、价值观。物质层面文化是以物质形式而存在的文化，代表着人类改造世界的物质成果，如生产工具、生活器具等。制度层面文化介于前两者之间，代表着人类营造社会关系、规范社会行为的制度成果，如政治制度、社会礼仪等。这三个层面的文化要素相互影响、有机结合，共同构成整个文化系统。中华优秀传统文化也是由精神、制度和物质三个层面文化要素构成的文化系统。

根据上面提出的判定文化精华的标准，传统文化精华至少包括物质、精神、制度等三个文化层面十二个具体方面的内容。在精神文化层面，传统文化精华包括民族精神、治国理念、传统美德、文学艺术、历史经验、思维方式等六个方面内容。在制度文化层面，传统文化精华包括政治制度、社会礼仪、民俗节日等三个方面内容。在物质文化层面，传统文化精华包括历史文物、传统饮食、传统服饰等三个方面文化。此外，中华优秀传统文化中的语言文字、科学技术、中医中药、教育等方面内容，也是传统文化中的文化精华。萃取文化精华，应进行分门别类梳理，特别应对以上指出的十二个方面内容进行细致入微的梳理，把传统文化的精华萃取出来，以供我们传承发展。

（二）赋予新的时代内涵

传承和发展中华优秀传统文化，必须赋予其新的时代内涵，特别应以社会主义核心价值观为指引，使中华优秀传统文化适应时代发展的要求。以下四种时代内涵是中华优秀传统文化相对缺乏，而应首先赋予的。

1. 赋予“民主”的时代内涵

中华优秀传统文化产生和服务于中国古代社会，在传统政治思想中，虽然有着可贵的“民本”思想，但缺乏真正的“民主”精神。“民主”是社会主义政治建设的重要内容，也是社会主义核心价值观的重要内容。因此，传承和发展中华优秀传统文化，必须赋予“民主”的时代内涵。

2. 赋予“平等”的时代内涵

与中国古代专制政体相适应，以儒家思想为主导的传统思想缺乏真正的“平等”精神。《易经》上说：“天尊地卑，乾坤定矣。卑高以陈，贵贱位矣。”把人之贵贱视为天经地义的事情。在中国古代，君臣、父子、夫妻贵贱有别，有所谓“君为臣纲、父为子纲、夫为妻纲”的伦理要求；社会阶层也分三六九等，有士、农、工、商的贵贱差别。当代中国与古代中国的社会性质已经根本改变，法律面前人人平等已经成为社会共识。因此，传承和发展中华优秀传统文化，必须赋予“平等”的时代内涵。

3. 赋予“法治”的时代内涵

先秦诸子百家中有法家学派，提出了“法治”的思想，对中国历史影响很大。但是，法家学派的“法治”思想与今天的“法治”思想具有根本区别。先秦法家的“法治”思想是“两面三刀”：“两面，就是‘二柄’，即奖与惩、赏与罚。三刀，就是势、术、法，即仗势欺人、阴谋诡计、严刑峻法。”可见，法家的“法治”不是现代意义上的“法治”。因此，传承和发展中华优秀传统文化，必须赋予“法治”的时代内涵。

4. 赋予“科学”的时代内涵

中国古代在科学技术方面取得了辉煌成就，但明清以来中国的科学技术却远远落后于西方。学者普遍认为，中国传统文化缺乏现代科学产生的土壤。张岱年指出：“应当承认，在中国传统文化中，确实存在使近代实证科学难以产生的因素。”❶传统文化中不仅缺乏产生现代科学的土壤，而且存在大量迷信元素，即使在当代也大行其道，甚至发生高级知识分子和领导干部“不信马列信鬼神”的现象。因此，传承和发展中华优秀传统文化，必须赋予“科学”的时代内涵。

赋予传统文化“民主”“平等”“法治”和“科学”等新的时代内涵，主要可以采用补充和替换两种方式。对于传统文化中缺乏和薄弱的时代精神，主要采取补充的方式，如用现代“民主”精神补充传统“民本”思想，用现代“法治”精神补充传统“德治”和“法治”思想。对于传统文化中与时代精神相背离的内容，主要采取替换的方式，如用现代“平等”精神替换传统“等级”思想，用现代“科学”精神替换传统“迷信”思想。

（三）形成新的文化成果

对中华优秀传统文化进行梳理萃取、加工改造之后，还必须结合当代中国和世界实际，形成崭新的有用的精神力量、治理方法、文艺精品、思想理念等文化成果，进入并服务于当代社会实践和群众生活。中华优秀传统文化当代价值是否实现，关键看它是否实现了运用升华，产生了时代作用。实现中华优秀传统文化的运用升华，主要在以下几个方面努力：

1. 凝聚推动民族复兴的精神力量

实现中华民族伟大复兴需要凝聚起强大的精神力量。中华优秀传统文化，特别是其中的民族精神和传统美德，是形成民族复兴精神力量的重要源泉。通过大力弘扬中

❶ 张岱年、程宜山：《中国文化精神》，北京大学出版社 2015 年版，第 218 页。

华优秀传统文化，充分发掘其中的优秀民族精神和传统美德，可以凝聚推动民族复兴的精神力量。一是增强文化自信。文化自信不是文化自负，文化自信是建立在对本民族文化清醒认识、强烈认同的基础上的。中华优秀传统文化历史悠久、连绵不断、成就辉煌、富有特色，形成了博大精深、丰富多彩、魅力无限的文化体系，是我们增强文化自信的根本源泉。弘扬中华优秀传统文化，展现它的辉煌成就和巨大魅力，可以增强中华儿女的文化自信。二是增强实现伟大梦想的精神动力。中华优秀传统文化蕴含丰富的精神元素，如“天下兴亡，匹夫有责”的爱国精神，“天行健，君子以自强不息”的自强精神，“如欲平治天下，当今之世，舍我其谁也”的担当精神，“苟日新、日日新，又日新”的革新精神，等等。这些精神元素，都可以成为凝聚实现伟大梦想精神动力的宝贵精神元素。三是涵养社会主义核心价值观。社会的和谐稳定和国家的长治久安，离不开核心价值观的积极引领。社会主义核心价值观是民族复兴的价值引领。中华优秀传统文化包含着丰富的价值观资源，特别是中华传统美德，可以成为涵养社会主义核心价值观的宝贵资源。

2. 形成解决时代问题的治理方法

文化应该为时代服务，特别是应该为解决时代问题服务。中华优秀传统文化博大精深，包含着几千年来中华民族应对内忧外患、解决各种问题的理论与实践、经验与教训，其中的一些思想与智慧对于今天我们解决时代问题依然具有深刻启发。中华优秀传统文化现代化，应坚持问题导向，为形成解决时代问题的治理方法提供有益启发和借鉴。一是借鉴古代优秀廉政文化。我国古代积累了优秀的廉政文化，既有提倡廉洁的优秀思想，也有反腐倡廉的实践经验，是我们今天推进反腐倡廉建设的宝贵资源。中国古代廉政文化中的优秀思想和实践经验，可以在反腐倡廉教育和廉政文化建设，以及反腐败体制创新中，发挥一定作用。二是借鉴历史经验教训。中华民族在漫长的历史进程中，积累了丰富的历史经验教训，既有成功经验，也有失败教训，可资当代借鉴和汲取。三是借鉴古代优秀治国理念。中国古代形成了丰富的治国理念，其中的优秀部分依然值得今天借鉴，例如，儒家提倡“仁”“义”“礼”的治国理念，墨家提倡“尚同”“尚贤”“兼爱”“非攻”的治国理念，法家提倡“奉法者强，则国强；奉法者弱，则国弱”的治国理念。这些治国理念，对于当代治国理政，特别是解决时代问题，都有很重要的启发意义。

3. 创作体现民族特色的文艺精品

每个时代都有每个时代的文艺，当代中国需要当代文艺。习近平指出：“文艺创作不仅要有当代生活的底蕴，而且要有文化传统的血脉。”[1]这个“文化传统的血脉”就是中华优秀传统文化。中国古代产生了无数思想精深、艺术精湛、制作精良的文艺精

[1] 习近平：《在哲学社会科学工作座谈会上的讲话》，人民出版社2016年版，第25页。

品，它们在文学语言、文艺风格和文艺思想等方面，达到了无与伦比的艺术高度。在创作当代文艺作品时，可以借鉴中国古代文艺作品的语言、风格和思想，从而创作出既体现民族特色又具有时代气息的文艺精品。一是学习古人文学语言。中国古代语言丰富多彩、富有魅力，有的作品语言简洁明快，有的作品语言古朴高雅，有的作品语言生动形象，值得当代文艺创作者学习借鉴。二是借鉴古典文艺风格。中国古代文艺风格独特，在世界文艺史上独树一帜。学习借鉴古代文艺的独特风格，对于创作具有民族风格的当代文艺精品具有重要意义。三是汲取优秀文艺思想。中国古代文艺作品灿若星河，思想主题各种各样，但主要表达了对“真、善、美”的不懈追求。中华优秀传统文化中的这些重要思想主题值得当代文艺创作者学习借鉴。

4. 提供造福人类社会的思想理念

中华优秀传统文化作为中华文明的精髓，既属于中国，也属于世界，理应为当代世界贡献智慧和力量。在全球经济增长乏力、地区发展不均、局部战争不断、恐怖主义肆虐、生态环境恶化等世界问题日益突出情况下，中华优秀传统文化走向世界、服务世界，为造福人类社会提供思想理念，是在世界范围内的运用升华。一是提倡以和为贵的发展理念。中国古代强调：“礼之用，和为贵。”中国古代以和为贵的理念和实践，对于当代世界的发展具有重要启发意义。近年来，中国积极推动构建以合作共赢为核心的新型国际关系，打造人类命运共同体，积极实施“一带一路”倡议，提出“亲诚惠容”的周边外交理念，都是中华民族以和为贵发展理念为当代世界做出的重大贡献。二是提倡公平正义的价值追求。中国古代提出了“国不以利为利，以义为利也”的深刻思想，主张以义为利，提倡义利兼顾。三是提倡辩证综合的思维方式。中国辩证综合的思维方式，既注重从整体看局部，主张从局部现象观察整体问题、从整体角度解决局部问题；又注重以辩证促平衡，在把握事物的对立统一中保持平衡、达到和谐。当代人类遇到的一些难题，如果用辩证综合思维方式，有利于找出合理的解决方案。中国提出的“新型国际关系”“人类命运共同体”“一带一路”倡议等理念，都体现中国古代辩证综合的思维方式。

三、以中华优秀传统文化传承发展体系为依靠

传承发展中华优秀传统文化是一个系统工程，必须构建中华优秀传统文化传承发展体系。《关于实施中华优秀传统文化传承发展工程的意见》明确提出：“到 2025 年，中华优秀传统文化传承发展体系基本形成。”[1]《国家“十三五”时期文化发展改革规划纲要》也提出了“中华优秀传统文化传承体系基本形成”[2]的发展目标。中华优秀传

---

[1]《关于实施中华优秀传统文化传承发展工程的意见》，载《人民日报》，2017 年 1 月 26 日，第 6 版。

[2]《国家“十三五”时期文化发展改革规划纲要》，载《人民日报》，2017 年 5 月 8 日，第 1 版。

统文化传承发展体系，是传承发展中华优秀传统文化的依靠体系，应包括传承发展主体、传承发展平台、传承发展动力机制和传承发展保障机制等几个基本部分，必须全面做好这四个方面的重点工作。

（一）发挥中华优秀传统文化传承发展的主体作用

文化传承，人人有责。不同的传承主体，责任不同。在中华优秀传统文化传承发展体系中，主要有政府、文化界和民间三个主体。其中，政府发挥主导作用，文化界发挥引导作用，民间发挥基础作用。这三者各尽其责，密切配合，共同传承发展中华优秀传统文化。

1. 政府的主导作用

传承发展中华优秀传统文化，政府的主导作用至关重要。从历史上看，政府的文化政策，往往可以主导文化的发展方向和发展效果。对待传统文化，政府是支持还是反对，是引导还是放任，直接影响传统文化的命运。因此，在全面弘扬中华优秀传统文化的大背景下，政府必须发挥积极的主导作用。

2. 文化界的引导作用

传承发展中华优秀传统文化，文化界责无旁贷。中华文化的产生和发展，离不开中国历代文化大家们的接续努力。当前，传承发展中华优秀传统文化，需要当代文化界的艺术家、理论家、批评家们发挥引导作用。文艺界应多创作传统题材的文艺作品，弘扬“真、善、美”，针砭“假、恶、丑”，通过春风化雨、润物无声的方式，传播好中华优秀传统文化。学术界整理阐释的工作至关重要，要从众多的作品中梳理出文化经典，从庞杂的作品中萃取出文化精华，从古奥的作品中阐释出现代内涵，为中华优秀传统文化的传承发展工作奠定学术基础。批评界应该及时发挥引导规范作用，以便廓清思想迷雾，树立科学态度，指引正确方向。

3. 民间的基础作用

民间是最深厚最肥沃的文化土壤，中华优秀传统文化只有扎根民间、服务群众，才能得到真正的传承发展。从这个意义上来说，群众是传承发展中华优秀传统文化的主要力量，发挥着基础作用。当前，在政府主导、文化界引导的基础上，应该进一步发挥群众自身的基础作用。孔子说：“礼失而求诸野。”中国文化史上，每逢遇到文化危机，传统文化总能在民间顽强传承。可见，只要群众发挥基础作用，中华优秀传统文化就能在民间根深叶茂、开花结果。

（二）用好中华优秀传统文化传承发展的重点平台

文化传承需要平台。传承主体发挥多大作用，能否用好传承平台是关键。传承好中华优秀传统文化，以下三个平台需要重点利用，即学校、媒体和社会。

1. 学校平台

百年大计，教育为本。学校是“传道、授业、解惑”的地方，是培养未来人才、传承民族文化的主要阵地。《关于实施中华优秀传统文化传承发展工程的意见》提出：“把中华优秀传统文化全方位融入思想道德教育、文化知识教育、艺术体育教育、社会实践教育各环节，贯穿于启蒙教育、基础教育、职业教育、高等教育、继续教育各领域。”[1]加强学校教育，应该从教学内容和教学方式上同时用力。当前，应在各教育领域加大中华优秀传统文化的教学内容，特别是在小学、中学、大学的教学中，增加中华民族精神、传统哲学、传统美德、古典文学、传统书法、传统绘画、传统戏剧、民族风俗节日、传统礼仪等方面的内容，增强学生对中华优秀传统文化的了解和兴趣。长期以来，中小学的传统文化教学存在重课堂轻课外、重应试轻素质的不良倾向。因此，学校除了课堂教学和应试教学外，还应加强社会实践和参观见学，充分利用图书馆、博物馆、艺术馆、历史古迹等文化场所，改进教学方式，提高教学效果。中华民族有着悠久的教育传统，有着丰富的教育经验，有着深厚的教育资源，传承发展中华优秀传统文化要把学校教育作为重中之重，要在青少年价值观、人生观、审美观、伦理观形成阶段装好“中国心”。

2. 媒体平台

在文化领域，媒体是文化传播的平台，也是文化冲突的阵地。当前，文化传播的媒体既包括报纸和书刊等传统媒体，也包括广播、电视、互联网等新兴媒体。因此，传承发展中华优秀传统文化，应同时加大传统媒体和新兴媒体的传播。在中华优秀传统文化的宣传、阐释、引导等方面，报纸和书刊应发挥比新兴媒体更为关键的作用。广播和电视应继续加强对中华优秀传统文化的传播，以更加丰富的内容和多彩的形式，向广大人民群众传播中华优秀传统文化，展现中华文化的无穷魅力。同时，还必须注重拓展和用好网络媒体，用先进的技术传播手段和优质的文化资源占据网络阵地，不断增强中华优秀传统文化传承发展的效果。

3. 社会平台

在文化传播方面，除了学校和媒体外，社会是更为广阔的传播媒介。社会是人民群众生产生活的地方，也应该是中华优秀传统文化发挥正面作用的地方。中华优秀传统文化应适时走出学校、科研机构等象牙塔，走向人民群众生产生活的社会，通过社会这个大媒介，进行传播和传承。通过社会的广泛传播，把中华优秀传统文化推广到城镇、村落、社区、学校、家庭，甚至推广到中国的山乡僻壤、田间地头、街头巷尾、茶馆酒肆，最大范围地提高中华优秀传统文化的影响力。

---

[1]《关于实施中华优秀传统文化传承发展工程的意见》，载《人民日报》，2017 年 1 月 26 日，第 6 版。

（三）健全中华优秀传统文化传承发展的动力机制

中华优秀传统文化传承发展的动力，主要有两个类型：一个是“看得见”的动力，如来自考试、选拔、评奖等方面的动力；一个是“看不见”的动力，如来自兴趣和市场方面的动力。增强传承动力，应双管齐下，把“要我传承”和“我要传承”有机结合起来。

1.“看得见”的动力

“看得见”的动力是有形动力，这种动力往往是被动的，是在某种外力驱使下进行的文化传承发展。一是进入考试内容。中华文化几千年来绵延不绝，其中一个重要原因就是中国古代将传统文化作为考试的重要内容。考试作为指挥棒，对文化传承具有很强的推动作用。长期以来，在我国的各种考试中，英语和自然科学的内容占比大，而中华优秀传统文化的内容占比小，这显然不利于中国人对中华优秀传统文化的学习。因此，应在以后各种考试中，特别是中考、高考、研究生入学考试、公务员考试中，增加对中华优秀传统文化的考查，通过考试这个指挥棒，增强文化传承发展的动力。二是作为用人标准。中国古代选人用人强调“唯才是举”“德才兼备”。不管是古代还是当代，“才”和“德”都是选人用人的重要标准。但不同时代，对“才”和“德”的内涵理解不同。当前，“才”和“德”的标准应加入中华优秀传统文化的内容，如对传统治理思想的掌握、对历史经验教训的借鉴、对中华优秀传统美德的践行、对传统优秀廉政文化的弘扬等方面的内容。三是当作评奖项目。比赛评奖是文化创作和传播的重要推动形式。近年来，中央电视台先后播出《汉字听写大会》《中国诗词大会》等电视节目，在全国引起巨大反响，对中华优秀传统文化的传播起到很大的推动作用。当前，传承发展中华优秀传统文化，应多举办传统文化主题的比赛评奖活动，如古代诗词、书法、绘画、音乐、舞蹈等，鼓励民众广泛参与，在全社会形成传播、传承中华优秀传统文化的热潮。

2.“看不见”的动力

“看不见”的动力是无形动力，这种动力往往是自发的，是靠自身的主动意愿进行的文化传承发展。一是培育文化兴趣。兴趣是文化传承的最好动力。中国古代许多优秀的文艺作品，如唐诗、宋词、明清小说等，在民间广受欢迎，主要是因为这些作品本身具有巨大的艺术魅力，激起了读者的极大兴趣。如果说中华优秀传统文化目前还没有被人们所普遍喜爱，那是因为人们还没有认识到它的魅力，还没有培养起对它的兴趣。传承发展中华优秀传统文化，就是要用富有魅力的传统文化，激起人们的兴趣，促使人们主动、自觉、愉快地接受和传承中华优秀传统文化。二是发展文化产业。利益是驱动人们从事生产的内在动力，也是文化传承的巨大动力。在历史上，文化的传承和发展活动，往往也是人们的一种谋生手段。在社会主义市场经济条件下，传承发展中华优秀传统文化，必须建立健全现代文化市场体系，大力发展文化产业，通过市场的力量，把中华优秀传统文化的优秀元素发掘出来，变成消费者喜爱的文化商品。

（四）加强中华优秀传统文化传承发展的支持保障

对中华优秀传统文化传承与发展的保障，主要来自两个方面，一是文化政策支持；二是政策法规保护。各级政府和相关部门，应出台切实可行的文化政策，加大对中华优秀传统文化传承与发展的政策支持；同时也应制定有力完善的法律法规，加大对中华优秀传统文化传承与发展的法规保护。

1. 文化政策支持

新中国成立以来，我国制定了一系列积极有为的文化政策，如“二为”方向、“双百”方针、“三贴近”原则等根本政策，“弘扬主旋律，提倡多样化”“古为今用，洋为中用，推陈出新”等基本政策，以及各文化领域的具体政策，为我国的文化建设事业提供了重要支持。当前，传承与发展中华优秀传统文化，应及时制定与之相关的文化政策，特别应在文化研究、文化传播和文化产业等方面提供积极的政策支持。

2. 政策法规保护

目前，我国已经出台了一些文化法律法规，如《文物保护法》《非物质文化遗产法》《公共文化服务保障法》《文物保护实施条例》。总体来看，这些文化法律法规有两个基本特点：一是数量少。据不完全统计，目前我国法律法规约有 38000 件，与文化相关的约有 1042 件，占总量的 2.7%，文化法律仅占全部法律的 1.7%。二是层次低。在文化法规中，文化法律少，文化法规多，权威性、系统性和针对性不够。因此，应加强关于中华优秀传统文化法律法规的完善和执行。

第四章　传统文化在现代化进程中的作用

第一节　传统文化与现代政治

一、传统政治文化对中国社会主义政治发展道路的影响

政治发展道路的塑造是一个多元因素交织的结果，其中，传统政治文化占据了一个尤为重要的位置：它作为一种深层次、持续性的影响力量，深深地镌刻在政治演进的脉络之中。尽管政治文化自身也在不断地经历着变革与演进，但相较于政治制度的更迭与变迁，它所展现出的稳定性与连续性更为显著，对政治路径和政治体制的塑造作用也更为深远和持久。这种影响力的核心在于，政治文化对国民政治价值观的培育与塑造。一旦这种价值观体系得以内化于民众心中，其便会形成一种强大的惯性力量，对外界的冲击与改变展现出强大的抵抗力。正如罗纳德·英格尔哈特所言："尽管人性具有其生物学的固定性和普遍性，但文化却是可以通过后天学习而获得的，并且会因社会环境的不同而呈现出差异性。文化中那些更为核心、更早被习得的部分，往往更加抵制变化，因为改变一个成年人认知结构中的核心要素需要付出极大的努力。同时，一个人最核心的价值观本身就是其追求的目标，强行放弃它会给人带来极大的不确定性和焦虑感。"因此，只有那些与国民深层价值观体系相契合的政治发展道路，才能够获得民众深厚而持久的合法性认同。

在中国传统政治文化的熏陶与影响下，"大一统""天下为公""和合"等理念深入人心。这些理念使"国家统一""有效治理""社会和谐"等观念成为政治价值观的重要组成部分，为中国特色社会主义政治发展道路的合法性提供了文化土壤。中国特色社会主义政治发展道路之所以能够获得民众的广泛认同与支持，正是因为它优先满足了这些核心理念的要求，充分体现了传统政治文化对中国政治发展道路的深刻影响。这种影响不仅塑造了中国的政治制度与治理模式，更在深层次上塑造了中国民众的政治心理与行为方式。

（一）中国传统政治文化的核心理念

中国传统政治文化深厚且多元，涵盖了丰富的理念和价值观。为了更深入地理解

其与中国政治发展的紧密关系，我们可以聚焦于几个核心理念进行深入剖析。在这些理念中，“大一统”“天下为公”以及“和合”思想无疑是与中国政治发展紧密相连的三大基石。

根据儒家的传统观念，“大一统”的维持并不仅仅依赖于军事力量，更重要的是通过优质的治理来实现。这种优质的治理正是“天下为公”理念的具体实践，它强调公正、公平和公共利益，为社会的和谐稳定提供了坚实的基础。当社会与国家在“天下为公”的指引下实现“和合”时，这种和谐的状态又会反过来强化和巩固“大一统”的秩序，形成一个良性的循环。

因此，我们可以清晰地看到，中国传统政治文化中的这些核心理念是如何相互关联、相互作用，并共同推动中国政治的发展。这种深入的理解不仅有助于我们更好地把握中国政治的本质和特征，也为我们探索中国政治的未来走向提供了宝贵的启示。

1.“大一统”思想

在春秋战国时期，人心普遍向往安定，和平与统一的价值观念逐渐凸显。在这样的时代背景下，儒家和法家都展现出了对国家统一的强烈推崇，而实现统一的首要前提便是恢复社会秩序。孔子作为儒家的代表人物，将礼治视为理想的社会秩序。他不仅以西周的社会制度和规范为现实典范，赞叹其文化繁荣昌盛，更从人性的角度出发，为礼治的合理性提供了深入论证。孔子坚信，“克己复礼”便是实现仁德的途径。他的目标是将礼治从贵族阶层的局限中解放出来，推广至广大平民，因为人性是普遍共有的，并非贵族所独享。与此同时，法家则提出了另一种维护社会秩序的方式——法律。商君明确指出，法律应当平等无差别地适用于所有人，无论其社会地位如何，一旦违反国家法令，都应受到严厉惩罚，甚至不惜处以死刑。韩非子也强调，只有摒弃私欲、遵循公法，才能实现国家的安定与强盛。法家试图通过法律的权威来打破人伦关系的束缚，使个人直接面对国家的统治，从而确保国家的有效治理。然而，在先秦诸子百家中，道家则展现出了与众不同的理念。他们心中的理想秩序是“小国寡民”，即在一个小规模的社群中，人们过着简单自足的生活，无需过多的物质追求和社交纷扰。道家认为，这种建立在自给自足小农经济基础上的社会秩序，能够借助人口的低流动性来维持社会的稳定与和谐。正如孙隆基在《中国文化的深层结构》中所指出的那样，道家的这种理想秩序与中国文化中的“大一统”倾向并不矛盾，而是相辅相成的。因为大国的“大一统”专制主义正是建立在分散经济的基础之上。在春秋战国这一世界史上的轴心期，诸子百家各抒己见、争相辉映，中国的政治思想呈现出多元化、开放性的特征，尚未形成一统的局面。

自秦始皇统一六国，我国步入了中央集权的时代，一个全新的政治体制由此确立。经过多个朝代的积累与演进，至汉武帝时期，中央集权达到了前所未有的高峰。在这一背景下，为了进一步巩固帝国的统治基础，汉朝当政者迫切需要一种统一人心的思想体系。这时，经过改造的儒家学说应运而生，它为汉朝的统治者提供了一种宝贵的思想资源，其中最为核心的便是“大一统”思想。这一思想强调天下归一、四海一家，有力地支持了中央集权的政治体制。儒家学说在这一时期的发展中，不仅坚守了其原有的仁、义、礼、智、信等核心价值观念，还积极地吸收了道家和法家的思想精髓。道家的无为而治、顺其自然的理念，为儒家提供了治理大国的智慧；而法家的法治、重刑思想，则为儒家在强调道德教化的同时，注入了必要的权威和秩序元素。这种儒、道、法的融合，使儒家学说在论证“大一统”秩序的合理性时，更加全面和深入，也更容易被统治阶层和普通民众所接受。因此，吸收了多元思想的儒家学说，在汉朝时期成了维护“大一统”秩序的有力武器。它通过倡导君臣有序、尊卑有别的社会等级观念，以及强化家族和国家的紧密联系，成功地促进了社会的稳定和国家的统一。在这一过程中，儒家学说不仅巩固了自己的文化地位，也为后世的政治文化发展奠定了坚实的基础。

在深入探讨儒家礼治观念的演变时，我们不难发现，其背后所依托的宇宙本体观念——“天”，在汉代得到了全新的阐释与提升。先秦儒家在论证礼治时，主要依据的是历史传统和人性本质，然而，这种论证方式尚未将礼治与宇宙本体紧密联系起来，从而在一定程度上无法满足汉朝统治者对于意识形态的深层次需求。汉代在构建其一体化社会结构时，选择了儒学作为官方意识形态。然而，先秦儒学在与这一体化结构对意识形态的要求对接时，显露出两大不足。首先，尽管先秦儒学已将道德理想与社会制度相提并论，但孔子所倡导的“礼”，主要指的是周朝的社会制度及规范，这与汉代所追求的大一统帝国的社会制度并不完全契合。其次，汉代在建立大一统帝国的过程中，不仅需要依靠儒生所组成的文官系统，更需要一个凌驾于文官制度之上的皇权。而皇帝作为天命所归的象征，其皇权的合法性基础必须建立在宇宙秩序之上。值得注意的是，先秦儒学中并未明确提出“天人合一”的概念。最后，汉代儒学中的“天人合一”观念，实际上是在借鉴和吸收了道家思想的基础上逐步形成的。这一观念的引入，不仅为儒家的礼治思想提供了宇宙本体上的依据，也为汉代统治者提供了更为坚实的意识形态支撑。通过“天人合一”的观念，儒家礼治与宇宙秩序紧密相连，进一步强化了皇权的合法性和神圣性。

2.“天下为公”思想

孔子高度赞扬了“天下为公”的理想政治状态：“大道之行也，天下为公。选贤与能，讲信修睦。故人不独亲其亲，不独子其子，使老有所终，壮有所用，幼有所长，矜、寡、孤、独、废疾者皆有所养。男有分，女有归。货恶其弃于地也，不必藏于己；力恶其不出于身也，不必为己。是故谋闭而不兴，盗窃乱贼而不作，故外户而不闭。

是谓大同。”[1]所谓以“天下为公”为核心的良治，包含着政治和经济两个方面。

从政治视角剖析，“天下为公”倡导的是一种君臣共同参与的治理模式，它坚决反对将天下视为帝王个人的私有财产，而是将其视为万民的共有之物。因此，在这种理念下，权力的传承与更迭不再单纯依赖于血缘关系，而是更加注重个人的贤能与德行。儒家学说中，尧、舜二帝所实践的禅让制度被高度赞誉，并作为政治理想在儒家思想体系中占据了重要地位。当宋代士大夫对当时的政治状况感到不满时，他们常常借助“天下为公”的理想秩序来表达自己的诉求，期望皇帝能够与士大夫阶层携手合作，共同治理国家，确保贤能之士在国家事务中发挥核心作用。尽管他们对于尧、舜时代是否存在过完美秩序持有不同的看法，甚至有些人将远古时代视为一种乌托邦式的理想状态，但由于对现实政治的深度不满，他们普遍表现出一种强烈的改革冲动，希望彻底改造现有的世界秩序。这种思维倾向在两宋时期表现得尤为突出。到了明末清初，一些进步思想家也试图以“公天下”为旗帜，来对抗和约束日益膨胀的君主专制权力。他们所追求的“公天下”，同样强调了君臣共治的重要性。黄宗羲等思想家明确指出，设立君主的初衷是为了更好地治理国家，而国家大事不可能由君主一人独断专行，因此需要设立各级官员来协助君主治理国家。这些官员就像是君主的分身一样，代表着君主行使治理权力。然而，令人遗憾的是，自秦汉以来，君臣共治的秩序遭到了严重破坏，君臣关系逐渐蜕变为一种主从关系甚至主奴关系，这无疑背离了儒家的初衷和理念。

在经济领域，“天下为公”则体现为一种追求财富均等分配的理念。这种理念对传统中国社会产生了深远的影响。吕思勉等历史学家认为：“中国历史上的社会思想一直强调均贫富的重要性，这也是近代中国容易接受社会主义思想的重要原因之一。”从均贫富的主张出发，我们可以进一步引申出富民的思想。因为“天下为公”的理念不仅要求财富能够在全社会范围内得到合理分配，而且还强调君主应该与民共享财富，而不是独自占有和挥霍。王夫之等思想家明确指出：“在封建制度下，天子只拥有千里之畿作为直辖领地，而其他土地则分封给诸侯和卿士大夫作为禄田；诸侯也只拥有其封国范围内的土地和资源；大夫则只享有其采邑内的财富；士人则依靠国家提供的俸禄来维持生计；农民则拥有自己的土地和生产资料。在这样的制度下，社会各阶层的财富和地位都保持相对均衡的状态。”这种均衡状态是大同理想社会的重要组成部分。然而，需要指出的是，君臣共治和均贫富虽然是相辅相成的两个方面，但二者并不等同。均贫富的实现需要建立在君臣共治的基础之上，只有确保政治权力的合理分配和有效运行，才能为经济领域的均衡发展创造有利条件。

然而，对于“天下为公”这一思想，儒家内部实际上存在着多种不同的解读与阐

[1]《礼记·礼运》，商务印书馆，1947年，第33页。

释。新儒家学派，便是其中的一个重要分支，他们试图从“内圣”中推导出“民主”的新“外王”，以期在“天下为公”的理念中寻找到民主的深层含义。牟宗三，作为新儒家的代表人物之一，对“天下为公，选贤与能”的理念有着独到的见解。他认为，这一理念不仅涵盖了治道层面，更深入到政道层面。从政道的视角来看，“天下为公”实际上蕴含了民主的精神。如果仅仅将这一理念局限于治权的分配，而政权仍然被一家一姓所世袭或寄托在某个具体个人身上，那么这还不能算是真正实现了“大道之行”。换言之，这样的制度安排并不符合真正的民主原则。牟宗三进一步指出，通过深入探究孔子的言论以及他对尧舜禅让与盛德的赞誉，我们可以发现，“天下为公，选贤与能”的理念似乎并不应该仅仅局限于治权方面，而应该扩展到政权层面，实现真正的民主治理。与此同时，钱穆等学者则从另一个角度对“天下为公”进行了解读。他们认为，这一理念体现了一种良性治理和权力约束机制。在这种机制下，全国的政事被交付给官吏来处理，而官吏的选拔与任用则通过礼部的考试和吏部的铨选来决定。这种制度安排以客观的法规和公开的准绳为依据，即使是皇帝和宰相也不能随意动摇。钱穆等学者进一步指出，如果在这些政治制度背后推导其深层意义，那么这就是《礼运》所说的“天下为公，选贤与能”的宗旨所在。有学者据此认为，钱穆在中国古代政治制度中发现了民主的元素，并将其视为新儒家学派的一种重要表现。

3.“和合”思想

“天下为公”所追求的“大一统”秩序，其核心目标便是实现“和合”。这一和合理念，深深植根于中国传统政治文化的沃土之中，成为其不可或缺的组成部分。世间万物，虽生而各异，但若任其差异横生，则必将威胁到整体的统一与和谐。先秦时期的思想家们，以各自独特的方式，对和合的理念进行了深入的阐释。如老子，他在哲学的层面上论证了万物本源的统一性，从而自然地引申出“和合”的必然性：“道生一，一生二，二生三，三生万物。万物负阴而抱阳，冲气以为和。”在他看来，万物虽然形态各异，但本质上都源于那个唯一的“道”，因此它们之间必然存在着一种和谐统一的关系。而墨子则直截了当地指出了万物不能“和合”所带来的危害：“离散之心不能相和合。”他认为，如果万物之间缺乏和合的精神，那么它们就会像一盘散沙一样，各自为政，相互离散，从而无法形成一个有机的整体。同时，也有思想家明确阐述了“和合”所能带来的益处，即推动事物的生成与发展。如《国语·郑语》中所言：“夫和实生物，同则不继。以他平他谓之和，故能丰长而物生之，若以同裨同，尽乃弃矣。”这段话告诉我们，只有不同的事物之间相互和合，才能产生新的事物，推动事物的发展；而如果事物之间完全相同，则无法继续发展下去。因此，“和合”是万物生成与发展的必要条件。无论先秦思想家们从哪个角度论述“和合”，其最终目的都是为了促成和维持“大一统”的秩序。他们深知，只有实现万物之间的和谐统一，才能确保社会的稳定与发展，实现国家的长治久安。因此，“和合”不仅仅是一种理念或目标，更是一种实践或行动指南，指引着人们不断追求和实现更高层次的统一与和谐。

儒家所倡导的“和而不同”，其精髓在于寻求一种和谐的平衡，而实现这一平衡的关键途径便是中庸之道。中庸，并非简单的折中或妥协，而是在动态变化中精准把握事物的度，它是对所有变革的内在制约和平衡力量。这一观念深入人心，不仅为个体的修身齐家提供了指引，更在宏观层面为社会秩序的稳定和国家的长治久安奠定了基础。在人际关系的处理上，“和合”的理念要求人们的行为恰如其分，恪守儒家所倡导的伦理道德规范。父慈子孝、君仁臣忠、夫义妇德、兄友弟恭等，这些不仅是个人品德的体现，更是礼治社会的重要组成部分。它们像一根根无形的纽带，将个体紧密地联结在一起，共同维护着社会的和谐与秩序。在中央与地方的关系上，“和合”思想同样发挥着重要的作用。它要求两者在各自的职责范围内合理运作，既保持中央的权威和统一，又充分尊重地方的特性和自主性。这种微妙的平衡，就像一道精心烹饪的佳肴，将原本截然不同的元素巧妙地融合在一起，创造出一种全新的和谐美味。在这个比喻中，中国人用中央“地方化”、地方“中央化”的智慧配方，实现了“天下大治”的理想状态。值得一提的是，“和合”思想还成功地消除了地主权力和家庭组织与国家之间的潜在冲突。通过使地主的乡村统治和宗法家族对村庄的管理成为大一统官僚机构的自然延伸，社会上层结构与农村中下层组织得以紧密结合成一个坚不可摧的整体。这一整合不仅增强了社会的稳定性，也为国家的统一和强盛提供了坚实的基础。董仲舒提出的中庸之道，既是个体安身立命的处世哲学，也是国家治理的重要原则。宋代知识分子对《中庸》的推崇达到了顶峰，朱熹在《中庸章句》中的阐述更是将其提升到了新的高度。他认为，《中庸》一书从始至终贯穿着一理，中间散布于万事万物之中，最终又归结为一理。这种对事物本质的深刻洞察和高度概括，使《中庸》在宋元之后成了官方教科书和科举考试的必读书目。冯友兰先生甚至将《四书》在中国人心目中的地位与《圣经》在西方人心目中的地位相提并论，这足以见证和合、中庸思想对中国政治文化的深远影响。

在魏晋南北朝这段复杂多变的历史时期，儒学经历了一次重大的转型与挑战。面对外来的佛教思想的冲击，儒学不得不进行某种程度的自我更新与吸收，以适应时代的需求。然而，即便在佛教的广泛传播和影响下，儒学依然保持着其在中国传统思想文化中的主流地位。陈寅恪先生的观点深刻地指出了儒学对中国社会的深远影响。他强调，儒学不仅在制度、法律和公私生活等方面对华夏民族产生了深刻影响，更在思想层面上塑造了中国人的精神世界。尽管在某些时期，如六朝时期，士大夫们崇尚旷达、追求玄远之风，似乎与儒学的传统价值观有所偏离。然而，深入考察这些士大夫的实际行为，我们会发现他们依然笃信孝义、严守家讳等儒家教训。这表明，儒学的影响是深入骨髓的，即使在佛教和道教盛行的时代，也无法完全取代儒学在中国人心目中的地位。事实上，儒学在两千多年的历史长河中，已经与中国人的生活紧密地融合在一起。无论是法律制度、道德规范，还是日常生活中的礼仪习俗，都深受儒学思想的影响。这种影响不仅体现在社会的公共领域，更渗透到家庭的私人领域，成为中国传统文化的重要组成部分。因此，尽管在某些时期和领域，佛教和道教等其他思想流派可能对儒学构成了一定的挑战，但儒学始终保持着其在中国思想文化中的主流地位，并持续不断地影响着中国人的思维方式和行为模式。

（二）政治价值观与中国社会主义政治发展道路

经过深入分析中国共产党的丰富文献，我们可以清晰地认识到，中国特色社会主义政治发展道路呈现为一个多元化的综合体系。这一体系的稳固建立，主要依赖于两大核心支柱：坚定不移的基本原则与行之有效的政治制度。具体而言，党的全面领导、人民当家作主的民主理念以及依法治国的法治原则，共同构成了这一发展道路的基石。这些原则并非孤立存在，而是紧密地融入我国政治制度的实践中，诸如人民代表大会制度、中国共产党领导的多党合作和政治协商制度、民族区域自治制度，以及基层群众自治制度等，均体现了这些原则的精神实质。除此之外，社会主义协商民主和党的统一战线在中国特色社会主义政治发展道路中扮演着举足轻重的角色。这条道路的形成，可追溯到毛泽东同志对新民主主义革命的深刻洞察，并在随后的中国革命、建设和改革的伟大实践中不断得到充实和提升。

每个国家都需要根据自身的历史传统、文化背景和社会结构等独特国情，探索符合自身实际的政治发展道路。国民的价值体系，特别是政治价值观，是构成国情的重要因素之一。以美国、英国、德国、意大利和墨西哥等国为例，它们因公民政治价值观念的显著差异，形成了各具特色的民主制度。同样地，中国政治发展道路的独特性也深深植根于中国人民独特的价值体系和政治价值观之中。在中国人民的价值观中，“国家统一”“有效治理”和“社会和谐”等理念被赋予了至高无上的地位。中国特色社会主义政治发展道路正是在这样的价值取向下应运而生，并且能够有效地回应这些价值观念所提出的要求，从而推动中国政治的持续健康发展。

1. 中国特色社会主义政治发展道路保障了国家统一

自鸦片战争之后，中国便深陷于分裂与动荡的泥沼中，这种困境在国内与国际两个层面均得到了鲜明的体现。在国内层面，变革的浪潮汹涌澎湃，诸如太平天国运动、义和团运动以及辛亥革命等重大历史事件接连发生，它们不仅揭示了社会矛盾的激化，也反映了中国人民在探索国家出路过程中的艰辛与挣扎。而在国际层面，西方列强则凭借坚船利炮和不平等条约，一步步蚕食着中国的领土与主权，使中国面临着前所未有的外部压力与挑战。在这种内忧外患的严峻形势下，中国人对于国家统一的渴望越发强烈。他们深知，只有实现国家的统一与稳定，才能有效抵御外敌的侵略与压迫，才能维护民族的尊严与利益。因此，无论是哪一个政权上台执政，都将国家统一作为其合法性与正当性的重要论证依据。这种对国家统一的执着追求，不仅体现了中国人民的爱国情怀和民族意识，也构成了中国近代历史发展的主线之一。

自新民主主义革命在中国共产党的领导下取得全面胜利以来，中国的历史轨迹发生了深刻变化。1949 年新中国的诞生，不仅标志着国内帝国主义势力的彻底清除，更在随后的抗美援朝战争中展现了中国的坚韧与力量，成功维护了国家的统一与民族的尊严。在内部，中国共产党迅速而果断地镇压了反革命势力，构建了高效运行的行政体系，为新民主主义社会向社会主义社会的平稳过渡奠定了坚实基础，并积极推动了社会主义建设进程。中国共产党敏锐地捕捉到时代发展的脉搏，以改革开放为新的起点，带领国家走上了经济持续发展、社会稳定和谐、国家高度统一的康庄大道。习近平同志在庆祝中国共产党成立 95 周年的讲话中深刻指出，党领导人民完成的三大历史贡献具有划时代的意义，这包括结束旧中国半殖民地半封建社会的屈辱历史，确立社会主义基本制度并为当代中国的繁荣发展奠定了坚实的政治和制度基础，以及通过改革开放释放了社会活力、显著提升了人民生活和综合国力。这三大历史贡献的共同点，也是其最深刻的内涵，就是中国共产党始终以满足人民对国家统一的深切渴望为己任。这一系列辉煌成就的核心在于坚持党的领导及其制度的落地生根。在中国共产党的指引下，全国人民形成了共同的价值追求，同时建立起一支忠诚于人民、致力于保卫国家统一的强大军队。

2. 中国特色社会主义政治发展道路保障了有效治理

新中国成立以来，经济建设经历了挑战与变革，但改革开放后中国经济展现出强大的韧性和稳定增长。学术界对中国经济增长的动因存在不同观点，但都强调政府在经济增长中的重要作用。这与西方自由放任模式形成对比。同时，传统政治文化中的“天下为公”理念影响深远，民众向往全面有效治理。中国特色社会主义政治发展道路在这一智慧滋养下成功选拔贤能，推动经济发展。政府制定适合国情的产业政策，引导、调控和监管作用不可或缺，为中国经济平稳增长提供有力保障。

中国特色社会主义政治发展道路所呈现的独特优势，在一些学者的深入研究中，被精准地归结为对传统政治文化中“尚贤制”的批判性继承与创新性发展。这种继承并非对传统模式的简单复制或机械模仿，而是在现代民主原则的坚实基石上，巧妙地融合并重塑了尚贤制的核心理念。这一创新型制度设计将中央政府层面的贤能政治与地方政府层面的民主制度有机地结合在一起，既充分适应了中国独特的政治现实，又在深厚的哲学基础上找到了坚实的支撑。

这种具有鲜明中国特色的民主尚贤制，始终坚守人民当家作主这一不可动摇的基本原则，并以人民代表大会制度作为其根本性的制度支撑。与西方国家的议会选举制度相比，中国的人民代表大会制度在选举方式和代表产生机制上展现出鲜明的独特性。在中国，县级及以下层级的人大代表直接由广大选民通过选举产生，这一直接民主的实践确保了代表的广泛民意基础；而县级以上层级的人大代表则由下一级人民代表大会通过间接选举产生，这一设计旨在确保代表具备必要的政治能力和道德品质。

在人大代表候选人的产生过程中，各政党、各人民团体均享有推荐候选人的权利，同时，选民也可以通过十人以上联名的方式自主推荐候选人。这一灵活而包容的机制不仅保证了候选人的多样性和广泛性，更深刻地体现了民主原则的真实性和普遍性。在评价候选人的道德品质方面，同事、下属和上级领导的评价都被视为具有重要参考价值的信息来源。特别是同事的评价，由于他们在日常工作中与候选人有着最为密切的接触和了解，因此在评价其道德品质时具有最为直接的发言权。然而，为了最大限度地避免可能的偏见或嫉妒情绪对评价的影响，下属和上级领导的意见同样被赋予了一定的权重，以确保评价的全面性和客观性。

总的来说，中国特色社会主义政治发展道路通过创新的尚贤制和人民代表大会制度，确保了有效治理和广大人民政治价值偏好的充分满足。这一制度在机制上符合中国政治文化的传统，同时也展现了中国特色社会主义政治的独特优势和发展活力。

3. 中国特色社会主义政治发展道路保障了社会和谐

中国传统政治文化一直将“和合”视为核心要义，这一理念在现代中国又进一步演化为对“社会和谐”的深刻追求。这两者之间的传承与延续，共同构成了中国特色社会主义政治发展道路的坚实基石，充分回应了广大民众对和谐社会的热切期盼。

①中国特色社会主义政治发展道路带来的经济增长，不仅提升了国家的综合实力，更在深层次上增强了民众的生活满意度。经济繁荣与生活品质之间的紧密联系已被多项研究所证实。盖洛普等权威机构的调查数据显示，经济发展与生活满意度之间存在显著的正相关关系。当经济持续稳定增长时，民众的生活水平随之提升，对社会的认同感和归属感也随之增强，这无疑为社会和谐奠定了坚实的基础。

②中国特色社会主义政治发展道路强调依法治国，通过完善的法律体系和制度安排来确保社会契约的履行以及各类冲突的妥善解决。与传统农耕社会依赖血缘和礼治维持社会秩序不同，现代社会的高度流动性使得人与人之间的关系更多依赖于法律契约来维系。法治的推行不仅保证了契约的有效执行，更在冲突化解方面发挥了不可替代的作用。法治社会确立了公正、透明的冲突解决机制，使得各类矛盾能够在法律的框架内得到公正裁决，从而避免了因冲突升级而引发的社会动荡。

③中国特色社会主义政治发展道路中的协商民主和统一战线机制，为促进不同群体间的政治共识提供了有力保障。社会和谐的前提是共识的达成，而这需要有一种能

够凝聚各方力量的机制来实现。在中国共产党的领导下，社会主义协商民主和统一战线正是这样一种机制。它们通过广泛吸纳不同个人、团体和阶层的参与，使得各方能够在平等、理性的协商中寻求共识，特别是就政治问题达成共识。这种协商民主的形式多样、层次丰富，从政党协商到基层协商，无不体现了中国特色社会主义民主政治的独特优势和鲜明特色。

与西方“党争民主”导致的政治共识危机不同，中国特色社会主义协商民主和统一战线强调的是求同存异、和谐共处。在西方竞争性政党体制下，政党往往为了争夺执政权而迎合部分选民利益，导致政治极化和社会分裂加剧。而在中国，当社会出现分歧时，协商民主和统一战线能够发挥桥梁和纽带作用，通过对话和协商化解分歧、增进共识。

综上所述，中国特色社会主义政治发展道路之所以具有深厚的合法性基础，就在于它紧密契合了中国人民对和谐社会的价值追求。然而，价值偏好并非一成不变，它会随着时代的变迁和社会的发展而不断调整。因此，中国特色社会主义政治发展道路也必须保持与时俱进，不断进行自我完善和创新发展，以更好地满足人民日益增长的美好生活需要。

二、中国传统廉政文化的历史传承

中国传统廉政文化是中华民族在长期的社会实践过程中，对于治国理政之道、从政为官之道探索总结的智慧结晶，它对于传统社会政治的进步发展和民族道德精神的丰富完善，产生了深远的历史影响作用，具有重要的文化价值。积极借鉴历史上优秀的廉政文化，对于今天进行廉政建设具有重要意义。那么如何看待中国传统廉政文化，如何利用好其优秀的文化基因指导现代廉政文化建设，是摆在我们面前的现实问题。不难发现，中国传统廉政文化是与现代廉政建设一脉相承的，我们如今反腐败的做法都可以在中国古代廉政建设中找到文化根源。但是不可否认的是，传统廉政文化带有自身的局限性，它是为封建专制社会服务的，不可避免地带有当时的时代烙印。在建设新时代中国特色社会主义的今天，我们应该汲取中国传统文化中的优秀基因，取其精华，去其糟粕。在廉政建设问题上，立足于传统廉政文化的现代转型，结合新的问题和实践，引发一些思考，对我国的社会主义现代化廉政建设具有重要意义。

（一）从以民为本到主权在民的转变

“以民为本”思想是中国古代政治思想的哲学基础，也是中国传统廉政文化的理论价值基础，由此产生出任人唯贤、崇俭抑奢、以德养廉和以法促廉的廉政思想。古代具有先进治国理念的统治者和思想家都能意识到“水能载舟，亦能覆舟”的道理。先秦诸子就有许多关于“民本”和“重民”的论述。孟子认为“民为贵，社稷次之，君为轻”，把人民摆在了最重要的位置，要求国君们爱护百姓，“得其民，斯得天下矣”。荀子有立君为民的思想，认为“天之生民，非为君也；天之立君，以为民也”，告诫君主生而为民。管仲认为“夫霸王之所以始也，以人为本，本理则国固”，“政之所兴，在顺民心；政之所废，在逆民心”，指出争取民心是固本宁邦的关键。

在民本思想引领下的廉政措施对稳定政权起到了至关重要的作用，但是民本仅仅是作为统治者维护统治的一种工具，目的是保证普通百姓的基本生活，让他们服从管理，满足于现状，防止闹事。历代君主重视民本思想，并不代表把人民放在与自己同等的位置，相反，更证明了官民之间的管理者和被管理者的关系，君权是至高无上的，人民处于社会的最底层，手中没有权力，天下都归君主所有，一切都是君主的私人财产，所谓“普天之下莫非王土，率土之滨莫非王臣”就是这个道理。

民本的政治合法性来源于君权神授，上天赋予君主权力，君主再把权力交给百官，让百官管理人民，统治者的行为不用对人民负责，所以民本思想和忠君思想殊途同归，就算官员廉洁从政，推行利民惠民的政策，也是为了维护君权。一旦碰上残暴贪腐的统治者，在人民不反抗的前提下，民本思想就会被抛之脑后，主动的廉政措施更是不可能出现，如何执政全凭君主的好恶。在现代社会，我们实行民主制度，积极汲取了民本思想的积极因素，虽然表面上还是采取利民的措施，但是已经不再把它当作统治的工具，而是站在广大人民的立场上，真心实意地为人民着想，为人民谋利益。民主制度下的权力来源是人民，官员代表人民行使权力，并向人民负责，接受人民监督。官民地位平等，各自的角色可以在选举与被选举的政治过程中任意切换，真正实现了主权在民。

由此可以看出，从传统的民本思想到社会主义民主政治的现代化转型是廉政文化的根本变化，赋予了人民当家做主的地位。

（二）从为政以德到依法治国的转变

中国传统廉政文化强调“德治”的作用，要求统治者修身律己，以达到齐家、治国、平天下的目标。

儒家思想是古代封建社会的主流思想，对中国自古形成的家国同构的伦理型政治有“内圣外王”的要求，表现在廉政建设方面，讲求“为政以德”的模式。孔子认为“政者，正也。子帅以正，孰敢不正”，要求统治者只有端正自己的行为，下层官员才能仿照君主的做法，以达到上行下效的廉政目的。孔子又进一步说明了“德”的重要性，“其身正，不令而行，其身不正，虽令不从”，可以看出统治者自身的德行决定了命令是否可以执行。“内圣外王”作为执政的最高行为准则，要求官员先修身律己，先“内圣”，后“外王”。在实行“德治”的同时，还需辅助于“法治”，不仅法家宣传“法”的作用，儒家也主张“先教后刑”的廉政思想。法家韩非子认为“明主之治国也，众其守而重其罪，使民以法禁而不以廉止”，强调了法治在廉政建设中的重要作用。孔子曰：“道之以政，齐之以刑，民免而无耻；道之以德，齐之以礼，有耻且格。”这些廉政思想充分说明了古代政治文化中“德治”和“法治”的关系，促成了对传统廉政文化建设影响颇深的“德主刑辅”的廉政模式。

当然，无论实行“德治”，还是推行“法治”，这两种做法都是在“人治”基础上的统治手段，最后都是要落脚到统治者个人德行的问题上，统治者的德行好恶决定了是否廉洁为政。到了现代社会，我们积极汲取中国古代“德主刑辅”思想的积极因素，在依然注重道德作用的基础上，更加强调法律在政治实践中的作用，推行依法治国的基本国策，建立了一整套惩治腐败的法律制度体系。

由此看出，从古代的“德主刑辅”到现代的“法主德辅”是廉政文化在治理方面的最大转型。古代的“法”和现代意义上的“法”的含义完全不同，古代的“法”是指刑罚，是一种惩治腐败的措施；而现代意义上的“法”强调法制，把人们的行为规范在法律的框架之内，以法的名义强制规范廉政行为或者对腐败做出严厉打击。也就是说，如今制度规范取代了修身自律，让原来的不愿腐变成了现在的不能腐，官员因惧怕法律的制裁而不敢腐，从法律制度层面建立起了廉政保障。

（三）从清官文化到公民意识的转变

中国传统廉政文化中很早就有关于清官的记载，一般将清官称作良吏、循吏和廉吏等，当时的清官概念并不具体指向廉政，是对所有优秀官员的一般称呼。直到南宋时期，清官才被确立为对为政清廉的官员的特指，“能吏寻常见，公廉第一难，只从明府到，人信有清官”。这里的“清官”释义为公平、清廉的官员。

在中国古代政治实践中，具有很浓厚的清官情结，主要来自两个方向的廉政诉求。首先，统治者为了维护自己的利益，需要树立一些廉政典型，改善官场风气，营造一种向清官学习的社会氛围。康熙称赞廉吏于成龙时说“朕读周官六计廉吏，曰‘廉善、廉能、廉敬、廉正、廉法、廉辨’，吏道厥唯廉重哉。朕用是观臣廉，有真能廉者，则委以重寄，赐以殊恩，所以示人臣之标准也”，以塑造于成龙的清官形象，达成维护家天下的目的。其次，普通百姓渴望遇到为政清廉的官员，为他们主持公道，伸张正义。这种政治诉求反映了当时人民的无权地位，只能把希望寄托在官员身上，祈求自己所属地方的官员是个清官。人民无法参与到政治生活中去，不能决定自己的命运，只能接受“人为刀俎，我为鱼肉”的现实。这是一种奴性文化，深受封建君主专制制度的影响，受制于君民关系的制约，人民是君主的财产，官员被君主赋予权力可以任意处置人民，体现了在清官文化影射下中国传统廉政文化的阴暗面。在人民主体意识缺失的情况下，无法对官员起到有效的监督作用，廉政、勤政和能政仅仅依靠清官文化环境下统治者的一定自觉，在这种状态下很难实现真正的廉政。

到了现代社会，我们实行社会主义民主制度，官员的身份从封建制度下高高在上的管理者转变成了为人民服务的公仆，人民再也不用以低人一等的姿态渴求官员公正廉洁，而是开始对其权力的行使进行监督，翻身成为权力的主人。

综上所述，中国古代传统的政治理念是君权神授、主权在君，政治廉洁完全依靠君主和统治者的自觉，甚至可以这么说，官员廉洁与否，普通老百姓完全无能为力。而现如今，中国共产党领导的新型民主，使民主政治发展不仅成为可能，更是照进了现实。从政治实践上来看，主权的实际拥有者全体人民很难有效地、全面地行使权力，因为受到外部条件的制约，即国家幅员辽阔，人口众多，交通、通信不健全的限制，还有部分公民素质达不到自觉行使民主权利的标准和制度上的约束的原因，使得直接民主不太可能实现。在目前的条件下，实行间接民主制成为实现民主政治的最可行的方式，世界上大多数国家都在实行代议制的间接民主方式。中国也采用代议制，实行人民代表大会制度，人民选举代表组成人民代表大会统一行使国家权力。人民不直接行使主权在民赋予的权利，而是把这项权利交给自己所信任的和选举出来的代表代替人民行使管理国家和社会事务的权利，这样就出现了民主政治生活中的委托—代理关系，人民是所有者和委托人，通过选举出来的代表以及所组成的政府和其他国家行政机构是代理人，代理人民决定国家大事。

最理想的委托代理关系是人民拥有国家主权，是国家毋庸置疑的主人，委托政府对国家和社会事务进行专业管理，代表们作为人民的公仆，为国家和社会更好、更快地发展提供助益，使人民更多地享有公共利益。

值得注意的是，各级政府官员是代表人民利益的，工作宗旨是为人民服务，并不享有特权，他们手中掌握的权力是人民赋予的，行使管理国家和社会的权力是为了履行向人民承担的义务。然而政治实践上选取代议制民主的方式本身就是迫不得已的选择，虽然委托—代理的模式可以减少政治成本，缩小公民直接参与的范围，更容易集中民意，具有更强的操作性，但是它也存在一些不足之处，在代议民主政治实践过程中肯定会出现一些不可避免的弊端，比如腐败。代议制下委托代理的对象是权力，人民交给代表或者政府的权力是至高无上的、不可侵犯的，如果监管不到位，某些权力的行使就会出现偏差。在代议制民主的政治实践过程中，人民只掌握选举权，代理人才是真正行使管理国家和社会事务的决策者和执行者，一旦权力被滥用，以权谋私，就会滋生腐败，损害到人民的利益，增加了政治成本。之所以会出现腐败问题，是因为官员和人民的政治信息不对称，某些官员在掌握管理国家和社会事务的权力的同时，潜意识上夸大了自己的能力，忘记了手中的权力是人民赋予的，把国家的资源当成自己的，丢了初心。而在此过程中，人民也渐渐忘记了手中握有的权利，政治参与热情不足，把权利拱手让给了当权者。所以必须加强权力监管，建立有效的激励机制；搭建沟通桥梁，增强公民素质和政治参与热情；不断探索更有效的宪政体制。促进我国的廉政文化建设，推动中华民族伟大复兴，实现中国梦。

三、传统法治文化的传承与超越

传统法治文化的发展围绕传统法治资源展开，涵盖一国法律活动长期积淀的知识经验和理念风俗，这既包含历朝历代所创造传承的法律条文、制度等具体意义上的法律规则，也包含法律订立和运行过程中的观念、习惯等精神层面的法律传统。法律规则虽然是既定的法律事实，但通过剖析某一类法律的发展脉络和法律整体的特征变迁可以推测出其法律理念传统的变化；法律传统虽也是历史沉积的产物，但并不会随着某一朝代的法律制度的废止立即消亡，这种观念上的认知普遍存在于社会民众心理中，并在新的法治环境中再一次生长变化。由于各国各民族的具体国情和法治发展情况各异，不同国家的法律规则及其法律传统独具民族文化特色并呈现出地域性差异。随着立法技术日臻成熟，法典日益完备，观念不断革新，传统法治文化发展也经历了一个不断面向现代化的过程。

（一）传统法治文化的总体性特点

1. 历史稳定性

传统的产生并非一蹴而就，是历经历史淬炼世代相传的文化积累。传统法治根源于礼法合一、刑法为主的封建旧社会，行政权和司法权往往纠集在一起，本质上为巩固王权、维护统治秩序服务，突出体现其法的形式价值。尽管传统法治文化是历史积淀的结果，但这并非意味着一旦形成就会一成不变，而是随着时代发展不断变化。当然，在法治发展的过程中，基于法律自身发展传承的特性，这种变化更多的是制度表层形式上的改变，较少涉及法治深层理念上的革新，所以在不同朝代有着异曲同工的法律表述，传统法治文化发展在整体上呈现一种稳定性。这种法治发展稳定性与法律自身的权威性密切相连，通过长期是非善恶的确定性指引，实现社会秩序的良性规制，这也在潜移默化中引导社会民众建构固定的行为模式，民众对于法律的心理从陌生到熟悉，从畏惧到认同，当社会中尚法理念形成，法律权威性也就不言而喻。

传统虽不一定意味着落后，但也并不一定就是先进完全没有糟粕的。官本位、权大于法、子女婚姻由家长决定等思想并未销声匿迹，这并不能契合当下自由、平等、公正的社会价值取向。而且，目前大量移植国外法治资源到国内，外来和传统法治领域相互交融难免会产生冲突和矛盾。这样法治发展难免面临对传统法治文化的去粗取精，对国外文化的兼容并蓄的问题，势必将在新的时代背景下冲击原本相对稳定的传统法治文化，在融合新的法治因素后复归新的稳定，实现传统法治文化的传承与超越。

2. 传统法治文化的现代性

传统法治随着历史的演进、东西方法律文化的交融和国家社会性质变化而发展，这种现代性并不割裂其历史性，而是随着时间的线性发展融入新法因素，是其内在“去其糟粕，取其精华”自我更新的过程。当下对于“传统”的把握，虽确实是要回顾总结“历史”，但不能总沉湎于过去，不可避免地要走向“现代”，与世情国情紧密衔接。从鸦片战争开始中国沦为半殖民地半封建性质的社会，传统礼法结合的法治思想受到西学东渐的冲击；而新中国成立后历经改革开放，社会主义的法治建设具有了“中国特色”。法治思想在多元碰撞中演进和发展，传统法治文化也随之被赋予了新的时代意义，体现出“历史”与“现代”的交互融合。

3. 地域特色

不同的社会地理环境会孕育出迥异的生活习惯和民众心理。西方人独立自由的个性、富有探险精神的品性与其所处的沿海位置和航海探索不无关系，在市场经济中更加注重自由平等市场竞争和追求个人利益的最大化，促使调整民事主体之间的民商法等私法日渐完善发达。反观中国自身，华夏文明发源于内陆地区，自给自足的小农经济占据主导地位，相较于西方市场经济的激烈竞争，东方社会竞争相对缓和，人与人之间更加注重合作，突显出集体主义的价值取向，而在集体内部法律的作用更多体现在首领君王惩戒自谋私利犯上作乱的“异己”，这显然调整的是权力者和服从者不平等的主体关系，这也间接促进以刑法为主的公法的日益发达。当然不论是东方还是西方，民众对于法律的认同方式有其相通之处。法治并不是压服强制民众对于法律认同，法律可以约束每个人的外在行为，但却无法强行渗透到每个人心中，民众对于法治的认同是基于良善法律的肯定，是自然生发自内而外的心悦诚服。

（二）传统法治文化的积极因素

1. 一重于法

国家政权的稳定和社会秩序的形成都离不开法的保障。管仲曾说，法如同“尺寸也，绳墨也”[1]，用以决断是非善恶的基础标准。商鞅的变法让秦国崛起的关键，在于君王认同法律在治理国家时的重要作用，而且此后由皇帝牢牢把握立法权，维护自己的专制统治。虽然在当时推行法的主要目的不是为了维护臣民百姓的私人权利，但这种崇尚法治的思想在当今社会也毫不为过。

2. 同等适用

先秦法家管仲、商鞅、韩非认为：“自卿相、将军以至大夫、庶人，有不从王令、犯国禁、乱上制者，罪死不赦。”文武百官，贵贱臣民，但凡不听从君主命令、违反国家法令的，那就一律处斩没有例外；“君臣上下贵贱皆从法”，全体社会成员都属于

[1] 国学整理社：《诸子集成》第五册《管子校正》，中华书局，2006 年，第 28 页。

法律规制的对象；“刑过不辟大臣，赏善不遗匹夫”，身居高位的达官犯罪后也不可能逃避刑罚的制裁，身处低位的庶民立功后必然会得到嘉奖。这一系列的法家思想代表一致认为，赏赐和刑罚方面都应当不因社会地位的差别一视同仁，虽然是从维护统治秩序的角度出发，但客观上促进统治秩序的稳定高效，体现出现代法治平等性的萌芽。

3. 重罚执行体现法的威严

“明主峭其法而严其刑”，统治者利用严刑峻法保障法律的权威。法律权威建立在能够直接制裁冲击法律所保护的利益和构建的秩序的罪犯，以刑去刑，不敢再轻易僭越底线，挑战法律的权威。一方面，民众在一般情况下自己会权衡犯罪的成本以及自己的收益，显然法律刑种的设置越是严苛也就意味着违法成本越大，这样民众才能对“刑”有敬畏之心，不敢轻易犯“罪”；另一方面，法律的处罚如果没有得到执行，虽然已经判定有罪，但没有遭受任何损失，人人自然不会畏惧更不会遵守，反而会轻视法律。所以无论是从“刑”还是从“罚”的角度，刑罚所预设犯罪所带来的不利高于收益让人心生敬畏，刑法执行上任何人都没有凌驾于法律之上的特权以逃避制裁，对于法所保护的利益一分不让，漏失一分也会让人付出惨痛代价。王法刚性的执行力生发出强大的威慑力，臣民百姓莫敢不从。而现代法治社会中，人民对于法的认识存在偏差，目前还有人认为在中国这种人情社会中，人情世故大于法理，就算犯法也可以通过私人关系逃脱法律制裁，挑战法的权威。同时也存在“执行难”问题，原本生效的法律裁判得不到行政机关及时有效的执行，而且本身正确合理的裁判遭到当事人恶意纠缠，甚至不惜煽动舆论以期做出更有利于己的改判。所以传统法律注重刑罚对于今天维护法治的威严仍然值得借鉴。

4. 独立的监督体制

自从汉代以来，在国家机关的构成当中监察机构独立于其他行政部门，在中央到地方的监察系统与地方上官吏的任免隔绝开来，其人事制度由检察系统内部垂直领导决定。由于监察系统和地方行政系统的分离，监察权和行政权两者不存在依附隶属关系，也正是这种权力上的相对独立性也保证了监察的客观性，相较于行政机关的自身监督，监察机构能够更为公正地监督行政，有效遏制腐败的发生、泛滥。同时在古代除了监察系统以外还有谏官，专门负责直言正谏，敢于与君相诤，自下而上提醒君王理智处理国政。在这样的政治环境中，既有监察对百官的监督，也有谏官对皇帝的监督。监督的体制覆盖君王与官吏，促进社会形成清正廉洁的官场氛围。

5. 萃取传统义利观的时代精华

对于公义和私利之间的关系一直是传统法治过程中所要关注的对象，特别是法家主张立公去私，儒家中也主张取利有义，“君子爱财取之有道”。法律要求人民追求正当利益，否则将会受到法律严惩。市场经济飞速发展的过程中，在追求个人利益最大化的同时，出现了一系列以权谋私、权钱交易等腐败现象，这些现象与法治精神明显相违背。这也说明现在社会人民并未完全形成遵循正当程序获取利益的思想意识。正是需要弘扬传统法治中的义利观，完善规制市场经济的法律，形成在不违背道德的前提下追求正当利益的价值判断。

（三）传统法治文化的负面影响

相比于几千年的传统法治，现代法治存续时间较短，传统中的一些陋习依然在潜移默化中左右着人的思想，间接影响到人的言行，这将会阻碍现代法治建设的长远发展，因而在当下剖析传统法治文化中的糟粕并将其剔除，在传承中超越，有助于避免重蹈覆辙，保障法治的稳定和社会的长治久安。

1. 特权意识泛滥

自从秦王嬴政称帝以来，延续两千年的集权政治传统中，皇帝享有无上的高位，同时享有立法和司法权，凌驾于整个法制体系之上。虽然在传统的法治文化中有君王犯法和庶民同罪的思想，但很显然在传统的法治实践中却鲜有真正的治君之法。而且在历史上曾经出现的“官当”与“八议”制度，这也成为官吏得受正当庇护逃避制裁的合法通道。儒家认为“人存政举，人亡政息”，当权者是否贤能关乎国家的兴旺，只有贤善的人治理国家才会兴旺发达，这就为君王个人凌驾于法律之上提供了思想基础。君王完全凌驾于法之上，官吏有限度地超越法，只有平民百姓，别无他法，只得安心被法所治。法完全沦为治民的工具，丧失了法本身普遍适用的基本特性，为现代法治所不容。当今社会集权君主制度早已冰消瓦解，但这并不意味着人的思想中这种观念也随之消失。相反，执掌权力的官员更容易为所欲为，在思想上产生一种自己的权力不受法律约束，犯罪行为不被法律追究的错觉，潜意识中仍然以为违法犯罪可以动用自己的关系找门路，给自己和亲戚开脱，继而心安理得地谋取非法利益。

2. 义务本位

传统法治的本质在于维持帝王统治秩序，以儒家思想为主导的君主集权政体下，德与礼的教化塑造出人民“重义轻利”的价值观。在当时构建的等级森严的社会中，官吏民众都必须要服从君王一人的统治，履行君王要求的各项义务。困于旧社会的礼制，以德为主、以刑为辅的治理模式，道德所附加的仁义要求被儒家思想过度阐释，而且儒家学者通过注律等方式将其主张融入法律中，体现在具体的条文上，这种道德义务也就有了合法性与强制性。而君王听信儒家的学说维持统治稳定，自然也就一再集权于自身，转而给臣民施加义务，虽然这些义务是否具备合理性有待考证，但至少有其合法性。这样，无论是臣民的法律义务还是道德义务都被过度扩大了，而民众的权利也随之彼涨此消，整个社会以义务为本位。当下法治中往往出现国家机关的公权力膨胀得不到有效限制，而公民权利限制过多缺乏更为强力的保障。所以在执法或是司法时，面对公权力的强大，私权利的弱小，考量的首要标准是公民个人是否履行自身应尽的义务，极易忽视公民权利的保障。

3. 司法行政不分

传统的行政体系中，除了中央层面，行政和司法权两者分属于不同机构的长官，但在地方而言，行政和司法两种权力都同属于地方行政长官一人。虽然在中央层面形式上存在两者的差别，但司法首长的地位要低于行政首长，在实质上这种司法依附于行政，而且最高的司法权还不在司法长官的手中，而是由皇帝把持。无论中央还是地方司法和行政之间存在着一种依附甚至混同的关系。司法不具有独立性，这也就直接导致了无法对行政权加以制衡，无法对行政案件做出正确裁断。行政的高位权力形成一种政治高压，在现实中上级有绝对的权力领导下级，下级听从甚至盲从于上级的安排。而司法权的虚设导致民众对于诉讼心生恐惧，认为官场上官官相护，自己民告官不会有好结果，反而会招致牢狱之灾，更加不信任司法。所以皇帝对于臣民，达官较于芝麻官，官吏之于民众之间更是一种单向的行政管理，缺乏司法有效的反向监督。

4. 实体程序发展不协调

法治历史上存在大量的实体法规定，而程序性制度偏少。“厌讼”“恐讼”是社会民众对于司法的普遍心态，严重制约了程序法的发展。西周以来实行“五听”制，对于案件的当事人通过“耳”的听觉反应、“目”的眼神状况、“辞”的语言表达、“色”的面部表情、“气”的呼吸节奏这五种方式观察理直还是理屈；对于重大疑难案件实行“三司会审”，《商君书·定分》中说：“天子置三法官，殿中置一法官，御史置一法官及吏，丞相置一法官。”也就是三个中央司法机关联合审议集体裁判。虽然存在一定意义上的程序性法制，但显然制度规则数量上相对较少，没有引起统治者足够的重视，重实体轻程序是传统法治的一大独特现象。淡薄的程序意识依然影响着今天的社会生活，行政人员特别是“城管”在执法时并没有严格按照程序执法，与百姓引发激烈的肢体冲突；公安司法人员在侦查审理时，刑讯逼供情况时有发生，特权批示左右案件裁判……一方面法律存在程序性漏洞，并没有规定具体行政司法运作流程；另一方面虽有规定却得不到切实的贯彻执行，致使法律形同虚设，阻碍法治实体程序的协同发展。现代法治的应有之义在于社会公平正义不仅要实现，更要以一种看得见的形式实现。

5. 法效力位阶冲突

在传统的封建社会，法的渊源不只是成文的令、律、条等刚性法律，也有包括皇帝随性而立的诏“谕”。这样制定的法没有系统一致的准则，多重标准致使法律适用上前后矛盾，给执法者和司法者带来选择上的困难，同一个问题往往有不同的赏罚方式。君王官吏适用上没有定则，更不用说民众不知道选择何法遵守了。社会秩序的形成少不了统一标准，法无定法也将会导致社会秩序的动荡。现代法治社会虽然在整体上由宪法统领法律，形成了统一明确的效力位阶，但在具体的法律规定上仍然不乏规则间的相互冲突。在传统法治影响下，现代法治依然存在这样的问题。主要表现为执法者在没有明确法律规定的情况下可以比照其他规定适用或者临时自行创制具体规则，具有一定的变相立法权，这就难免与立法机关的立法权相冲突。立法者从法的应然价值考虑，而执法者是从法的实际意义出发，价值取向的差别难免使法律出现分歧。同时，法官作为司法者拥有一定的自由裁量权是无可厚非的，然而，自由裁量一旦过度，超越了合理范围，甚至可能突破现有法律规定，形成事实上的法律变更，就会导致一定程度的执法混乱。可知无论是创制还是变更，都有可能造成法律上存在多重标准，这显然不利于法治的稳定。

（四）传统法治文化的超越

虽然法的作用都是以其强力维持社会秩序，但从古代走向现代，随着时代变化，法所维护的社会主体也从原本的帝王转为人民，法治理念随之从义务本位走向权利本位。尽管不同历史时期法所包含的具体法律规则大多不能适应当今社会，但其精神原则与价值理念并未与现代社会全面脱节。传统法治文化继承和超越是对传统批判吸收，去其糟粕、取其精华的过程，这对于建设现代中国特色法治文化极富借鉴意义。

1. 国法至上，尊重法治

建设当代法治文化，无可避免要面对究竟是个人意志还是宪法至上的问题。在这一点上早已形成普遍的社会共识，现在我国法律维护着人民的利益，维护法律的权威也就意味着维护人民自身的利益，法的本质在于人民的利益和意志。

法治围绕“法”所展开，法自身真善美的价值取向与其至上性密切相关。首先法治中的法不能是一种恶法，而是合乎于情、合乎于理的“善”法。法治不是恶法横行，而是一种良善法的实施，即是在善法产生后，人民自然会产生一种要求这种良法得以实现的基本诉求，而不是将法律束之高阁，不能在实际生活发挥作用，从“善”治走向“真”治。在实现这两种法治的同时也在潜移默化中提升公民的法律素养，培育公民自主的法治意识，进而能够理解法治本身的“美”感，法治在人民心中也就成为“真”“善”“美”的协同表达。同时“善”始于正义的道德表达，体现在法律的明文规定上，在追求立法和司法过程中以及程序和实体法间实现最基本的公义。倘若丧失了善法的立法理念，无疑如同没有底线的恶人，越是善法越是能够将自由、平等、公正等各种价值冲突降低到最小限度，而对于恶法的辨识和抵制程度恰恰反映出人民法律意识的强弱，当把握法治之善的最基础标准的时候，法治就有了内在的生命力。当法治在人民心中生长成熟，宪法和法律的至上性也就不言而喻。

2. 废除特权思想，保障民权

现代社会以权利为本位，义务的履行是为了更好地行使权利。相比于民众的私权，公权力居于次要地位。而特权背后与国家的公权力直接相连，如果不加以约束限制公权，其自身极易膨胀越界。维护公民的合法权利自然意味着规范权力运行，“把权力关进制度的笼子里”，维护人民的利益，避免非法侵害民众的合法权益，产生凌驾于法律的特权。

在权力设置上划清公与私、力与利的法律界限。公权直接与民众的私权相对，权力集中于一人之身无疑会重蹈封建君王的覆辙。对于国家公权力来说，法没有规定即是禁止；对于民众私权来说，法没有禁止即是自由，而权利是权力的边界。国家公权力的具体规定应当公之于众，以法律明文保障公民的知情权，预设获得救济的方式，保障公民的权利。

在权力运行上符合规范要求。国家公权力由民众从自身的私权中让渡，虽然来源于私权，但分离出来以后就自成一体相对独立，各自有着不同的运行模式。法律成为权力规范行使的导引，权力行使的主体、方式、内容应当由法而定，依法行之，依法治之，不能随心所欲，他人也无权代行。行政机关依法行政，司法机关依法裁决，执法和司法中贯彻法律，以法为准不得僭越法律。

3. 重视程序

法治并不等同于实体正义，忽视程序正义，法治会畸形发展。法律实体公正固然重要，但也需要程序的保障。无论是行政官员执法，还是法官司法裁量，不能为了追求公正不择手段，采用不正义方式追求正义，结果这种行为本身就不合理，失去了法治应有的价值。相反正当合法的程序是现代法治应有的理念，也是实体正义的前提。秉持程序正当合法的原则执法，即是程序本身合法公开，在当事人平等参与的基础上听取当事人陈述自己的意见，表达其诉求，保障行政权力行使的正当理性，遵循诚实信用的原则。司法上程序正义在于程序本身合法独立，平等地保护当事人双方参与诉讼，程序一旦全部结束自然导出法定的结果，具有不可变更的终局性。不论执法还是司法，当事人平等地参与其中，法律尽最大的努力分清是非，裁断罪法，就算是最终的结果不能同时令双方满意，至少也能达成最大的和解，尊重裁断的结果，程序上的公正性也是法治的权威性所在。

4. 法律监督

我国现在的立法权、检察权和司法权分属人大、检察院和法院，权力之间的法律监督也是围绕这三者展开的，人大对于司法行政、检察院的专门监督，以及行政机关内部的监察部门对于自身的监督，具体体现在对于国家机关与其组成的公务人员立法、司法和行政公务活动的监督。切实有效的监督机制离不开整合国家机关法治资源，避免职能冲突出现或监或督不能兼顾的局面：理顺监督关系健全监督机制，实现制度创新；切断利益关联，彼此之间相互独立，避免产生监督虚置以权谋私的现象。这样权力之间相互制衡，从中央到地方形成环环相扣的监督网络，杜绝权力的滥用，消除特权现象，提高监督的效能。

5. 法律实施

传统法治文化中强调“公生明，廉生威”“明法律令”的思想对于现代法治建设中做到更为严格公正的司法执法、保证宪法和法律得到正确的适用与执行等方面具有现实意义。行政机关在处理行政案件时遵循有法必依、执法必严的原则提升自身的公信力。而司法机关秉公处理案件，坚守底线而不是突破底线，在司法活动中树立起宪法法律的权威，推动形成尚法尊法的法律信仰。

6. 深挖传统法治的思想资源

当今中国特色社会主义事业飞速发展，而当代的法治建设也将会随着国内国外的形势变化而持续发展。一方面现代法治需要随着经济社会发展创制新法、变更废除不合适的旧法，通过立法和司法解释释明法律，形成系统一致内部协调的法律体系；另一方面需要从传统法治思想资源中总结立法经验，吸取养分。古代设立成文典章和判例指导、任职回避、罪责追究制度等对构建现代法律体系、完善具体法律规则仍具有积极价值。

7. 构建现代法治国家

法律具有民族地域性的特性。虽然西方法治发展迅速且相对成熟，但近代以来的历史一再表明，中国社会法治建设要想完全照搬西方法治体系是很难成功的。中国社会几千年的法治文化传统价值也不能以西方社会的标准作为裁量标准，而应立足于本国具体国情，对于传统法治思想进行梳理分析，批判性继承，把传统法治文化中优秀的一面和当下社会主义法治国家建设有机结合起来，为以德治国与依法治国相结合提供丰富的思想资源。

第二节　传统文化与现代教育

一、传统教学思想对现代教育的启示

（一）重视社会教育的思想

中国古代教育体系中，除了学校教育占据核心地位外，家庭教育和社会教育同样被赋予了极高的重视。诸如孟母为子三迁其居、断织教子的故事，以及岳母为子刺下

“精忠报国”的深刻教诲，都是古代家庭教育中的经典范例，流传百世，至今仍为后人传颂。

在古代教育思想中，环境对人的影响被多次强调。墨子，这位古代的教育大家，便深刻认识到环境因素在塑造人性中的关键作用。他形象地比喻“人性如素丝，染于苍则苍，染于黄则黄”，意在说明人的性格和行为习惯深受周围环境的影响。墨子所向往的“尚贤”“非攻”和“兼爱”的理想社会，正是因为其提供了理想的成长环境，有利于人们形成积极、健康的性格特质。

同样，王夫之也强调社会环境对学生产生的深远影响。他将学生所接触的社会环境称为“外物”，并指出这些“外物”既能对学生产生正面引导，也可能带来负面影响。人与“外物”的相互作用，使“习者亦以外物为习也，习于外而生于内，故曰‘习与性成’”。因此，在王夫之看来，改善教育的外部环境对于人性的正向引导和教化具有不可或缺的重要性。

由此可见，培养学生的责任不仅在于学校和教师，家长和全社会同样肩负着不可推卸的责任。在当代中国社会，回顾并汲取古代教育家关于社会教育的智慧，对于我们努力营造一个更加有利于学生健康成长的社会环境具有重要的指导意义。我们应当共同努力，为学生们创造一个充满正能量、积极向上的成长空间。

（二）将人格培养置于教育的核心地位

基于对教育的深远社会影响的深刻理解，以及儒家“内圣外王”、通过自我修养实现家庭和谐、国家治理、世界太平的政治理念，中国历史上的教育家们始终将人格培养视为教育的基石。被誉为“中国古代教育纲领之源”的《大学》，开篇即阐明其宗旨：“大学之道，在明明德，在亲民，在止于至善。”这一论述实质上构建了道德教育的框架，并清晰地确立了以人格培养为学校教育之根本目标。

儒家所追求的理想人格，即圣贤，其根本特质在于“内圣外王”。内圣指的是个人应具备高尚的品质和道德修养，以达到圣人的境界；外王则意味着要为国家与民族的繁荣做出贡献。这种理想人格融合了仁爱与智慧的双重品质，体现了儒家对于完美人格的全面追求。

从孔子、孟子，到董仲舒，乃至宋明理学，历代儒家学者均将培养这一理想人格视为教育的首要任务。孔子提出智、仁、勇三者为君子必备之德：“智者不惑，仁者不忧，勇者不惧。”孟子则进一步阐述了“大丈夫”的人格理想，并将智慧与仁、义、礼并列为人的四大基本德行。《大学》更是强调了修身的重要性，指出要修正内心，必先端正意念；要端正意念，必先充实知识。

尽管墨家与儒家在诸多方面存在分歧，但在重视德育和人格培养这一点上却达成了共识。墨子为“兼利天下”的贤人兼士设定了三项标准：“厚乎德行，辩乎言谈，博乎道术。”即贤能的兼士必须具备深厚的德行、雄辩的口才和广博的学识。与儒家主张的“爱有差等”不同，墨家认为真正的兼士应表现为对待朋友如同对待自己，对待朋友的亲人如同对待自己的亲人。在这样的标准下，墨家眼中的兼士不仅要有高尚的品质，还要有深厚的学识。

在当今社会，个人主义和利己主义盛行，我们更应从中华民族古代教育中汲取注重德育、注重理想人格塑造的智慧。这些传统教育理念为我们提供了宝贵的启示，指引我们在现代社会中重塑人格教育的价值，培养具备高尚品质和深厚学识的现代公民。

（三）重视研读经典与传承民族精神

随着科学技术的迅猛发展，新媒体迅速崛起。一方面，它们给各种知识的传播提供了便捷方式，使人们的视野空前开阔；另一方面，声讯和光影迅速挤压了文字阅读的空间，“快餐文化”制造的各种时尚文本又以其特有的功利性、实用性、通俗性、娱乐性和刺激性冲击着“经典文化”的思想性、学术性、价值性、深层性和精英性。面对这样的情况，越来越多的人开始呼吁重视对经典的研读。其实，重视对经典的研读是中国传统教育历来都很重视的一部分。孔子是第一个整理古代文化典籍的人，他整理编辑了《诗》《书》《礼》《乐》《易》《春秋》六书作为基本教材，传授给门下弟子，取得了极大的成功，并由此使研读经典成为中国古代教育的一个重要传统。其后的教育家无不承袭着这一教育传统。北宋著名的思想家和教育家张载，一生遍读各种经典，早年先是在范仲淹的开导下研读《中庸》，后又将目光转向道家和佛教经典，造诣极深。

特别值得一提的是，中国古代不少教育家不仅重视儒家经典，重视道德教育，而且对其他各领域的经典著作亦给予了很大的关注。北宋时期著名的政治家、思想家和教育家王安石，他读书并不限于儒家经典，而是熟读诸子百家之书。又比如，明清之际伟大的思想家、史学家和教育家黄宗羲，他铭记先父遗教，发愤攻读经史著作，从明十三朝实录到二十一史，“每日丹铅一本，迟明而起，鸡鸣方已”。此外，他还广泛阅读了诸子百家之书，以及天文、地理、历法、数学、音乐、佛教、道教书籍。黄宗羲讲学先后近五十年之久，在其思想和学术风格熏陶下，最终形成了著名的浙东学派。

中华民族在五千多年的发展中，形成了诸如天人合一、以人为本、贵和尚中、刚健有为的民族精神。这些在漫长的历史中形成的民族精神，恰恰被记载于古代的经典之中，又通过一代代的教育传承下来。若不研读经典，后人就无从感知民族的文化与精神。可见，我们的民族精神的传承和发扬，离不开对这些经典的反复阅读、思考、体悟和阐发。这是从古至今我们的教育应始终坚持的。

二、传统文化中的心理教育价值

优秀传统文化在教育领域中扮演着举足轻重的角色，其深厚的历史底蕴和丰富的精神内涵为心理健康教育注入了新的活力。通过深入挖掘优秀传统文化的精髓，教育者们不仅能够为学生呈现丰富多彩的教学内容，更能从中汲取智慧，为教学创新提供源源不断的灵感。这些宝贵的文化资源不仅有助于激发学生的学习兴趣，更能在潜移默化中培养他们的审美情趣和人文素养。在优秀传统文化的熏陶下，学生们的学习效率和学习质量将得到显著提升，更为重要的是，他们的心理健康水平也将随之得到全面而深入的发展。

（一）传统文化中的健康心理学思想

我国古代的健康心理学思想是通过两个方向逐渐演进的：一是源自哲学思想家的健康心理观念，二是医学思想家的健康心理理论。在中国传统文化中，儒家文化和道家文化是最为核心的两大支柱，因此，哲学思想家的健康心理观主要以儒、道两家的深刻哲理为基石。相对地，医学领域的健康心理思想则主要体现在中医的养生理论与实践之中。这两个方面共同构成了我国古代健康心理学的丰富内涵。

1. 道家文化中的健康心理学思想

道家思想深刻洞察人与自然的关系，强调培育与自然的和谐道德，倡导顺应自然的法则，超越尘世的纷扰。其博大精深的人生哲学不仅触及了现代健康心理学的核心议题，更在生命的关怀层面上展现了超越学科的深邃。

面对生死这一无法回避的人生终极命题，它常常引发人们内心的不安与恐惧，进而对身心健康造成负面影响。然而，道家却以独特的视角将生死视为“自然之限”，提出了“以死生为一条”的豁达观念。这种对生命终极归宿的诠释并非消极避世，而是蕴含着对生命本身的积极颂扬与接受。

在道家看来，“时与命”构成了人生中的“社会之限”。它认为人生的种种变迁，如死生、存亡、穷达、贫富等，都是命运与时势的作用。通过内心的修炼，人们可以学会顺应这些外在的不可控因素，从而不因权势富贵而狂喜，也不因时运不济而怨愤，进而达到内心的宁静与自由。

此外，道家还指出人生旅途上存在着“自我之限”，这主要体现在对哀乐之情与名利之欲的执着上。庄子对于人的情绪与情感提出了深刻的见解，认为过度的情绪波动会扰乱内心的平静。同时，在对待财富与名利方面，老子则告诫人们要懂得适可而止，过分追求只会招致灾祸。道家希望人们能够从这些内在的束缚中解脱出来，实现“安时而处顺”的超脱境界，并明白真正的幸福与满足来自内心的平和与知足。

2. 儒家文化中的健康心理学思想

儒家思想深刻关注人与人之间的关系，并致力于提升道德境界。其核心理念“修身以道，修道以仁”以及“知者乐，仁者寿”凸显了儒家养生之道的精髓，即通过多方面的修身养性来追求健康和长寿。

①“仁者”以坦荡的胸怀、无私无畏的精神境界为特征，他们自谦而贤达，不断追求道德上的卓越。这种追求使他们心境开阔、愉悦自在，从而更容易享有长寿之福。孔子所倡导的“见贤思齐焉，见不贤而内自省也”的学习态度，正是提升个人学识和道德修养的重要途径。同时，他所言的“君子不忧不惧”则揭示了君子因具备仁爱之心而行为光明、内心无愧，自然无忧无虑。这些圣人的教诲告诫我们，唯有不断提高个人的道德品质和思想素养，才能超越私利的束缚，真正体会到“心底无私天地宽”的豁达境界。

②“仁者”在物欲面前保持清醒和节制，他们不为利益所动摇，更不会因小利而忘大义。孔子曾言：“饭疏食饮水，乐亦在其中矣。不义而富且贵，于我如浮云。”这句话深刻反映了圣人对于安贫乐道的坚守，他们坚决反对任何不正当手段获取财富和地位。对于君子而言，无论生活如何困顿，都不能违背内心的“道义”，而是要始终恪守道德的最高准则——“仁”。君子的快乐并非取决于物质的贫富，而是源于对道的追求和体悟。简而言之，儒家的养生之道着重于修养身心、发扬人性中的“善”，并以此作为通往健康长寿之路的基石。

3. 传统医学“治未病”的健康心理学思想

中国传统医学在汲取道家与儒家丰富思想精髓的基础上，发展出了一套独特而系统的养生理念，这一理念深深植根于中华民族的文化沃土之中。中医理论所倡导的“未病先防”“防胜于治”思想，强调在身体尚未出现疾病征兆时，就应积极采取预防措施，从而做到防患于未然，将疾病扼杀在萌芽状态。

“圣人不治已病，治未病，不治已乱，治未乱，此之谓也。夫病已成而后药之，乱已成而后治之，譬犹渴而穿井，斗而铸锥，不亦晚乎？”这一观点与老子的哲学思想不谋而合，都强调了对事物发展趋势的敏锐洞察和提前干预的重要性。老子曾言：“其安易持，其未兆易谋，其脆易泮，其微易散。为之于未有，治之于未乱。”这正是对中医养生思想的深刻诠释。如果我们忽视了对疾病的预防，那么轻微的小病就可能逐渐恶化成严重的大病，甚至达到无法治愈的地步。

中医不仅注重身体的健康，还十分关注人的心理和环境因素对健康的影响。在中医看来，治病并非仅仅是针对病症进行治疗，更重要的是对人整体的调理和养护。中医的最终目标是帮助人们实现自我发展和自我实现，这与健康心理学所倡导的理念不谋而合。通过中医的养生方法，我们可以更好地了解自己的身体和心灵，掌握保持健康的关键，从而迈向更高层次的人生境界。

（二）传统文化中蕴含的心理教育资源

中华优秀传统文化，历经数千年的沧桑洗礼与世代传承，已构筑起一座博大精深的文化宝库。其中，儒家、道家、释家三大文化流派，宛如璀璨的明珠，共同构成了这一文化体系的核心骨架。

儒家文化，以自强不息、君子慎独为精神内核，这种历久弥新的理念，对于当代大学生而言仍具有深远的指导意义。它所倡导的仁爱之心，不仅为大学生提供了一种将心比心的处世哲学，更是引领他们树立正确人生观、价值观的重要灯塔。在儒家文化的熏陶下，大学生能够更加和谐地处理人际关系、社会关系，以积极、乐观、向上的心态迎接生活的挑战。

道家文化，则强调致虚守静、静思感悟的生活态度。这种通过自我静思来提升自我意识的方法，与现代社会所推崇的瑜伽、冥想等自我心理调适手段异曲同工。它能够帮助人们在喧嚣的世界中找到内心的宁静，实现心灵的平和与升华。

与此同时，释家文化以其恬淡超脱的特质，为现代人提供了一种全新的心灵视角。它所倡导的“境由心造”理念，强调心灵感悟对心理健康的深远影响。在物质欲望日益膨胀的当下，释家文化提醒我们，应充分发挥主观能动性，通过改变认知、提升内心修养来抵御外在压力，实现内心的平和与宁静。

中华优秀传统文化始终以人为本，尊重生命，关注人的全面发展与完善。它所涵盖的人生价值、个体修养、道德理念等各个层面的人生哲学，共同铸就了忧国忧民、自强不息、自尊自爱、修身养性、舍生取义、和而不同等积极向上的价值理念。这些理念不仅为大学生提供了丰富的精神滋养，更是推动社会主义核心价值观内化与践行的重要力量。

因此，深入传承和弘扬中华优秀传统文化，对于引导大学生树立正确的国家观、人生观、价值观、义利观具有重要意义。这不仅能够显著提升他们的心理健康水平，还将有助于推动社会主义核心价值观在青年一代中的广泛认同和深入实践。

（三）传统文化中的情感教育价值

1. 优秀传统文化中的重情精神有利于认识情感的价值

情感教育，其首要之务在于引导人们正确地理解和把握情感的本质，树立一种对待情感的端正态度，而非轻浮地将其玩弄于股掌之间。无论是古人笔下那“情不知所起，一往而深；生者可以死，死可以生”的深沉感慨，还是“问世间情为何物，直教人生死相许”的痴热追问，都凝聚着对情感的无比敬畏与庄重。

情感，作为一种与生命紧密相连的存在，它既是生命的表现方式，又是生命的存在形式。它如同一面镜子，映射出生命的丰富多彩与深邃无垠。生命因为有了情感的浸润与体验而显得神圣不可侵犯，而情感则借助生命这一载体，得以流淌、传递和表达。在情感与生命的交织中，我们得以窥见人性的光辉，理解生活的真谛，感悟生命的价值。

因此，情感教育的重要性不言而喻。它关乎我们如何理解自己，如何与他人建立深刻联系，如何在这个纷繁复杂的世界中找到自己的定位。通过情感教育，我们可以学会更加珍视和尊重自己的情感，更加理解和包容他人的情感，从而建立起一个更加和谐、更加美好的人际关系和社会环境。

（1）情感活动体现了人的本质

早在先秦时期，中国古人便对“情”字所蕴含的重要性有了深刻的认识。儒家思想的杰出代表孔子，更是对情感的力量和作用给予了极高的评价，他将情感活动视为人的本质性活动，这一点在《论语·颜渊》中得到了明确的体现。当樊迟向孔子请教“仁”的含义时，孔子简洁而深刻地回答道：“爱人。”而当被问及“知”时，他再次以人为中心，答道：“知人。”由此可见，在孔子的哲学体系中，人的最本真、最纯粹的存在状态便是真情实感。这种真情，是源自内心、毫无掩饰和伪装的情感流露；这种实感，是真实存在、非虚幻或凭空臆想的深切体验。孔子不仅洞察了人性的奥秘，更肯定了人类情感的正当性和合理性。

在《郭店楚墓竹简·性自命出》中，也有类似的观点被阐述：“凡人情为可悦也。苟以其情，虽过不恶；不以其情，虽难不贵。苟有其情，虽未之为，斯人信之矣。未言而信，有美情者也。”这段文字进一步强调了中国传统文化中“贵情”观念的核心价值，即对人的情感的尊重和重视。情感被视为吉凶转化的内在动力，正如《周易》所言：“吉凶以情迁，是故爱恶相攻而吉凶生。”孔子更是以“爱”与“恶”两种情感作为定义“仁”的基石，他认为，一个真正的仁者必须能够妥善处理和平衡这两种情感的趋向。这种对情感的深刻理解和高度重视，构成了中国传统文化中独具特色的人文精神。

（2）情感是人类活动的驱动力

情感作为人类内心的火焰，对个人行为起着至关重要的驱动作用。正如孟子所深刻指出的那样：“天将降大任于斯人也，必先苦其心志，劳其筋骨，饿其体肤，空乏其身，行拂乱其所为，所以动心忍性，曾益其所不能。”在孟子的视野中，情感的锤炼与磨砺成为一个人事业取得巨大成功的先决条件。只有经历情感的锻炼，使内心变得坚韧不拔，一个人的事业才能迎来质的飞跃。

人性本能地倾向于安逸与舒适，往往容易陷入懒惰、保守和好逸恶劳的泥潭。然而，正是情感的锤炼，如同烈火炼金，能够激发出人内在的锐意进取和奋发向前的力量。这种力量，如同破茧成蝶的蜕变，让人在挑战与困境中不断成长，最终成就非凡的事业。

与此同时，韩非子也深刻认识到情感在推动人们行动中的重要作用。他说："慈于子者不敢绝衣食，慈于身者不敢离法度，慈于方圆者不敢舍规矩。"慈爱，作为一种深沉的情感，如同磁石般吸引着人们去采取积极的行动。这种情感的力量，不仅在于它能够激发人们的内在动力，更在于它能够引导人们走向正确的道路，遵循社会的法度和规矩。

如果人们失去了情感的需要，那么社会的统治也将变得岌岌可危。因为情感是人类行为的源泉和动力，它推动着人们去追求、去奋斗、去创造。一个没有情感需要的社会，将如同一片死寂的荒漠，失去了生机和活力。因此，我们必须珍视和呵护我们的情感世界，让它在我们的生活中发挥出最大的价值。

（3）情感具有相对独立性

情感作为一种深藏于内心的力量，拥有着无可比拟的独立性与真实性，它无法被人为地伪造或操控。庄子，这位古代的智者，曾在其思想中提出了"真情说"，强烈呼吁人们应尊重并倾听自己内心的真实情感，而不是被外界的纷扰与束缚所左右，从而扭曲了情感的本真面貌。

庄子深刻地指出："真者，精诚之至也。不精不诚，不能动人。"真诚，是情感的灵魂，它赋予情感以深厚的力量。当人们在悲伤时，真诚的泪水会无声地流淌，透露出内心的哀痛；在愤怒时，真实的怒火会在眼神中燃烧，散发出威严之气；在愉悦之时，真挚的笑容会自然而然地绽放，传递出和谐的氛围。这种真实性，是从内心深处散发出来的，无法伪装也无法模仿。

《淮南子》同样继承了庄子的这一重要思想，并在其中进一步阐述了情感的自然与真实。《淮南子·齐俗训》有言："且喜怒哀乐，有感而自然者也。"情感的产生，如同水流的自然下落，烟雾的自然升腾，它是内心世界的真实反映，无需外力的推动。因此，那些强行装出的哭泣，即使声音再大，也无法掩盖其内心的冷漠；那些勉强挤出的笑容，即使再灿烂，也无法掩饰其内心的疏离。

情感的神圣性，正在于其无法被人为控制或操纵。人们可以引导情感的流向，但却无法改变其本质的真实与纯粹。情感的力量，往往超越了财富与权威的束缚，它以一种更为直接、更为深刻的方式，触动着人们内心深处的柔软与敏感。在这个复杂多变的世界中，让我们珍视并尊重每一份真实的情感，让它们如同明灯一般，照亮我们前行的道路。

2. 优秀传统文化中的人文精神有利于提升情感的境界

（1）启发生命的价值感

生命的意义感，其根基在于我们对生命价值的深刻理解。单纯地将生命视作一种自然过程，或将人体简化为一部机器，虽在某种程度上有其合理性，但这种视角显得过于机械和冷漠，它贬低了生命的尊贵，对人类的尊严构成了伤害，更在无形中威胁着我们的心理健康。

研究揭示了一个令人痛心的现象：那些选择以极端手段终结自己生命的人，往往是因为他们感受不到生命的意义，失去了对人生价值的把握，觉得世间再无可留恋。若我们仅仅将人生定义为满足肉体的吃喝玩乐，那么很容易便会陷入对生命无价值的迷茫之中。因为人的欲望是无止境的，而由于个体与社会的种种制约，这些欲望往往无法得到充分的满足。按弗洛伊德的理论来说，这即是"本我"受到了束缚。

然而，中华优秀的传统文化却为我们提供了一种对生命价值的全新认知。它教导我们，人是万物之灵，生命是无比宝贵的，因此我们必须珍惜它。与西方《圣经》中将人体视为上帝形象的观念相似，中国人也有着"天人合一"的哲学思想。我们认为生命起源于天地之间，人与天地同构，天成了生命价值的源泉。每个人的生命都是秉承天命而来，因此具有神圣不可侵犯的特质。我们肩负着完成天命所赋予的责任。

那些对生命的神圣性有所感悟的人，会自然地感受到生命的价值，对生命产生强烈的认同感。传统文化中的"人贵论"为我们认识生命的价值、理解人生的意义提供了深刻的启示。它提醒我们，生命的真正价值并非仅在于物质的满足，而更在于我们如何理解并珍视这份来之不易的神圣礼物。

（2）启迪对真善美的追求

对真善美的执着追寻，无疑为生命注入了深邃的意义感。文学家、音乐家和美术家们，他们沉浸在美的探寻与创造中；科学家们，则陶醉于揭示宇宙真理的奥秘里；而宗教家们，为那至高无上的善所感动与激励。这些对真善美的不懈追求，不仅赋予了他们的人生无法言喻的乐趣，更使他们的存在变得丰富多彩、充满意义。

在中华漫长的历史长河中，优秀传统文化孕育了无数追求真善美的典范。他们并未在虚无与空洞中度过一生，而是在对真善美的探寻与实践中，找到了生命的价值所在，享受了真正的人生。孔子一生都在发愤向学、乐以忘忧，成了求真求善的楷模。而王羲之、怀素等书法大师，他们倾尽毕生心血于书法艺术的研究与创作，其中的忧乐情感与对美的极致追求，无人能出其右。

3. 优秀传统文化中的理性精神有利于摆脱情感的羁绊

（1）调节情绪

中国古人深知情感的威力，他们主张对情绪进行精细的调控，避免其如脱缰野马般肆意奔腾。在他们看来，情感犹如江河之水，若不得其道，便会泛滥成灾，带来无尽的破坏。

孔子特别推崇情感的“中和”之美。他以《关雎》为例，赞赏其展现的男女之情既不过于放纵也不过于悲伤，恰到好处地体现了“乐而不淫，哀而不伤”的理想状态。这种情感的流露，既发自内心，又止于礼义，完美地融入了社会规范之中。孔子进一步指出，仁德之人应超越忧虑的束缚，他们内心的平静与坚韧使忧愁无从生根。同样地，真正的勇者并非无所畏惧，而是面对恐惧时仍能保持镇定，因为他们深知，很多时候，恐惧本身才是我们最大的敌人。

墨子也强调了情感引导的重要性。他主张以仁义为情感的指南针，摒弃喜、怒、乐、悲、爱等过于极端的情绪反应。墨子坚信，只有当我们的手、足、口、鼻、耳等感官都服从于义的指挥时，我们才能真正成为圣人般的存在。

在应对外界刺激时，孔子提醒我们要学会忍耐和节制，他的名言“小不忍则乱大谋”深刻阐述了这一点。通过培养内心的坚韧和自制力，我们可以避免因一时冲动而犯下错误。孔子还区分了匹夫之勇和真正的大勇。他认为，那些轻易被激怒、动辄拔剑而起的人并不算是真正的勇者。真正的勇者，在面对突如其来的挑战时能够保持冷静，即使遭受无端的侮辱也能泰然处之。这样的勇者，他们的胸怀广阔，志向远大，因此能够成就非凡的事业。

（2）培养感情

中国古人深知，作为社会产物的情感，需要精心培育。荀子曾深刻指出，“礼义文理之所以养情也”。这意味着，若缺乏义理的滋养，情感便会如野草般肆虐，甚至走向歪斜。在情感的耕耘中，除了义与理的浇灌，乐也扮演着至关重要的角色。荀子进一步阐释，“夫民有好恶之情，而无喜怒之应则乱。先王恶其乱也，故修其行，正其乐”。这表明，通过音乐的和谐引导，人们能够更好地管理自己的情绪，确保社会的稳定与和谐。

《淮南子》则提出了一种更为顺应自然的情感管理方式，即“顺情”。它主张对情感进行疏导，而非压制。正如书中所言，“是故圣人法天顺情，不拘于俗，不诱于人，以天为父，以地为母，阴阳为纲，四时为纪”。这种顺应天地、阴阳、四时的情感管理方式，体现了一种高度的自然与人文融合。

王安石则独树一帜，提出了“性情合一”的观点。他认为，养性即养情，二者相辅相成。“喜、怒、哀、乐、好、恶、欲未发于外而存于心，性也；喜、怒、哀、乐、好、恶、欲发于外而见于行，情也。性者情之本，情者性之用。吾故曰性情一也。”这意味着，人的内在性格与外在情感表达是紧密相连的。情感的流露方式、表现形态是否合乎理性，便成了区分善情与恶情的关键。

在王安石看来，人生来便拥有这七种基本情感：喜、怒、哀、乐、好、恶、欲。然而，情感的发泄与表现必须受到理性的驾驭。只有当情感在理性的指引下得到合理释放时，才能称为善情；反之，若情感失控、肆意妄为，便会沦为恶情。因此，情感的培育与管理不仅关乎个人修养，更是社会和谐稳定的重要基石。

三、传统文化中的思想政治教育价值

（一）传统文化中蕴含丰厚的思想政治教育资源

中华文化，如同一条源远流长的江河，不仅承载了中华民族数千年的历史记忆，更汇聚了其最深层的精神追求和独特的文化印记。它以其博大精深、丰富多彩的内涵，为中华民族的持续发展和繁荣昌盛提供了不竭的文化动力和精神滋养。而中华传统美德，作为这一文化宝库中的璀璨明珠，蕴含着无比丰富且历久弥新的思想政治教育资源。

当我们深入挖掘这些优秀传统文化中潜藏的思想政治教育价值，并将其巧妙地融入大学生思想政治教育工作之中，我们便能为培养创新型人才、提升高校德育工作的实效性开辟新的道路。儒家“仁”的理念，强调人与人之间的亲善和谐，为大学生思想政治教育注入了深厚的人文关怀和道德理念；道家“道法自然”的哲学，倡导顺应自然、淡泊名利，有助于大学生平抑内心的焦虑，追求内心的平和与宁静；而新儒家“心学”所阐释的心性修养与人生境界，也为我们的思想政治教育工作提供了独特的视角和思考工具。

不仅如此，传统文化中蕴含的道德观念、认知方式、科学精神以及人们在日常生活中所恪守的道德修养、伦理准则、文化素养、思维模式和行为规范等，都是我们当前开展大学生思想政治教育工作时宝贵的思想资源和精神借鉴。通过对这些传统文化的深入挖掘和创造性转化，我们不仅可以丰富教育内容，创新教育方式，更能引导大学生在继承和弘扬中华优秀传统文化的过程中，坚定文化自信，提升个人修养，成为担当民族复兴大任的时代新人。

1. 儒家“仁”的思想为思想政治教育提供思想资源

孔子，这位在中国历史文化长河中卓然独立的思想巨匠，以其深邃的哲学眼光，对人的内在心性和国家礼仪宗法进行了透彻的探究。他不仅创立了一套缜密的道德教育体系，更构建了中华文化的核心伦理纽带，为中华民族的仁爱精神赋予了不朽的灵魂。

“仁”——这一理念，堪称孔子道德思索与主张的精髓所在，他的整个道德理论体系也因此被尊称为“仁学”。而“仁”的核心理念，便是“爱人”。当弟子樊迟向孔子探求“仁”的真谛时，孔子以“爱人”二字简洁而深刻地作答。在孔子看来，“仁”不仅是道德追求的最高境界，更是调节人际关系、维系社会和谐的重要准则。

“仁”的内涵包括“忠”与“恕”两大方面。曾子曾精辟地指出：“夫子之道，忠恕而已矣。”其中，“忠”意味着将心比心、积极为人；“恕”则是宽容待人、不施于人己所不欲。忠恕之道相互补充，共同推动着人们实现孔子所倡导的“仁爱”境界。在实现这一境界的路径上，孔子坚信关键在于个体的内在修养。他认为道德不是外界强加给个人的束缚，而是个体内心自然生发的力量，是“为仁由己，而由人乎哉”的内在驱动力。

孔子所创立的“仁学”道德思想，不仅是中华优秀传统文化的重要支柱，也为大学生思想政治教育提供了宝贵的理念和方法论指导。首先，这一思想强调道德规范必须深深烙印在学生的内心之中。孔子注重从心性出发培养品德，认为只有内心真正认同并践行道德规范，个体的道德行为才能持久而主动，道德修养水平也才能得以真正提升。其次，“仁学”思想启示我们，在大学生思想政治教育工作中，应根据受教育者的个性和背景采用针对性的培育方法。孔子提倡“有教无类”，但更强调“因材施教”。每个大学生都是独特的个体，其成长经历和环境影响都各不相同。因此，教育者应深入了解每个学生的独特性，量身定制道德培养方案，以实现最佳的教育效果。最后，“仁学”思想还强调了教师在大学生思想政治教育工作中的榜样作用。作为道德品质的引领者，教师必须以身作则、身正为范。教师的言行举止对学生产生着潜移默化的影响。一个品行端正、充满道德情感的教师，能够成为学生的楷模，以其自身的道德力量感染学生、鼓舞学生、陶冶学生。这正是“桃李不言，下自成蹊”所蕴含的教育智慧。

2. 道家“道法自然”思想为思想政治教育工作提供启发

道家，这一中国传统文化中影响深远且持久的学派，其思想内涵至今仍然闪耀着智慧的光芒，为现代思想政治教育提供了宝贵的启示。道家的核心理念，如“无为而治”“道法自然”等，都蕴含着深刻的人生智慧，对于我们的道德教育具有重要的指导意义。

“道”，作为道家思想的核心范畴，揭示了宇宙万物的本源和运行规律。道家认为，“道”是世间万物生长的根源，是天地宇宙的运行法则。这个“道”是超越人力干预的，它不受人的意志影响，而是遵循自然宇宙本身的运行原则，即“道法自然”。这种自然无为的境界，体现了道家对于人与自然和谐相处的深刻理解。

“道法自然”不仅是一种哲学理念，也是一种道德教育的原则。它强调顺应人的本性，让善念自然而然地生发。在道家看来，道德的培养不是通过外在的强制和说教来实现的，而是通过内心的自觉和体悟来达到的。这种“不言而教”的方法，与“道法自然”的理念相辅相成，共同构成了道家独特的道德教育体系。

对于现代大学生思想政治教育工作来说，道家“道法自然”的思想具有重要的启发作用。首先，它可以帮助大学生消除焦虑感和失衡感。在面临选择时，大学生往往由于内心的纠结而感到焦虑。而道家“无为”“不争”的思想则提供了一种智慧的解决方式，引导大学生顺应内心、不受外物影响，从而达到内心的平和与宁静。其次，道家提倡的“无待”道德修养方式也为大学生思想政治教育工作提供了新的思路。这种不假于外物的修养方式强调个体的自我调适和道德自律。在培养大学生道德品质时，应注重引导他们将道德自律与自励相结合，通过自我反省和自我提升来实现道德的完善。最后，道家“不言之教”的理念对于大学生思想政治教育工作同样具有重要的指导意义。在培养大学生道德品质时，应注重运用多种多样的媒介渠道、营造良好的道德环境以及发挥教师的榜样示范作用等方式来行“不言之教”。这种潜移默化的教育方式能够更加深入地影响大学生的思想道德品质形成和发展，从而培养出具有高尚道德品质的优秀人才。

3. 新儒学“心学”中蕴含的思想精髓为大学生思想政治教育工作提供有益参考

“心学”在传统道德思想中占据着举足轻重的地位，其观点独特而深入，为后世道德教育提供了宝贵的参考。具体而言，“心学”主张“心即理”，将道德的本源归于内心，这一转变在儒家思想中具有里程碑式的意义。它摒弃了从伦理关系角度探讨道德的传统方式，转而以哲学方法论深入探究道德的本质和归宿。在“心学”看来，道德规范、道德观念和道德行为皆源于内心，心是主宰身体的关键。进一步而言，“心学”提出了“致良知”的核心理念，认为人人内心都有良知，但需要排除心中的杂念和迷雾，才能达到明辨善恶的境界。此外，“心学”还强调知行合一，认为知识和行动是相互依存、相互促进的。它们之间不是孤立的存在，而是紧密相连、合而为一的整体。

“心学”中的这些思想精髓对现代大学生思想政治教育工作具有重要的借鉴意义。首先，培养大学生的道德心理至关重要。一个人的道德行为应该源于内心的自觉和自愿，而非外在的强制或束缚。只有这样，道德才能真正根植于人的内心深处，成为人的自觉行动。因此，大学生思想政治教育工作应该注重引导大学生自我反思、自我觉悟，从内心深处培养和树立正确的道德观念。其次，“心学”强调道德教育的个体性和主动性。每个人都有自己独特的道德认知和评价体系，这是个体在成长过程中逐渐形成的。大学生思想政治教育工作应该尊重个体差异，因材施教，激发每个学生的主动性和创造性，让他们在道德教育中实现自我提升和完善。最后，“心学”提倡的“知行合一”为大学生思想政治教育工作提供了重要的实践指导。道德教育不应该脱离现实生活，而应该贯穿于日常的学习、工作和生活实践中。大学生思想政治教育工作应该注重理论与实践的结合，引导学生在实践中体验和感悟道德的力量，从而提升教育的实效性。

总之，“心学”以其独特的道德观念和深入的教育思想为大学生思想政治教育工作提供了宝贵的启示和指导。通过借鉴“心学”中的精髓，我们可以更好地培养大学生的道德品质，促进他们全面发展和成长。

4. 着力挖掘传统文化内生的思想政治教育资源

为了深入探索中华优秀传统文化的博大精深，我们必须深入挖掘其内在的思想观念、人文精神以及道德规范。结合当今时代的需求，以创新的态度继承并发扬这些文化瑰宝，使中华文化在展现其永恒魅力的同时，也彰显出鲜明的时代特色。这样的探索不仅为思想政治教育的理论研究注入新的活力，更为其实践教育开辟了新的路径和渠道，具有深远的理论和实践意义。

强化对中华优秀传统文化的研究，是深化和拓展大学生思想政治教育深度和广度的关键所在。这种文化在潜移默化中推动着社会文明的进步，对于塑造大学生的世界观、人生观和价值观具有不可替代的作用。从众多的文化价值体系中，筛选出那些与中国特色社会主义建设相契合的精髓，进行传承和弘扬，已成为当前思想政治教育领域的重要任务。这不仅有助于提升大学生的文化素养，更能为他们的全面发展提供坚实的文化基础。

然而，在博大精深的中华文化中，不可避免地存在一些封建残余和与现代文明格格不入的糟粕。这就要求我们在传承和发扬中华优秀传统文化的过程中，必须始终坚守正确的指导思想，以批判性的眼光审视传统文化，取其精华、去其糟粕，确保社会主义精神文明建设的方向正确无误。同时，我们还需要以开放的心态接纳现代文明成果，推动传统文化与现代文明的有机融合，为大学生的成长提供更加丰富多元的文化滋养。

中华优秀传统文化与思想政治教育在提升个人修养、职业道德、社会公德以及家庭美德方面有着天然的内在联系。思想政治教育应当不断汲取中华民族优秀传统美德的养分，并将其发扬光大；同时，思想道德建设也应成为思想政治教育不可或缺的重要组成部分。通过加强思想道德教育，引导大学生树立正确的价值观、道德观和人生观，培养他们的社会责任感和奉献精神，为社会的和谐稳定和发展做出积极贡献。

为了充分发挥思想道德教育的引领作用，我们必须将其贯穿于人才培养的全过程，并依托家庭、学校、社会等教育力量，共同营造崇德尚法、文明和谐的社会氛围。在实践中，我们要不断强化个体的社会责任意识、规则意识和奉献意识，提升社会整体道德水平。同时，还需要加强制度保障，深化群众性精神文明创建活动，推动形成人人参与、人人尽力、人人享有的良好局面。

此外，对中华优秀传统文化的研究亟待加强。我们应当将这一教育融入各个学段和领域，从基础教育到高等教育，都应融入国学、传统礼仪等内容。同时，在横向上也要将中华优秀传统文化融入各个学科和教学环节之中，让学生在接受知识的同时，也能感受到传统文化的魅力。在理论研究方面，我们需要深入挖掘文化内涵，明确区分优秀文化与糟粕文化，培养专业的教育工作者进行传承和弘扬。重视文化实践过程，营造良好的文化环境，将中华优秀传统文化融入人们的日常生活中，让其在实践中得到传承和发展。

在厘清思想政治教育与中华优秀传统文化的价值分野的基础上，我们需要根据大学生思想政治教育的实际需求进行深入研究。进一步明确教育理念、创新教育方法、切实发挥思想政治教育工作的价值。在继承和发展中华优秀传统文化的过程中，我们必须立足实际、剔除糟粕思想、加强对其中思想政治教育资源的创造性转化的路径与方法的研究。以科学、合理、有效的方式开展继承发扬工作，不断拓展大学生思想政治教育的广度和深度，为培养德智体美劳全面发展的社会主义建设者和接班人提供有力支持。

同时，我们还应充分利用网络资源优势，建立网络教育服务中心，扩大中华优秀传统文化的传播范围。通过完善网络管理体系，坚决抵制各种腐朽思想，营造一个健康向上的网络文化环境，为大学生思想政治教育提供有力支持。此外，还可以利用现代科技手段创新传统文化的表现形式和传播方式，让其更加符合当代大学生的审美需求和接受习惯，提高传统文化的吸引力和感染力。

（二）传统文化具有巨大的思想政治教育力

作为中华民族悠久历史和灿烂文明的“根脉”与“灵魂”，优秀传统文化所涵盖的范围极其广泛，它如同一座富饶的矿藏，蕴藏着丰富的哲学智慧、人文精神、教化理念以及深厚的道德底蕴。这种传统文化对于凝聚社会共识、维护广大民众的利益以及培育推动社会进步和道德建设的土壤，具有不可估量的价值。

诸如仁爱、忠孝、勤俭等传统美德，无不闪耀着生活智慧的灵光；家风家训则深刻地体现了儒家修身、齐家、治国、平天下的崇高理想，注重个人道德修养和家族伦理传承，成为家庭代际间传承“核心价值观”的桥梁，将社会生活与个人道德紧密融合，引领人们恪守公德、尊崇规范；而传统节日则生动地反映了民众的价值取向，它们不仅是文化精神的载体，更是民族情感的集中体现。这些充满正能量和向上向善力量的传统文化，在规范人与人、人与社会、人与国家之间关系的同时，也承载了中华文明数千年的道德担当，营造出一种“尊道、崇德、守德”的社会氛围，有效地提升了民众的文化道德水平。

以家风家训为例，它在塑造子孙后代品德方面所展现的成效是显而易见的。北宋文学家欧阳修在《书示子侄》中的教诲“玉不琢不成器，人不学不知道”，便是强调了个人修养的重要性，即通过教育和自我修养，人才能达到更高的境界。家风家训所倡导的正是这样一种将道德规范内化为个体自觉的行为准则，强调家庭成员言行的一致性，以及对道德品质的稳定和自觉的追求。

传统文化始终将人的道德品质培养置于核心位置，注重道德的自我修养和外在表现，强调个体的自立自觉。它致力于引导人们修身养性、砥砺品德，通过提倡“克己复礼”等道德修养理念，使人们追求更高的道德境界和理想人格，从而树立坚定的理想信念，并深化对爱国主义和集体主义的认识。这种文化传统能够激励人们以国家、民族和人民的利益为重，将个人的发展与社会的发展紧密相连。

“仁、义、礼、智、信”是传统文化中的核心价值理念，它们构成了中国传统道德体系的基石。“仁”是修身文化的根本所在；“义”为道德行为提供了纲领性的指导；“礼”则是社交行为的规范与准则；“智”强调人应具备明辨是非和善恶的能力；“信”则是诚实守信、内外一致的道德要求。这些传统价值观所倡导的“诚信”“信义”等理念，历经千年仍熠熠生辉，为新时代大学生思想政治教育工作提供了宝贵的精神财富和实践指南。

值得一提的是，“慎独自律”作为古人提升道德境界的重要手段，强调在无人监督的情况下仍能坚守道德规范，进行自我反思和纠正。《大学》中提出的“君子必慎其独也”的观点，正是这种自我修养的集中体现。传统文化视修身为实现自我价值和立身处世的基石，它所蕴含的深厚道德自律和理想自觉，无疑为新时代的思想政治教育提供了丰富的资源和深刻的启示。

（三）充分发挥优秀传统文化在思想政治教育中的价值

中华优秀传统文化蕴含着深厚的道德情感、道德原则和道德理想，这些都是开展大学生思想政治教育工作不可或缺的宝贵资源。这些资源对于提升大学生的思想政治素质和道德品质具有至关重要的作用。以中国古典音乐为例，诸如《高山流水》《渔樵问答》等经典作品，都深深植根于中国传统的人文精神之中。它们以优美的旋律净化人心，陶冶情操，传递着真善美的价值观，引导人们向往和追求道德高尚的生活。

因此，要充分发挥中华优秀传统文化的德育价值，关键在于深入挖掘其中的德育资源，并将其与大学生的思想政治教育紧密结合。通过积极引导大学生深刻理解和把握中华民族的崇高价值追求，促进优秀传统道德与行为规范的有机融合，我们可以为培养具有高尚道德品质和坚定理想信念的新时代大学生奠定坚实的基础。这不仅是对传统文化的传承和弘扬，更是对中华民族未来发展的深远投资。

1. 善于阐释中华优秀传统文化中的思想政治教育价值

为了深入、全面地发挥中华优秀传统文化在大学生思想政治教育中的积极作用，我们需要以科学、系统的方法去阐释其丰富的内涵和时代价值，并在和谐稳定的校园环境中推动学生道德品质和全面发展的提升。

①对于中华优秀传统文化中革故鼎新、与时俱进的理念，我们应当结合当前社会的实际需求，引导学生理解并应用这些思想。这些理念不仅鼓励人们不断创新、积极进取，还强调了与时俱进、适应时代发展的重要性。在引导学生深入理解这些理念时，我们应当重点阐述它们在当代社会中的实践意义，如何激发学生的创新精神和适应能力，从而培养出具备高度社会责任感和时代使命感的大学生。

②中华优秀传统文化中的惠民利民、安民富民以及脚踏实地、实事求是的思想，对于培养学生的社会责任感、实干精神和求真态度具有积极作用。我们应当结合现实生活案例，引导学生领悟这些思想所蕴含的价值，进而转化为自身的行动准则。通过这些思想的学习，学生将更加关注社会民生，积极投身社会公益事业，为构建和谐社会贡献力量。

③在道德教育和行为规范方面，中华优秀传统文化提供了丰富的教育资源。精忠报国、振兴中华的爱国情怀，天下兴亡、匹夫有责的担当意识，以及孝悌忠信、礼义廉耻的荣辱观念等，都是我们需要重点阐释的内容。我们应当结合时代背景和学生思想实际，创新教育方式方法，使这些传统美德内化为学生的自觉行为，从而提升学生的道德修养和品质。

④中华优秀传统文化还蕴含了丰富的精神财富和美学追求。文以载道、以文化人的教化思想，求同存异、和而不同的处世方法，以及俭约自守、中和泰和的生活理念等，都为我们开展大学生思想政治教育提供了宝贵的借鉴。我们应当深入挖掘这些文化资源，将其与现代教育理念相结合，为培养学生的审美情趣、人文素养和创新能力提供有力支持。

⑤强化中华优秀传统文化的阐发工作至关重要。我们需要向学生详细讲解中华优秀传统文化的历史渊源、发展脉络、鲜明特色以及基本走向，使学生对其有全面、深入的了解。我们还应阐明中华优秀传统文化是开展大学生思想政治教育工作的丰厚滋养，传承、弘扬和发展中华优秀传统文化是建设世界一流大学的重要实践。此外，我们还需明确丰富多样的民族优秀文化是中华优秀传统文化的有机组成部分，积极推动中华文明与世界其他文明的交流互鉴，创新发展中华优秀传统文化体系，为大学生思想政治教育工作提供有力支撑。

2. 善于创新中华优秀传统文化中的思想政治教育价值

历经千年的积淀，中华优秀传统文化蕴含着丰富的价值理念，这些理念为大学生思想政治教育提供了宝贵的资源。近年来，国家高度重视中华优秀传统文化的传承与发展，并出台了一系列政策文件，为深入挖掘和发挥其在德育方面的价值指明了方向。

大学生德育工作在传承中华优秀传统文化的过程中，既要追本溯源、承续精髓，也要与时俱进、推陈出新。这要求我们根据大学生的思想行为特点和德育要求，创新实践模式，激发大学生的积极性、主动性。例如，可以通过开展读经诵典、诗词大会、国乐欣赏等活动，让学生在社会实践中感悟中华优秀传统文化蕴藏的道德标准和价值观念。这些活动不仅能够淋漓尽致地展现诗词美、音乐美，还能使学生在参与过程中深刻体会到中华文化的魅力，从而增强对中华优秀传统道德文化的认知认同。

在信息时代，发挥中华优秀传统文化的德育价值需要不断拓展路径。实施“互联网＋文化工程”是一个有效的途径。通过加强顶层设计，着力技术攻关，将互联网技术和大数据引入中华优秀传统文化领域，可以建立健全相关体制机制，开设网络课程，开展网络体验，注重网络文化熏陶。这些举措将有助于引导大学生在了解中华优秀传统文化的基础上，深刻认识中华文明，增强文化自信，同时在文化传承、交流和创新实践中不断增强中华优秀传统文化的生命力。

第三节　传统文化与现代艺术设计

一、传统文化对现代艺术设计的影响

中国传统文化对现代艺术设计的影响主要体现在设计理念、表现形式和内在意蕴三个方面，内容如下所述。

（一）用传统文化思想丰富现代艺术设计理念

设计理念是现代艺术设计的重要指导，任何的设计实践都是基于设计理念而形成的。好的设计理念至关重要，它能够赋予设计作品文化内涵和风格特点，也能够令设计作品具有专业化、个性化的效果。设计理念不是固定不变的，而是随着设计师阅历的增长发生变化，而且面对不同的设计需求，其设计理念也应该有所不同，这样才能满足更加多样化的设计需求。尤其在当前的社会环境下，人们的审美需求越发的多样化，单一的设计理念显然已经不能满足这种多样化的需求，所以设计师的设计理念需要不断地进行丰富。中国传统文化思想作为中国传统文化中的重要组成部分，即便在现代社会依旧具有重要的价值，如天人合一的思想、修身克己的思想，这些思想对于丰富设计师的设计理念具有积极的促进作用。

（二）用传统文化丰富现代艺术设计的表现形式

中国传统文化的内容非常丰富，设计师可以从中提取大量的元素并将其运用到现代艺术设计中，从而起到丰富现代艺术设计形式的作用。中国传统文化是随着中华民族的发展而发展的，其中的元素不仅具有丰富的文化内涵，还在一定的地域范围内具有极高的认同感，因此设计师完全可以从传统文化中获取灵感，并结合现代艺术设计

的需求，采取直接借用或提取再设计的方式，将传统文化运用到现代艺术设计中。直接借用的方式操作简便，但局限性较大，需要充分考虑传统文化元素和设计产品之间的契合性；提取再设计的方式虽然复杂，需要设计师进行一定的创意设计，但局限性较小，设计师可以在保留其文化内涵的基础上，对其外在形式进行一定的变换处理，这样不仅有助于进一步丰富现代艺术设计的表现形式，还有助于赋予传统文化元素一定的时代感。无论采取什么方式，有一点是毋庸置疑的，即传统文化丰富的内容为现代艺术设计提供了更多可以利用的元素，这对丰富现代艺术设计的表现形式具有重要的意义。

（三）用传统文化提升现代艺术设计的内在意蕴

现代艺术设计兼具实用功能和审美功能，只是不同的设计产品其功能侧重不同，有些设计产品侧重实用功能，而有些设计产品则侧重审美功能。对于侧重审美功能的设计产品来说，或是通过外在形式去表现，或是通过其内涵去表现，或是通过两者的融合去表现。中国传统文化具有丰富的内涵，包括精神内涵和文化内涵，将其融入现代艺术设计中，无疑能够起到提升现代艺术设计内涵的作用。

二、中国传统文化元素与现代艺术设计的共性

虽然传统文化元素和现代艺术设计是两个不同的概念，但两者之间存在一定的共性，这些共性是两者能够有机融合的一个重要因素。

（一）中国传统文化元素与现代艺术设计的形式共性

1. 形式规律上的共性

在现代艺术设计中，形式规律是一个重要的表现语言，而在一些中国传统文化中（如绘画、戏曲等），形式规律同样是一个重要的表现语言，由此可见，两者在形式规律上存在一定的共性。

以中国戏曲为例，在戏曲的创作和表演中，存在一些程式化（所谓程式化，是指戏曲中的一些形式、内容、色彩、场景等元素在运用上具有一定的标准性规则）的形式，这些程式化的形式是戏曲艺术家在长期的艺术设计实践中总结出来的。程式化的形式对于戏曲的创作和表演具有积极的作用，但同时也存在一定的负面作用，即会限制创作者和表演者的发挥，因此为了弥补戏曲程式化形式的负面作用，在实际的创作和表演中，创作者和表演者不必完全局限于程式化的形式，这就使戏曲艺术成为一种收放自如、游离于“约束”与“自由”之间的艺术形式。但总体而言，程式化的形式作为戏曲艺术的一种形式规律无疑是一种不能忽视的表现语言。

在现代艺术设计中，形式规律表现为在色彩、造型、构图等方面应遵循的美学原则。比如，在色彩的运用上，应注重整体的色调、配色的平衡、配色中的分割关系等。

形式规律对现代艺术设计具有积极的指导作用，是艺术家在长期的艺术设计实践中逐渐探索出的规律，它的形成既有人文因素的影响，也有自然或偶然因素的影响。当然，在具体的艺术设计中，还需要依据设计形式和内容的不同对其进行调整，从而体现出艺术设计的创造性。

虽然在具体的外在表现上，戏曲艺术和现代艺术设计的形式规律不同，但其本质却是相同的，两者之间存在共性，所以形式规律是两者有机融合的一个重要切入点。

2. 节奏韵律上的统一

在变化中寻求统一，是很多艺术形式美法则中的一个重要规律，同时也是艺术美的一个重要规范。同样以戏曲艺术为例，节奏韵律是一个非常重要的表现形式，如故事情节的跌宕起伏、唱词节奏的急徐快慢等共同构成了戏曲节奏中均匀、和谐的美感。在戏曲艺术发展的过程中戏曲凭借其极强的包容性，将各种被吸收进来的元素有机地融合，并使之与戏曲原来的元素相协调，进而使戏曲艺术自始至终都保持着其自有的一种节奏韵律感。与戏曲艺术相比，虽然现代艺术对节奏韵律的表现不那么强烈，但这也是现代艺术设计中不可或缺的一个要素。无论是复杂的图案、多样的造型，还是绚丽的色彩，其中都体现着一定的节奏感和韵律感，如日常生活中常见的壁画、雕塑等，都在外在形式美的基础上，透露着内在的节奏韵律美。由此可见，虽然戏曲艺术与现代艺术存在较大的差异，但在对节奏韵律美的表现上两者却存有共同的艺术追求。

3. 造型审美上的意蕴

在中国传统文化中，“以型寓意”是一种常见的表现手法，即通过外在的造型去表达内在的意蕴。而在现代艺术设计中，同样也会借助外在的造型去传达一些理念。同样以戏曲艺术为例，在戏曲艺术中，不同的角色造型往往有着不同的寓意。以大众最为熟知的脸谱为例，不同的脸谱颜色代表着不同的人物形象。例如，红色一般代表着忠贞、英勇的人物形象，黑色一般代表着正直、刚正不阿的人物形象，白色一般代表着奸诈、阴险的人物形象，黄色一般代表着凶猛、骁勇的人物形象……在现代艺术设计中，针对外在造型的设计，设计师可以采取写实的手法去表达内在意蕴，也可以采取抽象、夸张的手法去表达内在意蕴，但无论采取哪种方式，其作用都是借助外在的造型去表达内在的意蕴。由此可见，在造型审美的意蕴上，戏曲艺术和现代艺术两者之间也有着相同的艺术原理。

（二）中国传统文化元素与现代艺术设计的文化共性

中国传统文化与现代艺术设计虽然一个产生于古代社会，一个产生于现代社会，但两者在文化上却存在一定的共性，突出表现在民族文化的共性和地域文化的共性两个方面。

1. 民族文化的共性

民族是文化形成的根基，无论是中国传统文化，还是现代艺术设计都是在中华民族生活的这片土地上形成的一种文化形式，虽然产生于不同的时间，但文化的发展具有历史的延续性（在一个民族间），这种延续性使不同时期的文化或多或少地存在一些共性，即便是不同的文化形式。如果将中国传统文化和现代艺术设计比作不同的树，那么中华民族便是孕育这些树的土壤，这片土壤自始至终都没有改变过，所以从这片土壤中长出的树也自然存在相同的地方，即便种下的是不同的种子。比如在中国传统文化中，"天人合一"等哲学思想是非常重要的组成元素，这些思想在现代艺术设计中同样有所体现，虽然具体的表现形式已经发生了变化（在现代艺术设计中，"天人合一"的思想更多的表现为人与自然和谐相处以及绿色生态的设计理念），但其本质仍是相同的。总之，无论是传统文化还是现代艺术设计，都受到民族文化的影响，所以都不可避免地带有民族文化的印记，并表现为民族文化的共性。

2. 地域文化的共性

如果民族文化共性是站在时间维度上展开的论述，那么地城文化共性则是站在空间维度上展开的论述。在同一地域，文化同样具有延续性，这就使同一地域内的不同文化形式也呈现出一定的文化共性。其实，这种现象在现实生活中非常常见，就本书要论述的传统文化元素和现代艺术设计来说，在现代艺术设计中，不同地域都在体现着当地的传统文化元素，这是因为两者之间存在着文化共性，所以两者才能够有机地融合。

综上所述，中国传统文化与现代艺术设计虽然属于不同的文化形式，但两者之间却有着非常紧密的联系，而且在形式和文化等方面也存在着共性，这就为中国传统文化元素融入现代艺术设计提供了理论支撑。

三、现代艺术设计与传统文化元素融合的必要性

（一）满足传统文化传承与发展的需求

上文已经简要阐述了现代艺术设计对传统文化传承、弘扬和发展的重要作用，这也是将传统文化融入现代艺术设计中的必要性的体现。当然，前文是站在传统文化和现代艺术设计关系的视角下论述的，没有针对传统文化传承和发展的迫切需求做阐述，所以以下将就此做进一步的阐述。而在传统文化传承和发展的迫切需求下，将传统文化和现代艺术设计融合就显得非常有必要。

1. 传统文化传承与发展的迫切需求

文化是民族的灵魂，是人民心灵的栖息地。文化自信作为一种更为根本、深邃且持久的动力，在中国传统文化的独特理念、深邃智慧、宏大气度和神韵灵动中，为中

国人民和中华民族注入了深沉的自信与自豪。当前，中华民族伟大复兴的壮丽图景已然展现，我们比以往任何时候都更加接近、更有信念和实力实现这一伟大目标。在这一历史性的时刻，对中国传统文化的传承与发展显得尤为迫切和重要。

为了进一步推动中华优秀传统文化的传承与创新，中共中央办公厅、国务院办公厅联合发布了《关于实施中华优秀传统文化传承发展工程的意见》(以下简称《意见》)。《意见》深刻指出，随着我国经济社会的深刻变革、对外开放的持续扩大以及互联网技术和新媒体的迅猛发展，各种思想文化交汇、融合、碰撞日益频繁。在当前时代背景下，我们对中华优秀传统文化的重要性认知亟待深化，必须进一步坚定文化自觉与文化自信，以应对全球化带来的文化冲击和挑战。同时，深入挖掘中华优秀传统文化的丰富内涵已成为当务之急，只有充分激发其内在的生机与活力，才能让这些宝贵文化遗产在当代社会焕发新的光彩。此外，强化政策支持、构建全面系统的中华优秀传统文化传承发展体系也刻不容缓，这将为我们传承和弘扬中华优秀传统文化提供有力保障，推动其在现代社会中发挥更大的作用。

实际上，我国已经踏入了一个崭新的历史发展阶段，这一阶段的特征要求我们必须对传统文化的传承与弘扬赋予极高的重视。传统文化不仅深深烙印着中华民族的精神追求，更是中华民族独特精神气质的象征，它如涓涓细流，滋养着中华民族的生生不息与繁荣发展。作为中国特色社会主义的文化基石，传统文化为当代中国的发展提供了坚实的支撑与深厚的底蕴。因此，我们应当汲取中华优秀传统文化的智慧与力量，不断增强国家的文化软实力，为最终实现中华民族伟大复兴的中国梦奠定坚实的文化基础。

2. 传统文化传承与发展应遵守的原则

传统文化的传承与发展至关重要，但在借助现代艺术设计对其进行保护和传承时，有以下两点原则需要遵守，这样才能更好地保护和传承传统文化，也才能更好地将现代艺术设计和传统文化进行融合。

(1) 加强对传统文化的认识

关于传统文化，想必很多人都不陌生，但其实很多人对传统文化的认识并不是很深刻，尤其对于设计师来说，如果不能深刻认识传统文化，将很难将其有效地融入现代艺术设计中。因此，加强对传统文化的认识是借助现代艺术设计传承和发展传统文化的第一步。要深入认识传统文化，可从以下三点着手探讨。

①中国传统文化是历史的。中国传统文化是在中华民族长期的生产生活实践中逐渐形成的，在不同的历史时期，其文化形态和内涵也有所不同，所以需要将传统文化置于相应的时空象限之下，将其与当时的政治、经济、制度等紧密联系起来，这样才能对传统文化形成更加客观的认识。由于中国传统文化是历史的，所以不可避免地存在历史局限性，我们应认识到这种局限性，并用批判的态度去继承和发展。

②中国传统文化这一社会历史的深厚积淀，不仅揭示了中华民族文化演进的非凡轨迹，更是几千年来中华民族智慧与实践的结晶。它深刻反映了中华民族的独特性格、生活哲学、生存策略以及与世界相处的智慧，从而彰显了中华民族坚韧不拔的民族精神和博大精深的文化底蕴。传统文化是中华民族在世界民族之林中屹立不倒的坚实支柱，更是历经风雨而愈发生机勃勃的力量源泉。

③中国传统文化并非僵化不变的古董，而是与时俱进、与时代共鸣的生动现实。人类社会自过去向现在的发展呈现出鲜明的过程性，相应地，人类文化也展现出从传统向现代转型的灵活适应性。尽管不同国家、民族和地区在这一进程中呈现出各自的独特性，但总体趋势是一致的。中华文化几千年的辉煌历程，始终贯穿着源远流长的历史脉络，其发展方向坚定不移地指向现代化。事实上，所有现代文明的精神内核，都必然蕴含着超越时空的“普世价值”和深远意义。从全球已经实现现代化的国家来看，挖掘传统文化的现代价值几乎无一例外地成为其现代化建设的关键环节。因此，对传统文化的传承与发展必须紧密结合当下的时代背景，赋予其鲜明的时代特色，唯有如此，传统文化才能永葆生机与活力，与时代同步前行。

（2）同时走专业化路线和大众化路线

所谓专业化路线，就是站在专业研究的角度，对传统文化进行深入的探索。专业化路线必不可少，因为随着时间的流逝，中国传统文化中的很多内容被埋没于历史的尘土中，要想拨开历史的尘土，看到传统文化的“真实面目”，就需要对其进行专业化的研究，从历史的尘埃中抽丝剥茧，最终一点点掀开传统文化的“面纱”。当然，揭开传统文化的面纱仅仅是第一步，要想使传统文化得到传承和发展，还需要社会大众这一主力军，所以在走专业化路线的同时，还需要同时走大众化的路线。至于如何走大众化路线，可以从以下两点着手。

①实现文化内容的常识化至关重要。这一进程类似于科学知识的普及，旨在通过理论或科学的力量来改造和更新人们的常识体系。具体而言，它意味着以理论或科学所揭示的世界观、思维方式以及价值准则去重塑和提升大众的常识认知，进而使这些先进的理论与科学观念深入人心，成为广泛接受并遵循的常识准则。在当今社会，将非普及性的知识常识化对于推动人类社会的现代化进程以及实现个体全面发展具有深远的意义。这种常识化不仅为现代化提供了基础性、普遍性的规范与支撑，还在协调不同文化元素、促进社会和谐方面发挥着不可或缺的历史性作用。鉴于此，对于构建文化强国的宏伟愿景而言，推动文化内容的常识化显得尤为迫切。这就要求我们在传承传统文化时，必须摒弃过于复杂和晦涩的逻辑论证，转而采用更加贴近民众现实生活的表述方式。通过将传统文化的精髓与我国的具体实际相结合，我们可以将其转化为易于理解和接受的价值观念、思维方式以及行为模式。只有这样，传统文化的传承

与发展才能真正融入大众生活，实现真正意义上的普及化。

②走进日常意义。对传统文化的传承和发展不能一味地将其置于很高的位置，抽象地对其意义进行描述，因为很多人对此并不完全理解，这显然不利于文化的传承与发展。因此，要使传统文化与民众的日常意义相联系，让民众理解传统文化的传承与发展对其生活的重要意义，这样传统文化才能被社会大众所接受和认可，并由此焕发出更多的生机和活力。

总之，在当前的社会大环境下，传承和发展中国传统文化的需求越发迫切，这就要求设计师在遵守相应原则的基础上认识到传承和发展传统文化的迫切性与必要性，并将其与现代艺术设计相融合，从而满足传承和发展传统文化的需求。

（二）满足现代艺术设计的需求

随着时代的发展，现代艺术设计的需求也在不断变化，在这一背景下，将中国传统文化元素融入现代艺术设计中，以满足不断变化的现代艺术设计的需求就显得非常有必要。具体而言，中国传统文化元素的融入对现代艺术设计需求的满足突出表现在个性化、多元化、地域本土化和文化性四个方面。

1. 满足个性化设计的需求

所谓个性化，简单来说就是与众不同的，有其独特的一面。在现代社会，个性化发展的思潮越来越猛烈，越来越多的人渴望个性的解放，这种渴望体现到具体的行为中，就是个性的行为以及对个性化产品的需求。在这种背景下，个性化设计的需求不断增加，而如何赋予产品个性则成为众多设计师需要思考的一个问题。其实，对于设计师而言，与众不同的产品设计本身就是设计师所追求的，即便没有社会个性化思潮的推动，很多设计师也都会在产品个性化设计的道路上进行探索。在上述双重因素的作用下，对产品个性化设计的需求无疑达到了一个高峰。

在产品设计中，追求个性化意味着设计师需要勇于挑战传统，创新设计理念，使产品在色彩、造型等方面呈现出独特和与众不同的特点。然而，这种独特性必须同时考虑到消费者的实际需求和市场接受度。只有当一个设计不仅能引起消费者的共鸣，满足他们的个性化需求，同时也得到市场的认可和好评，才能真正称之为成功的个性化产品设计。

中国传统文化的内容非常丰富，设计师能够从中选取非常多的元素，而且很多元素本身就具有极强的个性，能够满足社会大众个性化的需求。此外，设计师还可以结合产品的需求对传统文化元素做进一步的处理，从而使传统文化元素在更加贴合产品的同时，也进一步凸显产品的个性化。

2. 满足多元化设计的需求

随着社会的持续进步和演变，人们对产品的期望已远超出单纯的功能满足。如今，产品不仅需履行其基本职责，更需触及人们深层的审美渴望和情感交流需求，成为连接物质与精神世界的桥梁。同时，在可持续发展理念的全球共鸣下，绿色生态设计已不再是选择，而是设计的必然方向。这一转变要求产品在兑现功能、审美和情感承诺的同时，还必须以极致的效率和最少的资源消耗达成目标，将对自然环境的冲击降至最低。现代艺术设计正面临前所未有的多元化挑战，它要求设计师不仅要有前瞻性的眼光，还需具备跨界整合的能力。如何在这一复杂多变的背景下，找到满足多元化需求的平衡点，推动设计的创新与发展，是每一位设计师必须深思和探索的课题。

由于多元化的发展需求指向多个方面，通过某一方面的元素很难全面满足多元化的发展需求，如绿色生态方面的需求需要从技术方面予以满足，而精神层面的需求则可以从文化方面予以满足。由此可见，将传统文化元素融入现代艺术设计中，虽然不能全面满足现代艺术设计多元化的需求，但能够从某些方面满足其需求。

3. 满足地域本土化设计的需求

在现代艺术设计中，通过融入地域文化，不仅能够提升现代艺术设计的文化内涵，还有助于地域文化的传承与发展。地域文化乃是指在特定的自然环境与地理构造等多重因素交织影响下，历经长久社会历史演变而形成的、独具深厚文化历史传承与独特审美积淀的文化现象。各种地域因其所拥有的自然生态环境、人文资源以及历史传承之差异，孕育出了各具特色的地域文化。同时，这些地域间的居民在生活习俗、行为模式等方面的不同，更进一步彰显了地域文化的鲜明特色与独特性。这种地域间的文化差异不仅丰富了人类文化的多样性，也为我们提供了深入了解各地区历史文化、风土人情的独特视角。例如，剪纸艺术在很多地区都有，但在不同地区剪纸艺术所表现出的形态却存在差异。比如，南方地区的剪纸图案纹样复杂、细节精制；而北方地区的剪纸图案简练、粗犷质朴。

如今，地域本土化设计的需求逐渐增多，其原因有二：一是通过地域本土化的设计能够提升现代艺术设计的文化内涵，从而提升产品的竞争力；二是通过地域本土化的设计能够促进对地域文化的传承和发展，这在地域文化逐渐消逝的今天显得非常有必要。在这种需求下，将本土的传统文化与现代艺术设计相融合，无疑是一个不错的选择。

4. 满足文化性设计的需求

根据马斯洛的层次需求理论可知，人在满足了最基本的生理需求后（食物、衣服等），便会产生更高层次的需求。如今，随着人们物质生活的不断富足，对精神生活的需求也在逐步增加，这促使了现代艺术设计文化性需求的增加。在这种环境下，如何使现代艺术设计更具文化性，以满足社会大众的精神文化需求，是值得设计师思考的一个问题。传统文化作为整个文化体系的重要组成部分，具有深厚的精神内涵与文化内涵，将其运用到现代艺术设计中，能够起到满足社会大众精神文化需求的作用。

第四节　传统文化与现代科技

中国传统科学与技术，作为人类文明的瑰宝，为世界文明的演进贡献了不可或缺的力量，使中国成为世界上唯一的科学技术传统未曾中断的古老文明。在漫长的历史时期中，中国的传统科技文化独领风骚，引领全球。尽管近代之后其影响力有所减弱，但不可否认，中国传统科技文化的杰出贡献，无论对中国自身还是对全球其他文明，都留下了深刻而久远的烙印，其影响至今仍在持续发酵。

一、中国传统科技的伟大成就

在长达数千年的发展历程中，我国的传统科学技术已经取得了举世瞩目的伟大成就。在公元 3 ~ 13 世纪这漫长的千年间，我国的科技实力稳居世界前列，展现了无可比拟的先进性与创新性。然而，更令人瞩目的是，我国的科学技术不仅在国内取得了深远影响，更向世界范围内广泛传播，为全球文明与文化的历史进步贡献了重要力量。特别是在欧洲文艺复兴时期，我国的科学技术对推动欧洲科学文化的飞速发展、促进生产技术的革新，以及引领社会政治、经济和文化的全面进步，都起到了举足轻重的作用。这些影响深远而广泛，不仅彰显了我国传统科学技术的卓越成就，也进一步证明了科学技术在推动全球文明进步中的核心地位。

（一）中国的传统科学

1. 农学

早在公元前五六千年，我国的黄河与长江流域便已开始农耕活动，标志着农业文明的初步形成。随着历史的推移，至西周时期，中国已确立了以农业为主导、畜牧业为辅助的经济格局。鉴于农业在中国社会中的经济基础地位，历代统治者均对其给予了高度重视，从而催生了我国独具特色的农学体系。在中国丰富的文化典籍中，农学专著多达三百余种，其中《氾胜之书》《齐民要术》、陈旉《农书》、王祯《农书》以及《农政全书》等作品尤为著名。

（1）《氾胜之书》

《氾胜之书》是现存最早的农学专著，由汉成帝时期的议郎氾胜之所著。他在包括关中平原在内的三辅地区积极推广农业技术，亲自指导小麦种植，吸引了众多热爱农业的人士前来学习，极大地促进了关中地区的农业发展。在此基础上，氾胜之总结了北方地区，特别是关中地区的农耕经验，撰写了《氾胜之书》。该书首次提出了农业生产六环节理论，涵盖了及时耕作、土壤改良与利用、施肥、灌溉、中耕除草以及及时收获等关键步骤，并对每一环节进行了详尽的阐释。

（2）《齐民要术》

《齐民要术》是现存最完整的古代农书，由北魏时期的贾思勰所著。他在担任青州高阳太守期间，深入华北地区实地考察农业生产，并结合大量文献资料和老农的经验，撰写了这部农学经典。《齐民要术》不仅建立了全面的农学理论体系，还以实用性为导向，对农学类目进行了科学合理的划分。书中对黄河中下游旱地农业的关键技术问题进行了深入剖析，并规范了基本农耕措施。此外，对于动植物养殖、农产品加工、酿造、烹调及贮藏等方面也有详尽的论述。该书不仅奠定了中国农学的基础，同时在世界农业科技史上也占据了举足轻重的地位。

（3）《农书》

在宋高祖时期，扬州的全真派道士陈旉，凭借其丰富的药圃种植经验，撰写了《农书》。这是现存最早的专门论述南方水稻种植区域农业技术与经营管理的著作。而元代的王祯，在安徽和江西任职期间，不仅政绩卓著，而且对农业生产有着浓厚的兴趣。他在研究历代农书的基础上，结合实地考察，撰写了《农书》。该书综合了黄河流域旱地耕作与江南水田耕作两方面的生产经验，全面系统地阐释了广义农业生产的内涵与范围，在中国农学史上具有极其重要的地位。

（4）《农政全书》

明末的杰出科学家徐光启，从小便对农业技术充满兴趣。在追求功名的过程中，他深刻认识到实学的重要性，并成为明末清初实学思潮的积极推动者。徐光启在多地设置试验田进行农业技术实验，并在晚年辞官后潜心编写《农政全书》。这部包含60卷、50多万字的巨著，不仅系统总结了我国传统的农学成就，还提出了许多创新思想，受到了同代及近代学者的高度评价。

2. 中医药学

中医药学，这一中国传统科学的瑰宝，至今依然在现代世界科学领域中独树一帜。其博大精深的理论体系与精湛独特的医疗技术，赢得了全球的广泛赞誉。

我国医药学的起源可追溯至远古时期，经过漫长的岁月沉淀与积累，至春秋战国时期，已初步构建起了独特的医学体系。其中，扁鹊便是那个时代的医学巅峰代表，他不仅是我国历史上首位拥有正式传记的医学家，更是先秦医家中的杰出人物。扁鹊的医术全面，精通望、闻、问、切，尤其以望诊与切脉技艺高超而著称，其治疗方法多样，包括但不限于汤药、针灸、按摩、熨帖以及手术。更难能可贵的是，他坚决反对迷信，认为医术与巫术水火不容，这种科学的医学态度对后世产生了深远的影响。而战国晚期问世的《黄帝内经》，更是奠定了中医药学的基础。该书提出的阴阳五行学说、脏象学说、经络学说等核心理论，构建了中医学独特的理论体系。它强调人体与自然的和谐统一，以及人体内部各元素之间的相生相克关系。此外，《黄帝内经》还确立了望、闻、问、切四诊方法，成为后世中医诊断学的基石。

在《黄帝内经》的指引下，中医学在诊断学和临床治疗上取得了显著的成就。汉代名医张仲景与华佗，便是这一时期的杰出代表。张仲景的《伤寒杂病论》提出了中医诊断学中的“六经辨证”与“八纲原理”，为中医治疗学的发展奠定了坚实的基础。而华佗则在外科手术与麻醉术方面有着卓越的贡献，他所创的“麻沸散”与精湛的外科手术技艺，在世界医学史上都堪称奇迹。

随着时代的发展，中医药学不断焕发新的活力。唐代名医孙思邈的出现，标志着中医学在理论与实践上的进一步成熟。他的《千金方》系列著作，对药物研究、医学基本理论以及养生长寿学说都有着深刻的见解与贡献。与此同时，与中医学紧密相连的中药学也取得了显著的进步。从汉代的《神农本草经》到明代李时珍的《本草纲目》，中药学的发展历经了数千年的积淀与传承。《本草纲目》不仅收录了丰富的药物种类，更在药物分类、生物学分类以及多学科知识的融合方面取得了卓越的成就，成为中药学史上的里程碑之作。

3. 天文学

我国堪称全球天文学发展历史最悠久的国家之一。天文学在我国不仅与农业生产这一国民经济支柱紧密相连，更是统治者洞察“天意”、推行政治决策的关键工具。正因如此，在政府的鼎力扶持下，中国古代天文学在诸多领域，如天文观测的精准度、历法制定的科学性，以及天文仪器的创新与运用等方面，均展现出领先全球文明古国的卓越成就。这种持续走在世界前列的态势，不仅彰显了我国古代科技的辉煌，也为后世天文学的发展奠定了坚实基础。

（1）古代的天文观测

天文观测作为中国古代天文学的核心组成部分，在恒星、行星、日月以及异常天象的观测上均展现了卓越的能力。值得一提的是，我国在天象记录的连续性、完整性以及精确性方面，达到了全球无与伦比的水平。在恒星观测上，我国拥有世界上公认的最早的星表——“甘石星经”，其中详细记载了数百颗位于不同方位的恒星。此外，从敦煌石窟中发现的一幅唐代星图，竟然标注了超过 1300 颗恒星，展现了当时天文学的高超水平。更为珍贵的是，1247 年南宋时期的石刻天文图上，已经精细地刻绘了 1434 颗星，这一珍贵的文物在世界天文学史上具有不可替代的价值。在日月行星的观测上，我国古代天文学家同样表现出色，特别是在日月食的观测记录上独具特色。据《尚书·胤征》记载，公元前 2137 年，因未能预测当年发生的日食，掌管天文的羲和受到夏王的惩罚，这标志着世界上最早的日食记录诞生。令人惊叹的是，从汉初至公元 1785 年，我国累计记录了 925 次日食和 574 次月食，这一数字堪称全球之最。目前，世界公认的最早太阳黑子记录出现在《汉书 · 五行志》中，记录了公元前 28 年 3 月的太阳黑子现象。相比之下，欧洲最早的关于黑子的记录要晚 800 年，出现在公元 807 年。不仅如此，关于太阳黑子的记录，我国的资料最为详尽，这些珍贵的记录对当代天文学研究具有极其重要的科学价值，已经助力德国、美国和日本等国的科学家取得了重要的科学发现。此外，我国在周昭王十九年（前 1034 年）就首次记录了彗星，而欧洲则是在公元前 11 年才首次记录，比我国晚了 1000 多年。从春秋至清末，我国古代天文学家累计记录了不下 500 次彗星，其中哈雷彗星的记录就达到了 31 次。

（2）历法的制定与修订

中国作为一个深厚的农业国家，其历代统治者对于基于天象观测的历法制定给予了极高的重视。中国传统历法，即阴阳合历，综合考虑了月亮和太阳的运动规律。回溯至一万年前氏族公社初期的“人皇氏”时代，便已创造出以十天干与十二地支循环配对来记录日期的方法，这一创举标志着人类历法纪元的开启。

进展至春秋后期，一种更为精确的历法——古四分历应运而生。此历法采用了一个回归年为 365 又 1/4 日的计算方式，并设定了 19 年 7 闰的闰周制度。值得一提的是，这一回归年的数值与真实的回归年长度相比，误差仅为 11 分钟，其精确度在当时堪称世界之最。相较之下，欧洲的罗马人虽然后来也采纳了相同的数值，但在时间上却落后了中国约 500 年。同样地，古四分历所确立的 19 年 7 闰原则，也比西方希腊天文学家默冬在公元前 433 年宣布的相应原则领先了大约 100 年。自古四分历问世以来，中国的历法制定工作便持续不断地得到完善与创新。据历史统计，从春秋末期至太平天国时期，中国先后诞生了多达 102 种历法。其中，元代天文学家郭守敬的成就尤为突出。他在 1280 年参与编纂的《授时历》，将一年的长度精确至 365.2425 日，这一数值与地球绕太阳公转的实际周期相比，误差仅为 26 秒。令人惊讶的是，这一精度竟与现代世界广泛使用的公历——格里历完全一致，而后者直到 1582 年才得以制定，比《授时历》晚了整整 300 年。时至明代末年，天文学家邢云路在兰州建造了史上最高的木制六丈高表，进一步将一年的长度测定为 365.24190 日。与现代理论计算的结果相比，其误差仅为 2.3 秒，这一精度标准远远超越了当时欧洲的水平，再次彰显了中国古代天文学的高超技艺与前瞻性。

（3）天文仪器的制造和使用

我国天文仪器的制造历史源远流长，独具匠心。众多古籍记载显示，早在五六千年前的黄帝、尧、舜时期，中国便创造出了世界上最早的测天仪器——浑仪。浑仪，这一由多个同心圆精妙组合而成的仪器，常辅以窥管以增强天象观测的精准性。至汉宣帝时期，天文学家耿寿昌进一步创新，研制出浑象，其功能与现今的天球仪相仿。

浑仪与浑象二者合称为浑天仪，这一称谓也彰显了其观测天体的宏大视野。历经多个朝代的持续改进，原始的浑天仪逐步演变为结构更为复杂、功能更为多样的六合仪、三辰仪和四游仪，这样的三重结构设计极大地提升了仪器的观测能力与精度。及至元代，杰出的天文学家郭守敬在1276年对浑天仪进行了革新，制造出了简仪，这一创举领先全球长达300余年，直至1598年丹麦天文学家第谷的发明问世，才出现了可与之媲美的仪器。在天文仪器的制造历史上，另一项令人瞩目的成就是北宋时期苏颂、韩公廉等人联手打造的水运仪象台。这一综合性仪器不仅集观测、授时与演示功能于一身，更被誉为世界上最早的天文钟。它的出现不仅彰显了我国在11世纪天文学领域的卓越成就，更是对我国古代机械制造技术高超水平的直接体现。凭借这些先进的测天仪器，我国在天文学领域取得了举世瞩目的成就。早在五六千年前，中华民族的先民们便开始将黄道、赤道附近的恒星划分为28个星区，每个星区选取一颗主导星，共同构成了著名的二十八宿体系。大约自春秋时期起，我国古代的二十八宿理论经由中亚传播至印度，进而远播波斯、阿拉伯等地，对全球天文学的发展产生了深远影响。

（4）宇宙理论

宇宙理论在我国古代天文学中占有举足轻重的地位，同时也为浑天仪的研制提供了坚实的理论基础。自古以来，我国的先民们就深信宇宙的基本构造呈现为天覆地载的形态。到了春秋战国时期，这一观念进一步演化为更为精细的盖天说宇宙理论。根据盖天说的观点，天和地被设想为两个同心的半球体，它们之间的距离被设定为八万里，而北极则被视为天球的中心点。在这个模型中，日月星辰被描绘为附着在天球上，并随着天球的平转而移动。尽管盖天说具有直观性，但它难以对观测到的天象给出合理的阐释。因此，在春秋战国时期，另外两种宇宙理论——浑天说和宣夜说应运而生，并在汉代逐渐发展成熟。浑天说提出了一种新的观点，即天是一个完整的球体，而地球则位于这个天球的中心，类似于蛋黄置于鸡蛋之中的构象。在这个理论中，恒星被看作是镶嵌在天球之上，而日月和五星则在天球附近游移。浑天说实质上是一种地心说的宇宙模型，然而在当时，它相较于其他宇宙理论，更能有效地阐释天体的运动规律。正因如此，浑天说在我国古代的宇宙理论中占据了主导地位，并产生了深远的影响。与盖天说和浑天说形成对比的是宣夜说，它持有截然不同的观点。宣夜说反对存在固定的天球概念，而是主张宇宙是由无边无际的气体所充盈，其中日月星辰自由地漂浮游动。值得注意的是，宣夜说中已经隐含了宇宙无限的初步观念，这在哲学层面上具有一定的意义。然而，由于其过于侧重于思辨，缺乏实证基础，难以直接应用于天象观测的指导，因此在科学层面上的价值相对有限。

（5）古代杰出的天文学家

中国古代天文学的辉煌成就，得益于众多杰出的天文学家。自秦汉起，张衡、祖冲之、一行和郭守敬等大家都以其非凡贡献，在中国天文学史上留下了浓墨重彩的一笔。

东汉时期的张衡，不仅是天文学领域的佼佼者，更在地震学、数学、机械技术乃至文学艺术等多个领域展现出卓越才华。他系统地阐释了浑天理论，并巧手制造了漏水转浑天仪，这一创举以水力驱动，生动演示了天体星象的运动，从而开创了中国天文学中水运仪象的制造传统。更为引人注目的是，他在地震学方面的突出贡献——发明了候风地动仪。据 20 世纪 60 年代中国科学家王振择的研究，张衡的候风地动仪设计精巧，形如酒樽，外附八条龙，龙口含铜丸，对应八个方向。一旦发生地震，铜柱会倒向相应的龙，铜丸落入蟾蜍口中，从而准确指示地震发生的时间和方向。这一发明在公元 138 年成功探测到甘肃地区的地震，而直到 19 世纪，国外才实现用仪器观测地震。因此，张衡的候风地动仪堪称世界地震仪的鼻祖。

南北朝的祖冲之，在数学和天文学领域均取得了举世瞩目的成就。他制定的《大明历》不仅指出了前人历法的不足，更在历法制定中进行了多项创新与改革。其推算的天文常数精度极高，将中国历法推向了新的高度。

唐代高僧一行，俗名张遂，自幼聪慧过人，对天文历法怀有浓厚兴趣。为避权贵纷扰，他选择出家为僧。721 年，他奉唐玄宗之命推行新历法，与机械专家梁令瓒共同研制了黄道游仪等先进的天文观测和演示仪器。他组织天文学家进行了系统的天象观测，特别是直接观测太阳在黄道上的运动，为制定新历提供了大量准确数据。一行主持编制的《大衍历》以多项创新丰富了传统历法体系，尤其是正确掌握了太阳在黄道上视运行速度变化的规律，对后世历法产生了深远影响。他在天文仪器制造、天文观测和历算等方面的全面贡献，使他在中国天文学史上占据了举足轻重的地位。

元代科学家郭守敬是 13 世纪的杰出学者，他在天文学上的贡献尤为突出。他制造了不少于 22 种天文仪器，这些仪器实用、简便、灵巧且精确，极大地提高了天体测量的精度。其中，简仪更是闻名世界的天文测量仪器。在宋朝浑仪的基础上，郭守敬进行了革新，取消了黄道环，将浑仪分解为赤道装置和地平装置两部分，这便是著名的简仪。这一创新对近代和现代天文仪器的发展产生了深远影响。此外，郭守敬还参与了《授时历》的创制工作，这部历法被誉为中国古代历法中的瑰宝。

4. 数学

中国古代数学，又被尊称为“算学”，一直以解决实际问题为核心，与其他古代文明的数学体系相比，它独树一帜，孕育出众多世界级的科研成果。其中，最显著的贡献首先体现在十进位制的创立上。据史书记载，“黄帝历法，数有十等”（引自徐岳的《数学记遗》）。至商代甲骨文时期，已经运用了一、二、三、四、五、六、七、八、九、十、百、千、万等 13 个数字来记录 10 万以内的任意自然数，这充分证明了中国在四五千年前就已经采纳了十进位值制。对此，著名科技史学家李约瑟给予了高度评价："倘若没有这种十进位制，现今这个统一的世界几乎无法形成。"

在数学的瑰宝中，《九章算术》无疑是中国古代数学的另一标志性成就。该书在汉代问世，其历史可追溯至公元前 2 世纪以前，经过多代学者的不断修订与增补，最终于公元前 1 世纪定稿并广泛流传。全书共分为九章，涵盖了 246 个精心挑选的数学问题，深入探讨了分数计算、比例算法、面积与体积的计量、开方技巧以及方程中的正负数操作等领域，堪称当时全球最先进的算术典籍。《九章算术》不仅为中国古代数学的发展奠定了基石，更以其独特的体例和风格为后世树立了典范。值得一提的是，它对全球数学的发展也产生了深远的影响，曾作为朝鲜和日本的教科书，并通过印度和阿拉伯的传播，对欧洲代数的复兴起到了关键的推动作用。

在魏晋南北朝这一数学快速发展的时期，割圆术成为中国古代数学的又一璀璨明珠。杰出的数学家刘徽和祖冲之父子便是在这一时期崭露头角。刘徽在其名著《九章算术注》中首次提出了极限的先进思想，并创新性地发展了"割圆术"。他利用圆内接正 192 边形，精确地计算出圆周率为 3.1416，并指出随着圆内接正多边形边数的无限增加，其周长将无限趋近于圆的实际周长。祖冲之与其子祖恒则更进一步，通过计算圆内接正 6144 边形和正 12288 边形的面积，将圆周率精确到了小数点后 7 位，这一精度直到一千多年后才被阿拉伯数学家阿尔·卡西格超越。此外，祖冲之父子还巧妙运用了"缘幂势既同，则积不容异也"的原理，成功解决了刘徽遗留的"牟合方盖"体积难题，从而推导出了球体体积的准确公式。这一原理与 17 世纪意大利数学家 B. 卡瓦列里的"卡瓦列里公理"有着异曲同工之妙，然而其提出时间却早了一千多年。

进入宋元时期，中国古代数学迎来了其最为辉煌的顶点，以"宋元四大家"为代表的一大批杰出数学家涌现出来。其中，秦九韶、李冶、杨辉和朱世杰四人的成就尤为卓越，被誉为宋元数学的四大巨星。他们的研究成果不仅代表了当时世界数学的最高水平，更对后世的数学发展产生了深远的影响。

南宋的秦九韶，虽在仕途和个人生活中饱受争议，但其在数学领域的贡献却是无可争议的。所著的《数学九章》是中国数学史上的一部杰作。书中提出的"大衍求一术"和"正负开方术"等算法，不仅在当时领先全球，甚至比欧洲数学家欧拉和高斯的同类研究早了五百多年。

金元交替时期的李冶，出身于书香门第，其父的品格与学问深深影响了他。他虽多次受到元世祖忽必烈的召见与高官厚禄的诱惑，但始终坚守学术，潜心著述与讲学。其所著的《测圆海镜》中提出的"天元术"（即一元高次方程），标志着中国传统数学中符号代数学的诞生，这一成就比欧洲早了整整 300 年。

南宋的杨辉是东南地区蜚声的数学家与教育家。他在沈括的隙积术基础上进一步发展了垛积术，并深入探索了纵横图（即幻方）的规律，给出了从三阶到十阶纵横图的构造法则。这些成就对后世的数学家产生了深远的影响。此外，他还提出了著名的杨辉定理，并致力于改进计算技术，在捷算法方面取得了显著的成就。

元代的朱世杰是宋元时期数学的集大成者。他游历四方，以数学为业，不仅继承了当时北方数学以天元术为核心的主要成果，还广泛吸纳了南方的各种实用与商业数学成就。其所著的《四元玉鉴》讨论了高次方程组的求解、高阶等差级数的求和以及高次内插法等问题，这些成果在当时均处于世界领先地位。直至 18 世纪，欧洲的数学家才取得了相同的成果。20 世纪美国著名的科学史家 G. 萨特更是将朱世杰誉为“贯穿古今的一位最杰出的数学家”。

（二）中国的传统技术

1. 陶瓷技术

中国瓷器在全球享有盛誉，其名声之大以至于西文中的“China”一词既指中国，也代表着瓷器，这深刻反映了陶瓷技艺在中国古代科技文明中的核心地位。考古学的研究已经证实，早在一万年前，我们的祖先便开始了陶器的制作。最初的陶器，仅仅使用陶土烧制，表面质感较为粗糙。然而，随着人们发现了“釉”——一种硅酸盐物质，将其涂抹在陶坯表面再进行烧制，陶器的表面质感便得到了极大的提升，变得光洁如玉。

瓷器是由陶器演化而来的更高级形式。商代早期，原始的瓷器便已经出现，而到了汉代，瓷器技术得到了迅速的发展。经过三国、两晋、南北朝时期的不断磨砺，中国的瓷器烧制技术已经达到了完全成熟的阶段。当时，南方以青瓷为主流，北方则以白瓷为主导，同时也出现了黑色等其他种类的瓷器。进入隋唐时期，中国的陶瓷技艺又迈上了一个新的台阶。在汉代铅釉技术的基础之上，通过选用多种金属元素利用其呈色作用，创新地研发出了唐三彩。唐三彩不仅色彩缤纷，更在造型艺术上展现了极高的水准，直至今日，它仍然是享誉中外的、具有鲜明中国特色的艺术品。

五代时期，瓷器产业的主流依然是“南青北白”，在继承唐代技术的基础上，制瓷技术进一步得到发展。后周世宗柴荣御窑所出产的青瓷器，因其独特的美感——青色如天、明亮如镜、薄如纸片、声音如磬，被列为五大名瓷之一。同时，五代时期还陆续涌现了定窑、钧窑、磁州窑、耀州窑、景德镇窑、越窑、龙泉窑和建窑等八大著名的窑系，以及定、汝、官、哥、钧五大名窑，形成了百家争鸣的繁荣景象。到了元代，北方的各大窑口逐渐衰退，而南方的景德镇则异军突起，成为全国最重要的瓷器生产基地。

进入明代，瓷器技艺又翻开了崭新的历史篇章。景德镇一跃成为全国制瓷业的中心，彩瓷制作也进入了黄金时期。明代的青花瓷成为景德镇的主打产品，大量出口到国外。特别是永乐、宣德时期的青花瓷，以其精湛的质地、浓艳的色彩和优美的造型而享誉世界。成化时期的斗彩更是彩瓷中的瑰宝，它开创了釉下青花与釉上多彩相结合的新工艺，呈现出鲜红、油红、鹅黄、杏黄、姜黄、水绿、叶子绿、松绿、孔雀绿、孔雀蓝、葡萄紫等令人炫目的色彩，将瓷器艺术推向了一个新的高度。

清代则是中国制瓷史上的巅峰时期，以康熙时期的青花瓷为历代之最。在康熙五彩的基础上，又创新地发展出了粉彩，其色泽更加清逸淡雅，给人一种格外亲切的感觉。康熙初期还创制了珐琅彩瓷品，其珐琅彩料多来自外国，绘画技法不仅精细入微，而且融入了西洋画法，呈现出油画般的效果，精美绝伦。因此，它成为康熙、雍正、乾隆三朝极为珍贵的宫廷御用瓷器。

中国的瓷器从唐代开始便通过“丝绸之路”或东方的海上航线传播到了西亚和南亚地区，再由这些地区传播到欧洲各国。随着瓷器的西传，制瓷技术也在 11 世纪传到了波斯和阿拉伯世界。到了 1470 年，这项技术又传到了意大利及西欧其他国家，使欧洲人民也能够生产出属于自己的瓷器。

2. 丝织技术

中国作为全球最早驯养家蚕并织造丝绸的国家，其丝绸文化源远流长。早在新石器时代晚期，我们的先祖便已开始巧妙地运用蚕丝进行纺织。商周时期，随着丝织技艺的显著进步，提花技术应运而生，使织造更为复杂且华美的提花织物成为可能。值得一提的是，提花技术在中国古代纺织技艺中占有举足轻重的地位，并对全球纺织技术的进步产生了深远影响。据史料记载，西方的提花技术正是在汉代之后由中国传播而去的。

进入汉代，中国的丝织品已呈现出极为丰富的面貌。从长沙马王堆汉墓中出土的大量丝织品可见一斑，其品种涵盖了绢、罗纱、锦、绣、绮等多种类型；色彩上则包括茶褐、绛红、灰、黄棕、浅黄、青、绿、白等丰富选择。在制作手法上，织、绣、绘等技艺各显神通，且图案设计灵感源自动物、云彩、花草、山水以及几何图形，变化多端。

唐代在丝绸的染色、印花及纺织机械方面取得了显著进步，所产出的丝织品愈发精致华美。唐代文人白居易曾盛赞丝绸之美：“天台山上明月前，四十五尺瀑布泉，中有文章又奇绝，地铺白烟花簇雪。”宋代织锦技术突飞猛进，南宋时期锦的品种已多达 40 种，其中蜚声中外的“苏州宋锦”与“南京云锦”便是这一时期的杰出代表。此外，宋代还创新性地发展了缂丝技术，该技术利用简单工具在一根纬线上分段着色，再以各色小梭分别织造，最终成品与原作几无二致，极具艺术价值。而缂丝制品多以唐宋名画为底本，更显其高雅品位。到了元代，“织金锦”崭露头角，而明清两代则进一步发展出了“妆花”技艺，各式丝绸制品琳琅满目，美不胜收。

丝绸不仅是中国珍贵的特产，其贸易更开辟了一条蜚声世界的“丝绸之路”，成为古代中国与世界沟通的桥梁。据历史考证，丝绸大约在公元初年便已传入罗马。西方史书曾有记载，罗马的恺撒大帝身着一件中国丝袍现身剧院，引得全场赞叹不已。当时丝绸价格昂贵，唯有帝王及少数贵族方能享用。随着丝织品远播海外，中国的养蚕技术与丝织技艺也逐渐传播至世界各地。公元 6 世纪传入东罗马帝国，12 世纪末传入意大利，14 世纪法国人掌握养蚕技术，16 世纪末传入英国，19 世纪再传至美国。中国丝绸及其相关技术因而在世界文明史上留下了浓墨重彩的一笔。

3. 造纸术

造纸术的发明堪称人类文字载体的历史性革新。在植物纤维纸诞生之前，各大古老文明只能依赖各种原始且笨重的书写材料，这无疑对人类文化知识的积累与传播构成了巨大的阻碍。

我国先民在处理茧丝的过程中，巧妙地发明了絮纸。而在秦汉时期，随着麻料衣物的制作技艺发展，人们又进一步研发出了植物纤维纸。由于其原料丰富且成本低廉，这种纸迅速流行开来。

至东汉时期，宦官蔡伦在造纸技术的改进方面取得了显著成就。经过与造纸工匠的反复研讨与试验，他们最终选用树皮、麻头、废旧布料以及渔网作为原料来制造纸张。这一创新技术不仅拓宽了原料的来源，更显著提升了纸张的质量。

蔡伦所发明的纸张，其优越性远超埃及的纸草、希腊的羊皮纸、巴比伦的泥板以及印度的树皮纸。它的出现，为人类的文化交流与传播提供了一种至今仍然至关重要的信息存储与传递工具。正因如此，纸张发明后迅速传播至世界各地。大约在 3 世纪，中国的造纸技术首先传入越南，随后在 4 世纪传入朝鲜，5 世纪传入日本，7 世纪传入印度，8 世纪经中亚传入阿拉伯地区，最终在 12 世纪传入欧洲。值得一提的是，在蔡伦发明造纸术一千多年后，西班牙和法国于 12 世纪相继建立了造纸厂，随后意大利和德国也在 13 世纪跟进。到了 16 世纪，整个欧洲都已掌握了造纸技术。由此可见，造纸术无疑是中华民族对世界文明发展的巨大贡献。对此，美国学者德克 · 卜德曾高度评价：“蔡侯对世界的贡献，远比许多声名显赫的人物更为深远。”

4. 印刷术

中国，被誉为纸的故乡，与纸紧密相连的印刷技术也在这片土地上早早萌芽。早在隋朝时期，中国便已经独创了雕版印刷术，这一创举为后续的印刷技术革命奠定了基石。具有里程碑意义的是，唐懿宗咸通九年（868 年）问世的《金刚经》，它不仅是佛教经典，更是目前全球已知最早标注出版日期的印刷瑰宝。相较之下，欧洲的首份标注确切日期的印刷品——1423 年德国南部的《圣克利斯托菲尔》画像，其历史比我们晚了近六个世纪。

雕版印刷术在宋代迎来了它的鼎盛时期，技艺之精湛，令人叹为观止。然而，随着时间的推移，其固有的局限性也日渐凸显：每印制一部新书，都需重新雕刻一套版块，这不仅耗时而且费力。正是在这样的背景下，宋仁宗庆历年间（1041—1048），杰出的刻字工匠毕昇颠覆性地发明了活字印刷术。他巧妙地利用胶泥刻制单个字模，经火烧硬化后进行拼版印刷。这一创新不仅彻底克服了雕版印刷的种种弊端，更在印刷史上书写了浓墨重彩的一笔，被誉为一次重大的技术革命。

随后，元代的著名农学家王祯进一步推动了印刷技术的进步。他创造了更为耐用的木活字印刷术，有效改善了泥活字易损的缺点，再次引领了印刷技术的飞跃。更值得一提的是，王祯还巧妙设计了转轮排字架，极大地提升了排字效率，显著减轻了排字工人的劳动强度。此后，中国古代的印刷技术继续演进，逐步发展为使用各种金属材料的活字印刷。

据记载，中国的雕版印刷术在公元 8 世纪便已传入日本，10 世纪抵达朝鲜，13 世纪末更是远播至土耳其，进而传入伊朗，并从那里继续传播到埃及和欧洲。而活字印刷术的传播路径也颇为广泛，大约在 14 世纪就已传入朝鲜和日本，15 世纪更是跨越重洋传到了欧洲。公元 1450 年，德国人古腾堡受中国活字印刷术的启发，成功研制出以铅、锑、锡合金为材料的欧洲拼音文字活字，从而揭开了欧洲活字印刷的新篇章。

5. 火药技术

火药的核心成分包括木炭、硝石以及硫黄。在商周时期，我国已在冶金领域广泛应用木炭。随后在春秋战国时期，人们又发现了天然的硫矿和硝石（即硝酸钾）。尽管这些基础原料的发现时间较早，但将它们融合制成火药，则归功于道教的炼丹家们。

在炼制丹药的过程中，炼丹家们逐步揭示了硫黄和硝石的多种化学性质，并尝试将它们进行混合。历史文献记载，早在公元 3 世纪，中国古代的炼丹家就尝试将硝石和硫黄结合，以期炼制出人造金。大约在公元 300 年，著名的炼丹大师葛洪创新了一种配方，该配方将硫黄、硝石、云母等原料混合并加热，生成一种被称为“紫粉”的物质。唐初的知名炼丹家兼医学家孙思邈，以及唐中期的炼丹家清虚子，分别提出了“伏硫黄法”和“伏火矾法”。然而，由于当时还未有意识地加入炭，这些配方所制得的产品虽然易燃，但并未能形成真正的爆炸效果。直到公元 850 年，唐中期的丹书《真元妙道要略》首次记录了原始火药的制作方法。因此，可以确认火药在唐代已被发明，但其广泛应用则是在宋代才开始。

火药被发明后，主要应用于军事领域。它极大地增强了火箭、大炮等武器的战斗力，展现出前所未有的威力。南宋时期，人们制造出了使用毛竹筒的突火枪，这可以被视为近代枪炮的雏形。随后，人们又用金属管替代了竹筒，制造出了更为先进的铳枪和筒式火炮，这些在当时都是世界上最顶尖的武器。而在宋元交替时期出现的火药箭，其发射原理与现代火箭非常相似。到了明代，人们又创新出了能够自动爆炸的地雷、水雷和定时炸弹，其中有一种名为“火龙出水”的火箭，它可以被视为两级火箭的初步形态。这些武器在当时都是世界上最先进的。

中国的火药技术可能是通过战争传播到外部的，阿拉伯人首先掌握了火药武器的制造技术。大约在公元 1280 年，阿拉伯人哈森·阿拉马就曾将火箭称为“中国箭”。到了 14 世纪初，阿拉伯人又将火药技术传到了欧洲，欧洲人在 14 世纪末的战争中开始使用火箭。火箭的最终重要作用是将人类送上了外太空。因此，著名的科技史学家李约瑟认为，火箭是中国对人类做出的最大的技术贡献。

6. 指南针和航海技术

早在战国时代，我国便对磁石的独特性能有了深刻理解，并已成功研发出基于磁性的方向指示工具，当时被赋予“司南”之名。此工具由天然磁石精细研磨而成，形态酷似汤匙，置于平滑的底盘之上时，其勺柄会自然而然地转向南方，因此，司南被誉为全球最早的指南针。然而，天然磁石在遭遇强烈震动或高温环境时，其磁性易于丧失，导致司南的指向精准度受限。

随着时代的演进，至宋代，智慧的工匠们以人造磁钢片替代了天然磁石，进而创新制作出指南鱼、指南龟，直至名副其实的指南针。这一时期的伟大科学家沈括，在其著作《梦溪笔谈》中，详尽记载了指南针的精湛制作工艺。值得一提的是，沈括在该著作中还首次揭示了磁偏角现象，这一发现在磁学史上具有里程碑意义，因为欧洲科学家直至四百年后才对此有所记录。

指南针的发明及其后续改进，极大地推动了中国古代航海事业的蓬勃发展，使其在中世纪时期达到了举世无双的巅峰。早在宋元更替之际，中国的商船就已远航至大西洋沿岸。在这一过程中，欧洲与阿拉伯的航海者在与中国人的交流中，接触并掌握了航海磁罗盘这一关键技术。正是这一技术的传播与应用，助力欧洲人成功开辟新的航海路线，不断探寻并发现新大陆，最终促成了统一的世界市场的形成。

7. 茶叶技术

我国被誉为茶的祖国，不仅因为拥有丰富的茶树资源，更因为我们是世界茶文化的发源地。全球各国所引种的茶树、采纳的栽培管理策略、沿用的茶叶加工技术，以及品茶的习俗，均源于我国深厚的茶文化。

我国对茶的认知和利用可追溯到原始的母系氏族社会，这段历史已有五六千年之久。在周朝，人工种植茶叶的实践便已开始，距今已有超过二千七百年的历史。在我国古代，茶叶技术大致分为栽培与采制两大领域。唐代的陆羽在其著作《茶经》中，首次对茶树栽培技术进行了系统的阐述，为后世的茶叶栽培奠定了理论基础。自那时起，关于茶叶栽培技术的记载在古籍中逐渐增多。历经宋、元、明、清各代，诸多重要文献如《四时纂要》《东溪试茶录》《大观茶论》《北苑别录》以及王祯的《农书》等，都对茶叶栽培技术进行了全方位的探讨，从而构建了一个完整的茶叶栽培技术知识体系。

茶叶，作为一种天然生物，需要经过特定的加工才能成为人类所享用的饮品。最初的加工方式是“采茶作饼”。随着唐宋时期贡茶的兴起，制茶技术得到了迅速的发展，龙凤团茶便是这一时期的代表作。唐宋时期主要以蒸青茶为主，但炒青茶的制作工艺也已开始萌芽。到了明代，炒青制茶法逐渐完善，主要包括高温杀青、揉捻、复炒和烘焙至干等步骤。所制成的茶叶色泽鲜绿，冲泡后的茶汤也呈绿色，因此得名绿茶。诸如西湖龙井、洞庭碧螺春等，都是绿茶中的佼佼者。通过炒青工艺的变异，还衍生出了黄茶和黑茶。若以日晒替代杀青，使茶叶发生萎凋，再进行揉捻，茶叶的色泽会转变为红色。经过发酵和干燥后，所制成的茶便呈现出红汤红叶的特征，即为我们所熟知的红茶。至清代，我国的茶农还创新出了一种独特的乌龙茶，它在发酵程度上介于不发酵的绿茶和全发酵的红茶之间。在咸丰、光绪年间，福建的茶农更是利用多白茸毛的茶叶品种创制了白茶。

中国古代茶叶技术的持续进步，不仅催生了众多名茶，对提升我国人民的健康水平产生了深远的影响，更是孕育出了独具特色的茶文化，极大地丰富了我国人民的精神生活。

随着我国茶叶技术的成熟，这一技艺逐渐通过海陆两条路线传播至世界各地。在南北朝时期，伴随着中国佛教的传入，朝鲜也开始接触并接纳了我国的饮茶风俗。唐玄宗开元年间，大批的日本僧人前来我国求学，他们不仅学习了我国的文化，还将茶树带回日本栽培。到了1893年，我国茶学家刘峻周受邀前往俄国传授种茶和制茶技术，经过多年的辛勤付出，终于使俄国成功种植出茶叶。与此同时，我国的邻国印度，其植茶和制茶技术也均是由我国通过陆路和海路传授的。1780年，英国东印度公司的商人从广州将我国的茶籽带到印度进行种植。而在1788年，英国科学家班克斯更是将我国的植茶方法整理成小册子介绍到印度。到了1828年，东印度公司的福顿以旅行家的身份来到我国，他不仅购买了大量的茶籽和茶苗，还聘请了8位我国制茶名师前往印度传授植茶和制茶技术，从而使印度逐渐发展成为产茶大国。由此可见，以中国为中心向世界传播的茶叶及其相关技术，无疑是中国古代科技文化对人类文明的又一杰出贡献。

二、我国传统科学文化的现代价值

可以肯定的是，在当代社会中，中国传统科学文化依然在某些特定领域里展现出其独特的吸引力。一个显著的例证便是中医药学在当代的持续发展。尽管近数百年来，西方医学在全球范围内逐渐占据主导地位，导致埃及、印度、阿拉伯等国家的传统医学日渐式微，但中医药学却在理论和临床实践层面持续进步，独树一帜。不仅在日本、朝鲜及东南亚等东方国家和地区，中医药学深受民众喜爱，而且随着中西文化的交流与融合，中国医药学也正逐步渗透到欧美社会中。特别是自改革开放以来，中医药学在欧美国家的地位已发生深刻变革。据报道，法国、荷兰、比利时、美国等多个国家均已成立针灸学会，致力于研究和推广中医针灸技术。值得一提的是，法国已将我国的《内经》《难经》《甲乙经》和《针灸大成》等经典医籍译成法文，进一步促进了中医药学的国际传播。鉴于化学合成药物可能带来的毒副作用，有时甚至超过疾病本身的危害，越来越多的西方人开始倾向于东方医学所倡导的无毒治疗方法。尤其值得一提的是，据报道，美国医学研究人员在利用针灸和中药治疗艾滋病方面已取得了令人鼓舞的成果。这一发现不仅凸显了中医药学的实用价值，也证明了其在现代医学领域中的潜力。当代医学界日益认识到，中医药学与西方医学之间具有明显的互补性。中医学术思想和临床治疗方法中蕴含的丰富哲理和实践经验，正等待着现代科学进一步的探索和挖掘。随着科学技术的不断进步，我们有望更深入地理解中医药学的精髓，并将其与现代医学相结合，以更好地服务于人类的健康事业。

中国传统科学文化的价值，不仅体现在其实用性和历史贡献上，更在于其独特的自然观和思维方式。在当今科学发展的进程中，西方科学思维方式，以还原论为主导，追求简洁之美的局限性逐渐显露。相比之下，全方位、多层次、全息化地理解和把握世界的复杂性与有机统一性，已成为新兴科学文化建设的重要方向。正是在这样的时代背景下，中国古代的整体性思维方式再次引发了当代科学界的高度关注。

微观客体的波粒二象性，这一在西方形而上学思维方式中显得不可思议的现象，在道家思想中却找到了自然的解释。道家理论认为，万物与事件皆统一于一个整体，而这种统一并非单调的一致，而是蕴含了差异与对立。在这种差异与对立中，事物维持着一种阴阳协调、相互补充的关系。这种深邃的思维方式，相较于西方的科学思维，更能为现代物理学所遭遇的难题提供合理解释。正因如此，量子力学泰斗波尔深受道家阴阳思想的影响，提出了互补原理。当他于 1949 年荣获大象勋章，并被封为爵士时，他特别设计了一枚镶嵌着太极图案的纹章，以此象征他对东方智慧的敬意与汲取。这一举动不仅彰显了中国传统科学文化在全球科学领域的影响力，也证明了其思维方式的现代价值与深远意义。

在物理学探索世界奥秘的进程中，尤其是在探寻复杂性的第三个研究方向上，中国传统科学思维方式为当代科学家提供了宝贵的思想启迪。这正如耗散结构理论的奠基人普里高津所深刻指出的那样：“中国传统学术思想的核心在于对整体性与自然性的深入研究，以及对协调与和谐的追求。近十年来，物理学和数学领域的研究成果，诸如托姆的突变理论、重正化群理论以及优支理论等，都与中国哲学思想不谋而合。”基于这一观察，他进一步预见：“我坚信，我们正迈向一个新的综合与归纳阶段，这一阶段将有机融合西方传统中对实验与定量表达的强调，以及中国传统中对‘自发的自组织世界’观念的重视。”这一预言揭示了东西方科学思维融合的趋势，预示着未来科学发展的新方向。

现代科学家对中国古代直觉顿悟的科学思维方式给予了新的高度评价。一些杰出的科学家甚至认为，这种思维方式与强调逻辑分析和抽象化的西方科学思维方式能够在科学实践中相互校正、互为补充。日本著名科学家汤川秀树，因提出介子理论而荣获 1949 年诺贝尔物理学奖，他在中学时期就对老庄学说产生了浓厚的兴趣。他提出，由于理论物理的理论与日常生活世界相去甚远，单纯的抽象思维已不足以解决问题和理解问题，必须辅以直觉和想象，否则现代科学文明有可能成为人类文化的异化力量。在基本粒子的研究中，汤川秀树甚至将自己的创造性思考与庄子的寓言相联系。

中国传统科学文化不仅在完善现代科学思维方式方面发挥着重要作用，而且在改善人类与自然关系上具有独特价值。儒家“天人合一”的哲学观念和道家“道法自然”的生态智慧，都是当代科学在构建生态文化时所不可或缺的重要内容。因此，我们可以确信，未来的科学文化将是东西方文化相互补充、融合、提升的新文化。我们坚信，中国传统科学文化的精髓，必将在未来新的科学文化中再次绽放其璀璨的光芒。

第五章　现代化视域下传统文化的创新发展

第一节　传统文化创新发展的基本内涵、时代背景及可能性

中华优秀传统文化，以其崇高的价值追求、深邃的精神内涵以及富有成效的教育策略，为中华民族提供了源源不断的精神滋养。这份深厚的文化底蕴，正是中华民族生生不息、蓬勃发展的坚实软实力。历史的长河与当下的实践共同昭示了一个道理：对传统文化的创新与发展，必须尊重其内在的发展逻辑，坚守正确的价值取向。唯有深入汲取传统文化的精髓，我们才能为社会主义先进文化的建设指明方向，注入强大的精神力量。

一、传统文化创新发展的基本内涵

中华优秀传统文化的创新发展，其实质在于如何实现其现代化转型，这一点与冯友兰先生及陈来先生所倡导的“旧邦新命”理念不谋而合。冯友兰先生在晚年深入解读了《诗经》中的名句“周虽旧邦，其命维新”，将“旧邦”诠释为深厚的文化传统，而“新命”则寄托了对现代化的向往和追求。陈来先生也对此持有相似观点，他强调“旧邦”蕴含着悠久的历史与丰富的文化积淀，“新命”则意味着在继承历史的基础上，不断寻求新的突破与发展。

长期以来，众多文化研究领域的学者围绕“旧邦何以新命”这一主题展开了深入探索。其中，“中学为体，西学为用”说、“抽象继承”说以及“马魂、中体、西用”的综合创新说等观点层出不穷，共同构成了对这一问题的多元解答。毛泽东作为中华优秀传统文化传承与创新的杰出典范，提出了“古为今用，洋为中用”的指导思想，为文化的现代化转型指明了方向。

“创造性转化”与“创新性发展”是推动中华优秀传统文化焕发新活力的两大重要路径。其中，“创造性转化”意味着我们需紧密结合时代特征，对那些仍具借鉴价值的文化精髓进行现代性重塑，为其注入新的时代内涵，并采用更为贴近现代审美的表达方式，从而激发其内在的生命力。“创新性发展”要求我们根据时代进步，深化和拓展中华优秀传统文化的内涵，以提升其影响力。这种路径与“创造性转化”都围

绕时代需求，体现创新精髓。“创造性转化”蕴含新时代内涵，展现人们的创造性智慧；“创新性发展”则是对传统文化进行时代性创新，属于高度创造性的精神活动。简言之，两者均要求结合时代特点，创新文化内容和形式，推动文化发展。

因此，我们可以将这两种路径统称为创新发展，它们既承载了传统文化的深厚底蕴，又融入了鲜明的时代特色，实现了传承与创新的和谐统一。在创新中，传统文化得以传承；在传承中，传统文化焕发出新的创新活力。

二、传统文化创新发展的时代背景

党的十九大作出了“中国特色社会主义进入新时代”这一重大政治判断，深刻阐释了新时代中国特色社会主义的历史性变革与未来任务，为我们在新的历史条件下推动中国传统文化的创新发展指明了方向。报告着重指出，中国特色社会主义新时代的到来，象征着中华民族在历经重重磨难后终于实现了从站起来、富起来到强起来的伟大跨越，昭示着实现中华民族伟大复兴的辉煌未来。在这一历史性的时代背景下，“强国”战略已然成为党的发展理念的核心组成部分，它不仅着眼于经济、科技、军事等硬实力的显著提升，更致力于文化、政治、外交等软实力的全面增强。而推动中国传统文化的创新与发展，无疑成为构建文化强国不可或缺的重要途径。

党的十九大深刻剖析了我国社会主要矛盾的转变，指出其已转化为人民日益增长的美好生活需要与不平衡不充分的发展之间的矛盾。这种不平衡不充分不仅在经济领域显现，更在文化等多个领域有所体现。因此，新时代不仅是全国各族人民团结奋斗、共创美好生活、逐步实现共同富裕的时代，更是全体中华儿女齐心协力、共同致力于实现中华民族伟大复兴中国梦的时代。在这一伟大进程中，中国传统文化将继续发挥其深厚的滋养与引领作用，为我们提供不竭的精神动力。

此外，党的十九大还强调了中国特色社会主义为世界问题的解决所贡献的中国智慧和中国方案。自改革开放以来，中国逐步走向世界舞台的中央，成功开辟了一条具有鲜明中国特色的现代化道路。这条道路的成功，离不开中国传统文化的深厚底蕴、基本精神和卓越思想的支撑与滋养。因此，在新时代的征程上，我们更需深入探寻中国传统文化中的治国理政智慧，创新发展中国传统文化，为中国继续成为世界新文明的引领者贡献独特的力量。

三、传统文化创新发展的可能性

德国著名哲学家伽达默尔曾深刻指出：“无论我们是倾向于以革命姿态反抗传统，还是倾向于维护传统，传统总是被视作自由与自我定义的某种抽象对立物。其影响力之深远，并非建立在任何逻辑合理的基础之上，而是以一种几乎自然而然的方式，无形地束缚着我们。”历史已经多次证明，无论是通过“全盘西化论”“破四旧”等激进手段，还是西方国家推行的“文化殖民”等更为柔和的方式，试图割裂我们与传统的纽带都是徒劳的。传统仿佛一道无形的影子，紧紧伴随我们，它的存在并非完全取决于人类的主观意愿，而是遵循着自身独特的发展轨迹。这些深层的规律不仅让那些企图轻视甚至抛弃传统的人的错误无处遁形，也让那些文化保守主义者将传统视为一坛尘封多年的老酒、不敢轻易启封的做法显得荒谬不经。而恰恰因为传统的这种特性和规律，为我们提供了在传统文化的基础上进行创新发展的可能性与空间。

（一）传统文化有着自我发展的内在逻辑

传统文化，尤其是其核心的思想文化，经历了多个历史时期的洗礼与塑造。从先秦时期百家争鸣的繁荣，到两汉经学独领风骚的辉煌；从魏晋南北朝玄学的深邃流行，到隋唐儒释道三教并立的多元融合；再到宋明理学的深入发展，每一个阶段都为中国文化留下了独特的印记。

为何在封建社会的漫长岁月里，传统文化能展现出如此多样且鲜明的时代特色呢？这背后根本的原因在于文化的发展遵循着自身的内在规律，而这个规律又深受社会生活现实的制约与影响。尽管诸子百家、经学、玄学、儒释道交融、理学等在内容上存在较大差异，但在基本的价值取向上却保持着惊人的一致性。这种一致性正是传统文化基本精神的体现，它像一根红线贯穿始终，将各个时期的文化现象紧密地串联在一起。

这种内在的一致性并非偶然，而是由封建社会共同的经济基础所决定的。然而，不同历史时期的特殊情况也为文化的发展注入了新的活力，使我国传统文化在保持内在一致性的同时，又能呈现出丰富多彩的外在特征。无论是先秦诸子的思想碰撞、两汉经学的独尊儒术，还是魏晋玄学的思辨风潮、隋唐儒释道的文化交融，抑或是宋明理学的哲学探索，都是与社会发展的脉搏紧密相连的。它们不仅是传统文化的重要组成部分，更是中华民族精神世界的宝贵财富。

（二）传统文化内部存在相对稳定的结构

孙家正提出的文化结构四个层面，即认知、情感、伦理道德和信仰价值观，是构成一个民族或社会文化体系的核心要素。这些要素在中国文化中历史悠久，并深深植根于中华民族的传统之中，形成了独具特色的文化特质，如孝敬、诚信、爱人等。

陈先达先生也强调，尽管社会经济制度和政治制度会发生变化，但文化作为一种深层次的精神现象，并不会因此而断流。特别是在大数据时代和互联网的影响下，人类认知世界的方式虽然有了新的变化，但这些变化仍然是建立在以往文化的基础之上。

中国人的情感，特别是以爱国主义为核心的民族精神，是中华民族永恒的精神支柱。这种精神并没有因为市场经济的建立而失落，反而在复杂多变的世情、国情、党情形势下，更加凸显出其重要性和价值。它是中华民族永远繁荣昌盛的精神之钙，为民族的团结统一、爱好和平、勤劳勇敢、自强不息提供了不竭的精神动力。

此外，中国传统的伦理道德虽然包含一些不适应现代社会的糟粕，但其中的精华部分仍然具有深远的价值。这些精华不仅对中国社会有着积极的影响，而且也对世界其他国家具有重要的借鉴意义。它们是人类共同的财富，为促进人类社会的进步和发展提供了有益的参考。

（三）传统文化蕴含着现代文化因子

辩证唯物主义认为事物的发展变化主要由内部因素决定，外部因素只是事物变化的条件。这一观点在考察中国传统文化时显得尤为重要。

中国传统文化被誉为“早熟的文化”，在长期的历史发展过程中积累了丰富的超越时空的智慧。这些智慧不仅深刻影响了中国社会的演进，而且对全人类文明的发展也具有重要意义。

早在2000多年前的《礼记·礼运》篇中，中国古人就提出了大同思想，描绘了一个理想的社会图景。这一思想深深植根于中国传统文化中，成为历代有志之士所追求的社会目标。尽管历史上周而复始地出现各种社会动荡和变革，但大同思想始终作为一种精神力量，激励着人们为实现更加公正、和谐的社会而奋斗。

除了大同思想外，中国传统文化还包含许多其他具有现代性精神和普遍价值的理念。如天人合一思想强调了人与自然的和谐相处；民本思想体现了对人民利益的重视；公平正义思想倡导了社会的公正与平等；换位思考心理则要求人们设身处地地理解他人；和谐社会追求则是对社会秩序与稳定的向往。

这些传统文化的精华蕴含着深刻的哲理和智慧，对于现代社会的发展具有重要的指导意义。它们不仅是中国文化的瑰宝，也是人类文明的共同财富。尽管历史进程中有时会出现中断或转折，但这些具有普遍价值的理念最终会以各种形式得以实现，并对人类社会的进步产生深远的影响。

对于当前正经受多重矛盾和冲突困扰的西方社会来说，中国传统文化中的这些普遍价值理念也具有重要的启发意义。它们提供了一种全新的视角和思考方式，有助于解决西方社会面临的诸多问题。通过学习和借鉴中国传统文化中的智慧，西方社会可以更加深入地理解人类文明的多样性，并从中汲取宝贵的经验和启示。

（四）文明交流互鉴的必然性

当前，全球整体呈现和平发展的趋势，但国际形势的不稳定性和不确定性对各国构成了严峻挑战。在应对这些共同挑战的过程中，经济实力固然是重要支撑，但文化软实力的作用也日益凸显其重要性。文明交流互鉴，作为连接国家与民族关系的纽带，对于推动各国自身发展具有不可或缺的意义。在全球化不断深入的背景下，各国经济联系日益紧密，同时文化领域的交流与互动也呈现出前所未有的频繁态势。综合国力的竞争已经超越了单纯的经济、科技和军事层面，文化软实力的竞争正逐渐成为国际竞争的新焦点。鉴于此，我们必须更加重视与其他国家之间的文化交流，积极汲取外来文化的精髓，以推动我国文化的繁荣发展，并为丰富世界文化的多样性作出积极贡献。通过加强文明交流互鉴，我们将能够更好地应对全球性挑战，增进各国间的相互理解和尊重，共同致力于构建人类命运共同体，为世界的和平与发展贡献智慧和力量。

各国文化因历史渊源、发展脉络、地理分布及风土人情等因素，呈现出丰富多样的特点。面对这样的文化多样性，我们应秉持科学的态度去理解和接纳。首先，尊重各国文化的独特性至关重要，这是建立和谐世界的前提。其次，我们应积极学习并借鉴他国的文化精华，同时保持自身文化的主体地位，确保外来文化的融入能为我国传统文化的创新与发展注入新的活力。在坚守我国传统文化根基的同时，我们也应不断拓展对外文化交流，通过讲述中国故事，向世界展示我们的文化魅力。

第二节　传统文化创新发展的必要性与作用

一、传统文化创新发展的必要性

经过全体中华儿女的共同拼搏与奋进，中国特色社会主义建设已经迈入了一个崭新的时代。这一新时代对中国特色社会主义文化建设提出了新的挑战和要求，亟须推动中华优秀传统文化的创新性发展，以满足时代的需求和人民的期待。因此，我们必须以更加开放包容的心态，积极汲取各国文化的精华，同时坚守中华文化的立场，不断推动中华文化的创新与发展，为构建人类命运共同体贡献中华智慧和力量。

（一）是实现人民对美好生活向往的必然要求

中国共产党始终将实现人民对美好生活的热切向往作为长期奋斗的目标，并为此不懈努力。自党的十八大以来，我国以提升人民生活质量为核心，全面推进全体中国人的脱贫事业，确保在2020年全面建成小康社会，这一目标的实现彰显了党对人民的深厚情怀和坚定承诺。随着新时代的到来，人民物质生活水平持续提升，同时对精神文化生活的追求也日益增强。他们更加注重从深厚的传统文化中汲取智慧，学习经典文化，这表明了传统文化在现代社会中的重要地位和价值。然而，人民所期盼的并非一成不变的文化遗产，而是那些能与时代精神相结合、不断创新发展的文化成果。这也对传统文化的传承和发展提出了新的要求和挑战。

为了让中华优秀传统文化在新时代焕发出新的生命力，更好地满足人民对美好生活的追求，我们必须对中华优秀传统文化的内涵和表现形式进行全面而深入的创新。这需要我们深入挖掘传统文化的内在价值，结合时代精神和社会发展需求，推动传统文化的创造性转化和创新性发展。只有这样，才能让传统文化在新时代焕发出更加绚丽的光彩，为人民的美好生活提供更加丰富的精神滋养。

（二）是坚定社会主义文化自信的必然选择

“文化自信是一种更为基本、深沉且持久的力量，它植根于民族的灵魂深处，是民族发展的不竭动力。”自我国实施改革开放以来，国门日渐敞开，我们在与西方国家的交流与对比中，逐渐意识到自身在某些方面存在的差距。在这一认识过程中，不可否认的是，有部分群体未能全面、客观地审视本国的发展历程与成就，因而在一定程度上受到了西方话语体系的潜移默化。

然而，我们必须清醒地认识到，新时代的中国经济展现出了稳定的中高速增长态势，持续为世界经济发展贡献中国力量。与此同时，我国的综合国力也在不断提升，无论是科技、教育、文化还是军事等领域，都取得了举世瞩目的成就。更为重要的是，中国在国际事务中所提出的方案和建议，也日益得到了广泛的国际认可和赞誉。

这些丰硕的实践成果不仅彰显了中国道路的独特优势和巨大潜力，更为我们坚定文化自信提供了坚实的基础。中国拥有五千年灿烂辉煌的文明史，中华优秀传统文化是我们民族的宝贵精神财富。因此，我们完全有理由从这份深厚的文化底蕴中汲取智慧、提炼精华，进而构建起符合自身特色、彰显时代精神的话语体系。这不仅有助于我们更好地传播中国声音、讲述中国故事，更将为世界文化的多样性与繁荣发展贡献独特的中国力量。

（三）是提高国家文化软实力的必然途径

在新时代背景下，为在激烈的国际竞争中占据主动、构建具有强大影响力的话语体系，并进一步增强国家的感召力，中国必须将提升文化软实力作为核心战略。当前，全球正处于深刻的变革与调整期，多元思想文化交织碰撞，我国也面临西方价值观渗透的严峻考验。因此，提升国家文化软实力，展现中华文化的独特魅力，不仅具有深远的战略意义，更是当下的紧迫任务。

中华优秀传统文化，积淀了五千多年的历史智慧，是我们最深厚的文化根基和软实力源泉。为有效提升国家文化软实力，我们必须深刻认识到这一独特优势，并将其转化为推动社会进步的不竭动力。同时，我们还应以创新为引领，传承和弘扬中华优秀传统文化，深入发掘其时代价值，以满足人民日益增长的精神文化需求，实现文化的创造性转化和创新性发展。

在此过程中，我们需坚定文化自信，积极吸收借鉴世界优秀文明成果，但更要立足本土、扎根传统，确保中华文化在全球化浪潮中保持独特性和自主性。通过构建具有中国特色的文化话语体系，提升国际话语权，展现中华文化的独特魅力，为增强国家影响力和感召力提供坚实支撑。

（四）是实现中华民族伟大复兴的根本保证

实现中华民族的伟大复兴，是近代以来亿万中华儿女的共同梦想和不懈追求。而推动这一宏伟目标实现的关键因素，便在于中国传统文化的创新性发展。相较于经济和政治领域，文化对于一个民族的塑造和影响更为深远、持久，是民族精神的集中体现和传承的基石。

历史已经深刻证明，任何一个国家的崛起，除了强大的经济实力作为支撑外，更离不开坚实的文化基石。若一个民族的文化无法与其发展步伐相适应、相协调，那么这个民族的未来必将充满挑战，甚至可能走向衰落。

因此，中华民族的伟大复兴与中国传统文化的复兴息息相关、紧密相连。中国传统文化是中华民族的精神家园，是人民群众共同的历史记忆和文化底蕴，具有强大的凝聚力和向心力。它不仅是维护国家统一和民族团结的重要纽带，更是推动中华民族不断发展壮大的强大精神动力。

然而，中国传统文化的复兴并非简单地回归过去、重复传统，而是在新的时代背景下，以新的实践为基础，对其进行批判性地继承和创新性发展。这需要我们深入挖掘传统文化的内在价值，结合时代精神和社会发展需求，推动传统文化的创造性转化和创新性发展。只有这样，我们才能真正为中国传统文化注入新的时代内涵和生命力，使其焕发出新的光彩和活力，为中华民族的伟大复兴提供坚实的精神支撑和文化自信。

（五）是中国共产党必然肩负的文化使命

文化使命作为民族使命的核心组成部分，意味着中国共产党在引领中国人民走向伟大复兴的道路上，必然承担着复兴中华文化的重任与职责。中华优秀传统文化，作为中华民族深厚的历史积淀，是每一位中华儿女的宝贵遗产，理应得到自觉的保护、传承与弘扬。特别是对于代表民族根本利益、担负民族复兴大任的中国共产党而言，更应积极培育并践行保护、传承和弘扬中华优秀传统文化的使命感与责任感。这不仅是党的内在要求，也是实现中华民族伟大复兴的必由之路。

马克思主义与民族文化的融合是其本土化的关键所在。中国共产党坚定信仰马克思主义，同时高度重视并善于汲取中国传统文化中的精华元素，将两者有机结合。这种融合不仅赋予了中华优秀传统文化新的生命力，也为中国共产党的革命斗争和科学执政提供了重要的文化支撑。自觉地继承并弘扬中华优秀传统文化，推动其创造性转化和创新性发展，正是中国共产党在新时代下的文化使命和实践要求。

改革开放以来，中国共产党不断加强对中华优秀传统文化的重视与扶持，将其纳入国家文化发展战略，积极探索传统文化与现代社会的契合点。党的十八大以后，党进一步提出了“创造性转化、创新性发展”的理念，旨在推动中华优秀传统文化在现代社会中的新发展和新应用。这一系列政策与实践不仅体现了党对文化使命的深刻认识和自觉担当，也为中华文化的传承与创新指明了方向。

二、推进传统文化创新发展的重要作用

在新时代，中华民族正处于伟大复兴的强国征程中，这一时期无疑也是社会主义现代化建设与民族复兴的历史交汇点。历经四十余载的改革开放，中国特色社会主义已在全球范围内取得令人瞩目的成就。然而，我们也必须正视一个现实：在硬实力突飞猛进的同时，文化软实力的增长却显得相对滞后。因此，深入探索并挖掘中华优秀传统文化的丰富矿藏，努力让中华文化在新的时代背景下焕发出更加璀璨的光辉，不仅对于从思想文化层面广泛团结全国各族人民、增强国家文化软实力具有重大意义，而且对于持续推进中国特色社会主义事业、更好地展现中华民族的风采于世界舞台也具有不可估量的价值。这一努力必将为我们继续书写中华民族的伟大复兴新篇章注入强大的精神动力与文化自信。

（一）有助于为人民提供更好的精神指引

文化是民族的灵魂，它深深植根于人民的心中，构成了他们的精神栖息地。一个国家的真正强大，不仅在于其经济的繁荣或军事的强盛，更在于其人民的内心坚韧和精神富足。“人民有信仰，民族有希望，国家有力量。”因此，社会主义文化建设的核心使命，就是为人民源源不断地提供坚定的思想支撑、充沛的精神动力和深厚的道德滋养。随着新时代的到来，人民对于美好生活的渴望在精神层面上越发凸显。他们不再仅仅满足于物质上的富足，而是更加追求精神上的满足和愉悦。为了满足人民这一新的期待，我们必须提供丰富多彩的精神食粮，让他们的心灵得到滋养和升华。

而要实现这一目标，文化创新显得尤为重要。通过深入挖掘中华优秀传统文化的丰富内涵，我们可以从中汲取智慧，为新时代的文化建设注入新的活力。习近平同志明确指出：“对历史文化特别是先人传承下来的价值理念和道德规范，要坚持古为今用、推陈出新，有鉴别地加以对待，有扬弃地予以继承，努力用中华民族创造的一切精神财富来以文化人，以文育人。”

（二）有助于提升国家文化软实力支撑

文化软实力作为国家综合国力的重要组成部分，为国家的整体实力提供了深层次的支撑和滋养。在构成软实力的诸多要素中，如独特的文化传统、政治价值观以及外

交政策等，文化因素无疑占据了核心和主导地位。因此，要有效提升国家的文化软实力，文化创新成了一条至关重要的路径。

文化软实力的强弱不仅取决于一个国家文化所蕴含的思想深度、价值取向等内在特质，更在于这个国家能否充分发掘和利用好这些文化资源，以及是否具备持续的文化创新能力。中华优秀传统文化作为我们民族的精神瑰宝，蕴含着丰富的思想智慧和深厚的价值底蕴，是我们最深厚的文化软实力之源。

然而，令人遗憾的是，由于在现代转化和创新方面的不足，许多传统文化的宝贵资源仍然沉睡在历史的尘埃之中，未能充分发挥其应有的作用。这种文化软实力的滞后不仅会影响到国家全面现代化的进程，更会成为民族复兴道路上的绊脚石。

在当今世界文化多元激荡的大背景下，中华文化要想稳固自己的地位并发挥更大的影响力，就必须致力于优秀传统文化的创新与发展。我们需要深入挖掘传统文化的内在精髓和思想智慧，将其与现代社会的思想、观念和价值观进行深度融合和创新发展。通过创新中华优秀传统文化，我们可以增强现代中国文化的吸引力和感召力，进而真正提升国家的文化软实力，为民族的繁荣和复兴提供坚实的文化支撑和精神动力。

（三）有助于中华文化更好地为世界文化交流发展作出贡献

中华文明，这颗曾经在世界历史长河中熠熠生辉的明星，为人类文明的演进奉献了无数璀璨的瞬间。中华民族之所以能在历史舞台上屹立不倒，赢得世界的尊重，其根基并不在于一时的经济和军事强盛，而是深深植根于那博大精深、源远流长的文化土壤之中。然而，在近代的波折中，面对西方工业文明的冲击，中华民族曾一度步履维艰。西方现代文化以其新颖的理念和强大的影响力，逐渐在全球范围内占据了上风。但历史的车轮总是滚滚向前，中华民族并未在困境中沉沦，而是积蓄力量，等待新的黎明。

随着中华民族伟大复兴的步伐日益稳健，中华文化也迎来了新的生机与活力。它携带着社会主义建设的辉煌成就，携带着构建人类命运共同体的宏伟愿景，携带着解决全球性问题的中国智慧和中国方案，重新站在了世界舞台的中央，为世界文明的发展贡献着中国力量。

我们要推动中华文明的创造性转化和创新性发展，让这份古老而深邃的文明在现代社会焕发出新的生命力。同时，我们还要积极借鉴和吸收世界各国文明的优秀成果，让中华文明与世界各国文明在交流互鉴中共同进步，共同繁荣。

“人类命运共同体”的新理念和“一带一路”倡议的宏伟实践，正是中华文化在现代社会的创新成果。它们以开放包容的姿态，促进了世界的和平与发展，展现了中华民族的大国担当。在未来的日子里，让我们秉持“各美其美，美人之美，美美与共，天下大同”的理念，推动中华文明与其他民族文化的平等交流与互鉴。让中华文明在世界的舞台上绽放更加夺目的光彩，为人类的文明和进步事业作出更加积极的贡献。

第三节　弘扬与创新传统文化的原则及有效策略

中国传统文化在历经数千年的沉淀与发展中，既孕育了无数值得传承与发扬的文化瑰宝，又不可避免地掺杂了一些应被历史淘汰的陈腐元素。这两种性质截然不同的文化成分，并非如黑白分明般易于辨识。一方面，诸如等级观念、宗派主义、盲目的忠孝等明显的文化瑕疵清晰可见；另一方面，部分糟粕却与优秀传统文化紧密相连，难以割舍。面对这样的文化现状，我们需以审慎的态度进行细致的筛选与鉴别，既要“遵循古法”，又要“取其精华，去其糟粕”，明确区分并合理利用那些真正有益于现代社会发展的优秀传统元素。

一、弘扬与创新传统文化的原则

为了让优秀传统文化焕发出更加璀璨的时代光芒，我们必须致力于其传承与发展。其中，传承是发展的牢固基石，它承载了历史的记忆和民族的智慧；而发展则是对传承的深化与升华，旨在以更加鲜活、多元的形式展现优秀传统文化的独特魅力。中华优秀传统文化要想在现代社会中绽放新的光彩，就必须经历不断的创造性转化与创新性发展，这样才能深刻揭示其丰富内涵，并彰显其跨越时空的价值。在弘扬与创新中华优秀传统文化的过程中，我们应当遵循以下若干原则，以确保我们的文化之树常青、文化之花常艳。

（一）坚持先进文化前进方向原则

面对国际文化产业的挑战，我们必须清晰认识到世界各国文化产业的发展已经形成了各自的比较优势，如何准确定位我国文化产业的发展方向是保证文化产业安全的最重要问题。怎样定位我国文化产业的比较优势，使我国在国际文化贸易中取得与文化大国相称的地位，就必须明确文化产业发展类型，结合我国的传统优势以及国际文化产业的发展趋势。

当前文化产业大致可以分成四种类型：资源型文化产业、技术型文化产业、能力型文化产业和创意型文化产业。其分别以独特资源、管理组合能力、核心技术以及内容创新为核心要素，且层级逐步提升。发展资源型文化产业能够结合我国的传统优势，因为我国拥有丰富的自然、历史文化资源。能力型文化产业和技术型文化产业是一个国家发展的根本和基础优势，有效的组织管理与先进的技术是文化元素得以产业化的前提，所以这两种类型类似于经济类型中的“制造业”。而目前，我国能力型文化产业和技术型文化产业发展水平仍相对滞后。从国际文化产业发展的趋势看，内容创新和具有核心要素的创意型文化产业代表了发展的方向。

综合考虑各种因素，我国文化产业发展定位应该以资源型文化产业为依托，充分利用金融危机背景下发达国家转移文化产业“制造业”的机会，提升我国能力型文化产业和技术型文化产业水平。以创意型文化产业为重点，实现我国文化产业的跨越式发展。

（二）坚持文化产业“走出去”原则

由于文化产业具有意识形态性和经济性的双重属性，各国发展文化产业无不着眼于全球文化市场，其中经济利益和文化安全的双重目的是不言而喻的。因此，要坚持文化产业“走出去”原则。

①放宽“市场准入”限制，充分调动国有、民营文化企业的积极性，并有效利用国家与地方文化力量夯实文化产业的基础。与此同时，参照国际上的惯例，开展国家间的文化代理还有中介服务，实施文化外贸的最新机制。

②积极倡导文化企业按照国际市场的要求生产具有国际竞争力的文化产品，就是依据世界上各个国家文化传统和文化消费之间不同的特征，区分国际文化的市场，生产出不同类型的文化产品，减少文化消逝现象。

③利用加入 WTO 后形成的国际文化贸易平台，完善我国对外文化贸易体制，为我国文化企业走向世界提供有效的金融、法律服务，形成具有国际竞争力的文化贸易体系，努力坚持文化发展中的自觉、自信、自强，增强文化软实力。

（三）坚持传统文化精神与时代精神相结合的原则

中华优秀传统文化的传承与发展，应当紧密结合当代中国的国情与时代特征，实现传统与现代的有机统一。一方面，我们要让传统文化顺应历史潮流，与时俱进，与中国共产党领导人民在革命、建设、改革各个历史时期所形成的伟大时代精神相互融合，为其注入新的时代内涵，使之焕发出新的生机与活力。另一方面，我们必须充分认识到传统文化在当前“文化强国”战略中的核心地位，深入挖掘其内在价值，确保中华优秀传统文化的价值观与社会主义核心价值观相契合，共同构成引领社会发展的精神旗帜，为中华民族的伟大复兴提供坚实的文化支撑。

在倡导和弘扬社会主义核心价值观的今天，我们必须从中华优秀传统文化中汲取智慧和力量，否则社会主义核心价值观就会失去生命力和影响力。因此，深入挖掘和阐释传统文化的思想价值，对于推进社会主义先进文化建设具有根本性的意义，同时也为优秀传统文化研究提供了重要的方法论指导。

在传承与发展中华优秀传统文化的过程中，我们必须坚持古为今用、推陈出新的原则，将传统文化精髓与现代时代精神紧密结合，使之成为推动现代化建设的强大动力。具体而言，我们需要通过创新性的转化和发展，将传统文化的优秀元素融入现代社会生活的方方面面，使之成为引领社会风尚的重要力量。同时，我们还需要积极推动中华优秀传统文化的国际传播与交流，让世界更加深入地了解中国文化的独特魅力和深厚底蕴。

只有这样，我们才能更好地传承与发展中华优秀传统文化，为构建具有中国特色的社会主义核心价值观提供坚实的文化基础。同时，这也将为人类文明进步贡献独特的东方智慧，推动构建人类命运共同体。

（四）坚持文明对话交流、继承与创新相结合的原则

在经济全球化的宏大背景下，要将我国的优秀传统文化发扬光大，就必须以开放包容的心态为先导，积极与多元文化进行深度对话与交流，从中汲取外部优秀文化的精髓与养分，为自身文化的创新与发展注入新的活力。随着世界的日益开放和互联互通，人类历史长河中孕育的璀璨文化成果正逐步跨越国界和民族，转变为全人类共享的宝贵财富。在这一进程中，任何文化的繁荣发展都不可避免地需要与其他文化进行互动与沟通，这既是对自身文化自信的展示，也是实现文化自强、走向文化兴盛的必由之路。通过多元文化的交流与融合，我们可以不断拓展文化视野，丰富文化内涵，推动中华优秀传统文化在全球化的大潮中焕发新的生机与活力。

我们应该善于学习外国的优点和长处，以此来丰富和提升中国的文化内涵，进而创造出既具有鲜明民族特色、又符合时代精神的新文化。这样的文化才能既保持民族性，又体现世界性，也才能真正树立起民族的自尊心和自信心。我们要积极向资本主义发达国家学习先进的科学技术、经营管理方法以及其他一切对我们有益的知识和文化，以此来加快我国的现代化建设步伐。

（五）坚持优秀文化遗产保护与开发利用相结合的原则

中华优秀传统文化是中华民族的根基和灵魂，对于中国社会的发展变迁具有深远影响。这一传统不仅塑造了中华民族的独特性，还是民族生生不息的精神滋养。它构成了中国深厚的文化软实力，在国际交往中发挥着重要作用。同时，中国特色社会主义作为中华文化的当代体现，既反映了中国人民的意愿，也适应了时代发展的要求。因此，坚守和发展中华优秀传统文化对于中华民族的繁荣发展和国际地位的提升具有重要意义。

只有当我们清醒认识到中国传统文化的独特价值，并对其进行弘扬与创新时，才能在传承这一伟大传统的过程中形成鲜明的中国特色、中国气派、中国风格。这不仅有助于增强我们的文化自信，还能为中华民族的美好精神家园注入新的活力。然而，当前优秀文化遗产的保护与开发利用之间却存在不协调的现象。一方面，我们过于注重对文化遗产的严格保护，却忽视了其应有的开发与利用价值；另一方面，过度的经济开发又导致了文化遗产的破坏与流失。在全球化背景下，文化产业强国的掠夺性开发更加剧了这种不平衡。

因此，提升优秀文化遗产保护与开发相协调的能力已刻不容缓。这既是保护我们宝贵文化遗产的需要，也是在经济全球化大背景下传承与发展中华优秀传统文化的必然选择。我们应该努力寻求保护与开发之间的平衡点，让中国的优秀传统文化遗产在全球化时代焕发出新的光彩，为推动社会进步和经济发展作出新的贡献。

二、弘扬与创新传统文化的有效策略

（一）加强和重视中国传统文化的价值体系构建

中国传统文化呈现出一种显著的整体性特征，其内部各种文化形态交织互动、相互影响，构成了一个错综复杂而又和谐统一的文化生态系统。要想深入领悟中国传统文化的核心要义与精髓实质，就必须对中国文化的各个分支领域进行全面而系统的探究。其中，“孝、悌、忠、信、礼、义、廉、耻”这八个字凝结了中华民族的传统美德，是先贤孔子德育思想的核心要义，也是我们今天依然需要坚守和传承的道德基石。与此同时，“仁义礼智信”“以和为贵”“兼爱”“尚贤”“自强不息”等文化元素，都是中国传统文化中的璀璨瑰宝，值得我们大力弘扬和传承。这些文化元素不仅承载着中华民族的历史记忆和精神追求，也为我们今天构建和谐社会、实现中华民族伟大复兴提供了宝贵的思想资源和精神支撑。

在对待西方文化的问题上，我们应该秉持一种开放包容的态度，积极吸收和借鉴其中的科学精神、民主思想、法制观念、人权理论等文明成果。这些成果是人类社会的共同财富，也是我们推进中国特色社会主义现代化建设的重要参考。我们应该像学习马克思主义一样，将这些文明成果融入中国文化中，使其成为中国文化中浑然天成的一部分，从而进一步完善中国传统文化的价值体系。

当然，中国传统文化中也存在着一些腐朽、落后、愚昧的成分，这些成分已经难以适应中国特色社会主义现代化建设实践的需要，必然会被文化自身的新陈代谢所淘汰。在传承和改造中国传统文化的过程中，我们应该树立一种面向现代化、面向世界、面向未来的时代意识，坚持取其精华、去其糟粕的原则，既要继承和弘扬优秀传统文化中的积极成分，也要勇于批判和摒弃其中的消极因素。同时，我们还应该秉持古为今用、洋为中用的理念，将传统文化与现代文明相结合，将民族文化与世界文化相交融，从而构建出一套更加完善、更加适应时代需要的价值体系。这样一来，优秀的中国传统文化就能够在新的历史条件下得到更好的弘扬和发展。

（二）加强学校传统文化教育

教育是传统文化得以流传并不断发扬光大的关键纽带。在历史的长河中，教育始终如一地承载着守护、传承和推进文化的神圣使命。2021 年 11 月 11 日，中共十九届六中全会通过了具有里程碑意义的《中共中央关于党的百年奋斗重大成就和历史经验的决议》。这份决议不仅深刻回顾了党过去百年的辉煌历程，更着重强调了中华优秀传统文化在当今社会中的不可替代性及其崇高地位。站在新的历史起点上，我们必须紧密结合新时代的教育背景，全力以赴地推动中华优秀传统文化的传承与发展，使其在新的历史条件下焕发出更加绚丽夺目的光彩。

为了进一步贯彻落实这一战略部署，中共中央办公厅、国务院办公厅联合发布了《关于实施中华优秀传统文化传承发展工程的意见》。这份文件将中华优秀传统文化的传承与发展提升到了国家发展战略的高度，从全局和长远的角度对其进行了系统规划和全面部署。这充分展现了党和国家对传统文化的高度重视，也为新时代下中华文化的繁荣兴盛提供了明确的行动指南。

党的二十大则进一步凸显了文化自信的重要性，提出了要高举中国特色社会主义伟大旗帜，凝聚民心、培养新人、振兴文化、提升形象，坚定不移地建设社会主义文化强国。我们所追求的文化，是面向现代化、面向世界、面向未来的先进文化，是民族的、科学的、大众的文化。这样的文化能够激发全民族的创新创造活力，为实现中华民族伟大复兴提供不竭的精神动力。因此，我们必须以更加坚定的文化自信，推动中华优秀传统文化在新时代的创新发展，让其在新的历史征程中绽放出更加璀璨夺目的光芒，为中华民族的伟大复兴贡献力量。

在教育教学过程中传承和发展中华优秀传统文化，要做到以下几个方面。

1. 注重校园文化建设，创造优质教育环境

①我们必须将重心放在打造独具特色的校园文化阵地上。校园内的建筑群落，绝非仅仅是冰冷的混凝土空间，它们更是校园文明与文化的生动写照和有力承载。从庄严肃穆的教学楼，到知识海洋的图书馆，再到活力四射的活动中心，乃至温馨舒适的餐厅与宿舍楼，每一个角落、每一面墙壁、每一块天花板，都应当成为中华优秀传统文化元素的精彩舞台。这些设计要巧妙地将传统文化与现代教育理念相融合，与学校的专业特色相辉映，共同铸就一道独特的文化风景线。在这样的环境中，师生们无论是在忙碌的课间穿梭、在闲暇的午后小憩，还是在美味的餐桌旁交流，都能时刻感受到中华优秀传统文化那深邃而博大的魅力，仿佛置身于一座活生生的文化殿堂之中。

②社会主义核心价值观应当深深植根于校园文化建设的沃土之中。我们要充分认识到，师生不仅是校园文化的受益者，更是其创造者和传承者。因此，我们要精心设计德育教育方案，激发师生的主体意识和创造活力，引领他们共同投身到以社会主义

核心价值观为灵魂的校园文化环境塑造中去。在这样的环境中，师生们可以充分发挥自己的兴趣爱好和专业特长，积极参与到书法、绘画、篆刻等艺术形式的创作与展示中，也可以通过手工制作、剪纸等传统文化技艺的体验与传承，来深刻感受中华优秀传统文化的独特魅力。通过这些丰富多彩的活动，我们不仅能够在校园内营造出一种浓郁的文化氛围，更能够在专业学习与校园文化建设的有机融合中，实现中华优秀传统文化的薪火相传和发扬光大。

2. 提升教师群体的人文素养和专业素养，增加课堂教学趣味性

①学校必须将相关教师的招聘工作视为重中之重，并持续优化教师的岗前培训与工作考核机制，以确保教育质量的不断提升。在选拔教师时，学校应优先考虑那些具备深厚人文素养、专业背景对口且教学能力卓越的人才。通过精心策划和实施的岗前培训，学校应助力新教师明确自身的社会责任，深刻领悟未来工作的核心任务，并制订出切实可行的长期职业发展蓝图。同时，建立和完善工作考核机制对于激发教师的工作热情、有效监督并提升教学质量至关重要。学校应致力于构建一个公平、透明且富有激励性的考核体系，以确保每位教师都能在平等的竞争环境中展现自己的才华。此外，培养教师良好的师德师风也是学校不可忽视的重要任务。学校应鼓励教师在教学和日常生活中发挥积极的引领和示范作用，通过言传身教的方式传递正能量，从而为学生树立一个值得学习和效仿的楷模。这样的教师团队不仅能够为学生提供优质的教育服务，更能为学校的长远发展和社会的和谐进步贡献自己的力量。

②学校必须不断深化教师对中华优秀传统文化的认知与理解。通过策划并组织一系列丰富多彩的学习活动，诸如专题讲座、深度研讨会以及沉浸式文化体验等，激发教师对于中华优秀传统文化的热情与兴趣，进而帮助他们深刻领悟并把握其中的核心精髓与独特价值。同时，学校应鼓励并引导教师将所学的人文知识与各自的专业学科教学紧密融合。通过创新教学方式与手段，将中华优秀传统文化的智慧与理念巧妙地融入课堂教学之中，从而丰富教学内容，提升教学活动的文化底蕴与品质内涵。此外，为了营造一个更加浓厚的文化氛围，学校还需加强文化宣传与引导工作。通过校园媒体、文化活动等多元化渠道，大力弘扬中华优秀传统文化，让教师在耳濡目染中感受文化的魅力，进而促进他们人文素养与专业学科教学能力的全面提升。这样的举措不仅有助于教师的个人成长，更将为学校的教育教学质量注入新的活力与内涵。

③在实际的教学环节中，教师必须高度尊重学生的个性差异，采用因材施教的教学策略，真正凸显学生在教学中的主体地位和作用。教师应致力于点燃学生的学习兴趣，挖掘他们的潜在能力，并巧妙地引导他们积极主动地投身于知识的海洋，从而实现自我成长和提升。同时，教师不应忽视榜样的力量，而应积极在学生中树立学习的楷模。让这些身边的优秀同学成为其他学生追随的目标，激发他们的学习动力，进而

在班级乃至整个学校范围内营造出一种健康向上的学习氛围和良性的竞争环境。这样的教学方式不仅能够显著提高学生的学习效率和质量，更能在无形中培养他们的团队协作能力和创新思维。通过不断的学习和模仿优秀同学的行为和思维方式，学生们将逐渐学会如何在团队中发挥自己的优势，如何与他人合作共同解决问题，以及如何跳出传统框架进行创新思考。这无疑是为他们未来的学术和职业生涯奠定了坚实的基础。

3. 加强中华优秀传统文化知识与专业学科知识在教学活动中的深度融合

①为了深入贯彻立德树人的根本教育任务，并严格遵循学生的认知规律与教育规律，我们理应在思政、语文等公共基础课程中，积极融入中华优秀传统文化的教育内容。这不仅是对国家教育政策的积极响应，更是对中华优秀传统文化深厚底蕴的传承与弘扬。通过这样的教学布局，我们将努力构建一个浸润着中华优秀传统文化精髓的学习环境，让学生在接受基础教育的同时，也能深切领略到中华文化的博大精深与独特魅力，从而在他们心中播下文化传承的种子。

②对于那些承载着中华优秀传统文化精髓且具有重要文化价值和传承意义的冷门学科，我们应予以高度的重视与保护。例如，在教育类专业领域，我们可以开设传统书画、剪纸艺术、手工艺品制作等相关专业课程，以及诸如《道德经》《说文解字》等国学经典选修课，旨在全面提升师生的人文素养与专业能力。在医学类专业中，针灸技艺、传统中药制剂等专业课程以及《神农本草经》《千金方》等传统医学经典选修课的设置，将有助于学生拓宽传统医学的知识视野，进而提升其专业素养与实践能力。对于广告及艺术设计、建筑类专业而言，传统书画艺术、手工艺品制作、古建筑建模制造等专业课程以及《天工开物》《墨经》等相关经典的选修课程，将极大地丰富学生的专业素养与实践经验。

③高校应定期组织开展社会公益类服务活动，以推动中华优秀传统文化与专业教育的深度融合。通过参与这些社会公益活动，学生将有机会将所学的专业知识技能与中华优秀传统文化紧密结合，实现传承与发展的和谐统一。这样的教学活动不仅将有效提升学生优秀传统文化的学习水平以及专业学科知识技能的实践能力，更能激发他们对优秀传统文化传承与发展的历史使命感与时代责任感。同时，这也为高校在推动中华优秀传统文化与专业教育深度融合方面提供了重要的参考与指导方向，有助于培养出更多具备文化底蕴与专业素养的优秀人才。

4. 积极发展第二课堂的兴趣引领作用，建立优秀的传统文化相关师生活动社团

学校应深刻认识到师生在教育教学中的核心地位与引领作用，并积极赋权于他们，鼓励他们根据个人兴趣与爱好自发组建各类深入研究中华优秀传统文化的社团组织。这些社团组织，如手工制作、舞蹈艺术、茶艺文化、乐器演奏、汉服展示、太极拳练习、书法艺术、传统礼仪、中国象棋对弈、围棋竞技等，均可由学生自发倡议、自主管理。他们将承担起策划与组织相关活动的重任，同时邀请具有专业背景和热情的老师提供必要的指导与支持。

在丰富多样的教学活动之余，学校还应高瞻远瞩，聘请在中华优秀传统文化领域有深入研究的学者及相关专业教师，共同创建诸如《易经》研究、中医文化传承等教师研究团队。这些团队不仅将致力于深入挖掘中华优秀传统文化的丰富内涵与独特价值，更能为师生打造一个传承、创新与发展中华优秀传统文化的坚实阵地。通过这样的举措，学校能够在当前的教育教学实践中更加有力地推动中华优秀传统文化的传承与弘扬，使师生在亲身参与中深刻感受中华文化的博大精深与无穷魅力，从而激发他们的文化自信与民族自豪感。

（三）构建现代文化产业体系，发掘优秀传统文化

推动传统文化产业的繁荣发展，以满足民众不断增长的精神文化需求，不仅是深化文化体制改革、促进文化大发展的关键，也是构筑国家文化软实力、实现文化强国战略的基石。为加速我国传统文化产业与现代科技力量的深度融合，必须大胆创新，勇于突破传统桎梏，重塑传统文化产业的生产模式与价值链。各地区应紧密结合地域特色与资源优势，精准定位，科学规划，全面拓展传统文化产业的发展空间，深度挖掘其发展潜力，进而探索出一条既符合地方实际又彰显特色的文化发展路径与产业化策略。

1. 优化文化产业结构

要充分发挥市场机制在资源配置中的决定性作用，以市场为导向，推动文化企业的深化改革与重组整合，优化文化资源配置，使资源向优势企业、关键领域和高效益环节集聚。集中力量培育一批创新型文化企业，促进科技与文化的跨界融合与协同创新，掌握核心技术的自主知识产权，加速形成一批具有国际影响力的创新成果，从而丰富传统文化产品体系，提升产品品质，进而在全球文化竞争中占据有利地位。

在推进文化产业发展的过程中，要不断探索新的增长点和发展动力，推动文化产业与农业、工业、服务业等多元产业的深度融合与协同创新。通过优化文化产业结构，实现产业链的横向拓宽与纵向深化，提高文化产业的附加值和市场竞争力。同时，注重培育高端传统文化品牌，塑造和传播良好的品牌形象和价值观，增强消费者对传统文化的认同感和归属感。

2. 完善传统文化技术创新体系

要充分利用高校、科研机构等创新资源，构建完善的传统文化技术创新体系，为文化产业注入源源不断的创新活力。强化传统文化创意与文化产业的有效对接与深度合作，加速创意成果的商业化转化和市场应用。此外，要将城乡建设与传统文化传承紧密结合起来，统筹规划城乡文化建设，实现城乡文化协调发展与共同繁荣，提升城

乡整体的文化品质与人文魅力。

3. 拓宽文化产业的融资渠道

要积极引导社会资本有序进入文化产业领域，拓宽文化产业的融资渠道和投资主体，为传统文化事业的持续发展提供坚实的资金支持和保障。

通过这一系列综合举措的实施与推进，我们将有力推动传统文化产业的转型升级和高质量发展，不断满足人民群众对美好生活的热切期盼与不懈追求。

（四）树立文化的品牌意识，创建名牌文化工程

文化是衡量一个国家软实力的重要指标，而软实力则逐渐成为评估国家综合实力的核心要素。在推动传统文化发展的进程中，改革与创新扮演着至关重要的角色，它们为传统文化注入了新的活力，促使其不断攀登新的高峰，并孕育出具有自主知识产权的文化品牌。

当前，全球化浪潮席卷而来，国际竞争日趋激烈。我国文化市场正面临着来自西方的严峻挑战。在这一背景下，我们必须坚定地走自己的文化发展道路，积极打造具有鲜明中国特色的传统文化品牌，以自信的姿态参与国际文化竞争。同时，我们要以开放的心态汲取国外优秀文化精髓、先进技术和管理经验，借鉴西方传承传统文化的智慧，深入挖掘我国独特的传统文化资源，发挥我国文化资源丰富、地域广袤的优势，加大对传统文化创新的投入力度，打造出具有鲜明中国特色和时代特征的文化品牌，展现中华文化的独特魅力。

此外，我们要紧密关注人民群众对传统文化的新需求和审美情趣的新变化，不断创新传统文化的内容与形式，推动不同艺术门类与传统文化活动的深度融合。我们要善于运用现代科技手段，如声、光、电等技术，提升传统文化的表现力，实现题材、体裁、风格流派和表现手法的多元化。同时，我们要积极运用科技力量，对传统文化产业进行改造升级，孕育新的文化业态，大力发展文化创意、文化博览、动漫游戏、数字传输等新兴产业，构建高效、广泛的传统文化传播体系，让传统文化在现代社会中焕发新的生机与活力。

中华大地孕育了丰富多彩的文化活动和文化形式，如京剧、庙会、狗不理包子、武林风、梨园春、云南印象、二人转、信天游以及闽台地区的妈祖活动等，这些都是中华优秀传统文化的瑰宝和地方文化的名片。我们要精心打造这些文化品牌，让它们成为传承和发展我国传统文化的重要载体，推动我国传统文化事业繁荣昌盛，薪火相传，为中华民族的文化自信提供坚实支撑。

（五）依托现代传媒技术，拓宽传统文化的传播途径

随着网络信息化时代的飞速演进，现代传播手段与技术展现出了空前的丰富性与多样性。在这一时代背景下，中国传统文化的传承亟须紧紧把握这一历史性机遇，通过网络、虚拟社区及媒体平台等现代传播媒介，强化其在现实环境中的传播力与适应性，进而在新常态下构筑传统文化的广泛与深远影响。

网络信息传播技术以其易于传输、低成本、高保真的显著特点，几乎汲取了所有传统传播方式的精髓与优势。在现代传媒技术与传播体系的坚实支撑下，传统文化内容得以更加生动、立体地展现，其灵活多变的表达方式使人们能够从多个维度深刻领略传统文化的丰富内涵。如今，移动媒体平台已深度融入人们的日常生活，使大众无论何时何地都能轻松感受传统文化的独特魅力。“互联网 +”的传播模式更进一步促进了传统文化与产业文化的有机融合，孕育出广受市场欢迎的产品与服务。

在微信、微博、博客、贴吧、QQ 等社交平台上，人们通过文化交流不断汲取更多关于传统文化的知识，这种分享式的传播方式不仅提升了传统文化与时代的契合度，更加深了人们对其现实主题价值的理解与共鸣。通过多媒体渠道传播的传统文化内容，以音乐、视频等创新形式赋予传统文化新的生命力，为大众呈现了一场场精彩绝伦的艺术盛宴。这一过程使传统文化与大众生活更加紧密相连，潜移默化地增进了大众对传统文化内涵的理解与认同。

值得一提的是，VR（Virtual Reality）技术，即虚拟现实技术，为我们开启了一个全新且极具真实感的虚拟世界。随着这一技术的不断成熟与应用，我们能够获得一个 360 度全景、融合多种感官的沉浸式虚拟现实体验。这种综合性的感官体验技术为传统文化的传承与创新开辟了新的路径。通过虚拟现实技术，人们可以足不出户地领略到清代圆明园的完美复原、明长城的雄伟壮观，甚至可以穿越时空，置身于宋代清明上河图中的繁华市集。前沿科技的巧妙运用使我们能够以全方位、多感官、互动的方式深入体验与欣赏中华优秀传统文化的无穷魅力，为传统文化的传承与创新注入了新的活力与可能性。

（六）加大社会舆论宣传力度，创造良好社会氛围

在当前市场经济疾速发展、信息技术广泛应用的新时代背景下，思想空气与舆论环境已跃升为推动社会前行的核心软环境。面对此等复杂多变的形势，我们亟须加强对健康正面舆论氛围的营造，并致力于提升舆论引导的专业素养与能力。为营造积极向上的文化氛围，我们需不断加强文化宣传工作，以更加开放包容的姿态融入社会，深入民众，持续提升传播正面能量的能力。

我们必须坚定以团结稳定鼓劲、正面宣传为主轴的传播策略，充分发挥主流媒体在舆论场中的引领作用。借助多元化的新闻媒体和社会舆论平台，我们不仅要全面提升文化传播的力度和广度，更要努力完善文化建设服务体系，为公众提供丰富且高质量的文化产品与服务。这将有助于引领健康向上的文化生活新风尚，进一步拓展文化的深远影响力，为构建和谐社会注入了强大动力。

同时，面对互联网等新兴媒体的迅猛发展，我们需对其应用与管理给予高度重视。在提升网络文化服务供给能力的同时，我们还需切实加强网络舆情的实时监测与深度分析，确保在关键时刻能够迅速作出反应，发布权威信息，有效引导网络舆论走向。这样，我们才能在复杂多变的网络环境中牢牢把握话语权和主动权，为维护社会稳定与和谐贡献重要力量。

为加强文化传播力度，我们必须深入基层，与民众建立紧密联系。推进文化惠民工程是实现这一目标的关键路径，它要求我们切实保障民众的基本文化权益和需求得到满足。在此基础上，我们还需进一步加大投入力度，提升服务质量和效率，创新工作方式和管理模式，为广大民众提供更加丰富多样的文化活动选择。这将有助于激发基层文化的活力与创造力，推动农村地区和其他基层文化阵地实现蓬勃发展。

此外，我们还需致力于建立健全长效机制，拓宽文化服务渠道，使各项农村文化活动更加常态化、规范化。通过广播、电视、电影等媒体将优秀文化资源广泛传递至农村家家户户，建立完善的农村文化信息网络和服务体系，实现资源共享与优质服务并驾齐驱。在广大农村地区精心打造一批标志性文化惠民工程，形成城乡一体化的文化服务体系布局。这将有助于优化城乡文化资源配置，把文化发展的重心切实下沉到基层，优先支持基层文化建设项目，大力实施公益文化建设工程，通过多种形式将优秀文化送到群众身边。

我们还应积极宣传并推广全国各地独具特色的传统民俗文化和民族节日活动。诸如北京春节庙会、西双版纳泼水节、闽台妈祖纪念活动等富含地方特色和民族风情的群众性文化活动，都应通过各类媒体得到广泛深入的宣传报道。这将有助于提升民族特色文化和传统文化在人民群众中的传播力度和影响力，进一步夯实其群众基础，共同铸就中华文化的新辉煌篇章。

（七）积极吸收其他国家包括西方国家的优秀文化精华

任何文化都是历史长河中的产物，它们既有着推动时代前行的进步意义，又不可避免地带有时代的烙印和局限。西方理性主义文化，作为西方现代化进程的引领者，不仅极大地推动了西方社会的前进，更在全球范围内产生了深远的影响，加速了人类历史的演进。与中华优秀传统文化相比，它代表了更为先进的生产力，实现了对封建社会自然主义生产力的跨越，这无疑是一种历史的飞跃。

然而，理性主义文化的光辉并未完全掩盖中华优秀传统文化的璀璨。那些深植于中华民族血脉中的恒久价值，如人文关怀、道德伦理等，同样是人类共同的追求。随着时间的推移，西式现代化所带来的理性主义文化模式虽然在一定程度上推动了历史的车轮，但其内在的资本主义属性也逐渐暴露出其固有的缺陷。在促进人的全面发展和维护社会和谐方面，它的局限性日益凸显。尽管如此，我们也不能因此否认理性主义文化所蕴含的宝贵价值。

事实上，从人类精神的整体视角来看，不同文化之间的精神成果并不是孤立存在的，而是相互交织、互为补充的。它们共同构成了人类丰富多彩的精神世界。因此，在对待他者文化时，我们应秉持一种开放和包容的态度，通过多元文化的交流与互鉴，推动中华优秀传统文化的创新与发展。西方文化与中国传统文化并非处于对立面，它们各自拥有独特的价值和精神内涵，都是特定时代和民族的产物。我们应该坚持“和而不同”的原则，相互学习、相互借鉴，共同促进文化的繁荣与发展。

在积极吸收其他国家优秀文化精华的过程中，我们必须立足本国实际，坚定自我发展的立场。学习西方文化并不意味着盲目崇拜或全盘接受，而是要用科学的态度去审视和筛选，取其精华、去其糟粕。同时，我们也要警惕在学习过程中可能出现的两种极端倾向：一是盲目自大，认为自己的文化已经尽善尽美，无须向他人学习；二是自卑自弃，对自己的文化缺乏自信，盲目崇拜外来文化。这两种态度都是不可取的。文化交流应该是双向的、平等的，各种文明都有其独特的魅力和价值，没有优劣之分。我们应该以平和的心态去学习和借鉴其他国家的优秀文化成果，为丰富和发展本民族文化注入新的活力。

第四节　传统文化与社会主义核心价值观的融合

核心价值观是文化软实力的核心所在，它为社会的道德风貌、精神风貌提供了根本遵循。2012 年，党的十八大报告高瞻远瞩地提出了社会主义核心价值观，这一价值观以“三个倡导”为纲领，从国家、社会、个人三个层面描绘了社会主义的理想图景。国家追求“富强、民主、文明、和谐”，社会崇尚“自由、平等、公正、法治”，而个人则应以“爱国、敬业、诚信、友善”为行为准则。这一价值观的提出，不仅是中国共产党在思想文化领域长期探索的结晶，更是对社会主义本质属性的深刻揭示，具有深远的理论和现实意义。

社会主义核心价值观是社会主义先进文化的精髓，它深植于民族的文化土壤，汲取着世界的文明成果。学者刘书林深刻指出，这一价值观的来源有三：一是中国文化传统的深厚底蕴，二是西方文化传统的有益借鉴，三是社会主义特别是马克思主义文化传统的科学指导。其中，中国传统文化以其博大精深、源远流长的特点，为社会主义核心价值观提供了丰富的思想资源和深厚的文化滋养。培育和弘扬社会主义核心价值观，必须深深扎根于中华优秀传统文化的沃土之中，汲取其精华，传承其精神，创新其形式，使其在新的历史条件下焕发出更加绚丽的光彩。

一、传统文化是构建社会主义核心价值观的民族基础

核心价值观是文化之根、民族之魂，它深深植根于民族的精神世界，为人们的思维方式、行为规范、价值追求、审美取向、心理结构和道德规范提供着指引。在党的十八大报告中，国家明确倡导了“富强、民主、文明、和谐”的国家层面价值观，“自由、平等、公正、法治”的社会层面价值观，以及“爱国、敬业、诚信、友善”的个人层面价值观，共同构成了社会主义核心价值观的丰富内涵。这一重要举措，旨在从思想文化的深层领域，通过全方位、多层面的价值引导，为社会思潮指明方向，为社会共识凝聚力量。

在构建当代中国特色社会主义核心价值观的伟大实践中，我们必须坚守一些基本原则。首要的是，必须坚持以社会主义核心价值为统领，确保价值观的正确方向。同时，我们还要将这一核心价值与中国优秀文化传统和时代精神紧密融合，让传统文化焕发新的生机，让时代精神得以充分彰显。此外，我们还应积极吸收人类文明的优秀成果，借鉴那些具有普遍意义的价值观，以丰富和拓展我们的核心价值观内涵。

中华优秀传统文化作为社会主义核心价值观的坚实根基与智慧之源，孕育了诸如“仁、义、礼、智、信”等独树一帜的价值观念。这些观念不仅体现了以人为本、崇德尚义、和谐共生的深层次文化精髓，更是中华民族历经千年沧桑而文化根基稳固、国家长治久安、民族生生不息的坚实支柱。当前，我们面临着一项紧迫且意义重大的任务：如何以创新性的方式挖掘并传承这些宝贵价值观，使之与现代文化精髓相融合，进而成为构建中国特色社会主义核心价值观的坚实支撑。

孙中山先生曾以“忠孝、仁爱、信义、和平”八个字高度概括了中国传统价值观的核心要旨。这些传统道德精髓，实质上构成了中国传统文化的核心价值观体系，对于重塑民族文化自信、弘扬民族精神具有不可替代的作用。这些价值观与党的十八大所倡导的核心价值观在多个维度上相互贯通、深度融合，诸如爱国、和谐、诚信、仁爱等元素均体现其中。在推进中华民族优秀传统文化传承与创新的过程中，我们既要积极吸纳外来文化的有益成分，更要深入挖掘传统文化中蕴含的现代价值，以此彰显中华民族独特的文化魅力与民族精神，使其在世界民族之林中傲然挺立。这不仅是为我国现代化建设提供强大精神动力与智力支持的必然要求，也是推动人类文明进步、贡献中国智慧与中国方案的应有之义。

二、社会主义核心价值观是对传统文化的超越升华

社会主义核心价值观深深扎根于中华优秀传统文化的沃土之中，汲取着其丰富的思想资源。然而，它并非仅仅是对传统文化的简单继承或复制。相反，作为引领时代思潮的旗帜，社会主义核心价值观展现出独特的先进性和时代性，它是对中华优秀传

统文化精髓的提炼、升华和超越。这种超越不仅体现在对传统文化中积极、健康、向上元素的继承和发扬，更在于其紧密结合当代中国的实际，融入了鲜明的时代特色和实践要求。因此，社会主义核心价值观既承载着中国传统文化的深厚底蕴，又彰显出鲜明的时代气息和前瞻性的价值导向，是引领社会进步、推动国家发展的重要精神力量。

（一）社会主义核心价值观是对传统文化中爱国主义思想的超越

中华民族自古以来便流淌着爱国主义的热血，这一传统在历史长河中熠熠生辉。然而，在封建社会的背景下，爱国主义往往与“忠君”观念紧密相连，难以摆脱其浓厚的封建色彩。但随着时间的推移，爱国主义的内涵逐渐得到深化和拓展，从最初的对君主的忠诚，发展到对祖国大好河山的热爱，再到对广大人民的深情厚谊。孟子的“民为贵，社稷次之，君为轻”和于谦的“社稷为重君为轻”，这些古人的智慧结晶，为我们揭示了爱国主义的深层内涵：它不仅仅是对土地和权力的忠诚，更是对同胞、对民族的深情大爱。这种爱，如同根深蒂固的大树，牢牢扎根在中华民族的精神土壤之中。在现代社会，爱国主义展现出更加鲜明的时代特色。爱国主义是一个历史范畴，它随着社会的发展而不断演变和丰富。我们所倡导的爱国主义，不仅仅是人民群众对祖国深厚的感情表达，更是与推动历史前进、维护国家独立和人民根本利益紧密相连的崇高精神。在当前这个时代背景下，爱国主义的表现形式越发多样和宽广。它不仅仅局限于捍卫国家和民族的统一、维护国家领土完整和主权独立这些传统领域，更将视野投向了全球范围，致力于维护国际和平与稳定。爱国就是要深爱祖国的大好河山、人文风物、历史文化，就是要深情拥抱祖国的各族同胞，就是要全身心投入到祖国的建设大业中去。我们要不断增强对祖国的归属感、自豪感和认同感，坚定走中国特色社会主义道路的信念，为实现中华民族的伟大复兴而努力奋斗、勇往直前。

（二）社会主义核心价值观是对传统“平等”“公平”思想的超越

在中国传统文化的宝库中，关于平等与公平的思想熠熠生辉，如“天下为公”描绘了公正无私的社会愿景，“人皆可以为尧舜”激发了每个人追求卓越的信念，“王侯将相宁有种乎”挑战了权贵世袭的固有观念，“不患寡而患不均”警示了财富分配不均的社会隐患，“等贵贱，均贫富”倡导了社会阶层的平等与财富的公平分配，“天地相合，以降甘露，民莫之令而自均”则体现了自然界与人类社会和谐共生的理想状态。

然而，尽管这些思想在历史长河中闪耀着智慧的光芒，它们却不可避免地带有时代的局限性和平均主义的倾向。在现代社会中，我们对平等与公平的追求已经远远超越了传统文化的范畴，向着更加全面、深入的方向发展。

社会主义核心价值观所倡导的“自由、平等、公正、法治”，正是在新的历史条件下对传统平等与公平思想的扬弃与创新。它所追求的平等，不再仅仅局限于身份、地位或财富的平均分配，而是更加注重法律面前人人平等的原则，强调每个人在享有权利、承担义务上的平等无差别。这种平等不仅体现在个人的社会交往中，更贯穿于国家治理、经济发展、文化繁荣等各个领域。同时，社会主义核心价值观所追求的公平，也不再是简单的结果公平或过程公平，而是更加注重起点公平、机会公平和规则公平。它要求在社会发展的过程中，每个人都能够享有平等的发展权利和机会，都能够公平地参与社会竞争并分享社会发展的成果。这种公平不仅关注个体的利益诉求，更着眼于整个社会的和谐稳定与持续发展。

因此，可以说社会主义核心价值观是对传统平等与公平思想的超越与升华。它不仅继承了传统文化中积极、合理的成分，更结合现代社会的实际情况和发展需求，赋予了平等与公平更加丰富、深刻的内涵。在社会主义核心价值观的引领下，我们相信一个更加公正、平等、和谐的社会将不断向我们走来。

（三）社会主义核心价值观是对传统道德规范的超越

在当下这个时代节点，中国人民正承载着推动社会主义现代化进程，实现中华民族伟大复兴这一沉甸甸的历史重任。而完成这一宏伟使命，亟须我们塑造和践行新的价值观念，确立更加符合时代要求的伦理道德规范。社会主义核心价值观正是在这样的时代背景下应运而生，它不仅是对传统道德规范的继承与发扬，更是一种全新的社会主义意识形态的凝练表达。这一价值观以其鲜明的时代特色和实践指向，昭示着我们党在新的历史条件下坚定的理论自信和高昂的精神风貌。因此，我们可以毫不夸张地说，社会主义核心价值观是对传统道德观念的一次深刻变革和全面升华，它为我们指明了前行的方向，提供了强大的精神动力。

三、立足优秀传统文化，培育和践行社会主义核心价值观

中国的社会主义核心价值观，不仅深刻反映了建设中国特色社会主义的崇高政治理想，同时也深深植根于中国传统文化和民族精神的丰厚土壤之中。这一价值观继承了古人智慧结晶，如“以和为贵”的和谐理念、“天人合一”的自然观、“包容会通”的开放思维，以及爱国、诚信、修身等中华传统美德。为了更好地弘扬优秀传统文化，并培育和践行社会主义核心价值观，以下途径值得重视：

（一）通过全面的社会治理，形成健康向上、崇德向善的正风正气

遵循社会主义核心价值观的核心理念，我们必须全面加强各行各业的制度建设，不断完善市民公约、乡规民约、学生守则等行为规范，确保这些价值观能够深入渗透到人们的日常工作和生活之中，成为引领社会行为的根本准则。同时，为了构建更加诚信的社会环境，我们必须加快推进政务、商务、社会和司法领域的诚信建设，通过

建立覆盖全社会的信用体系，奖励守信者、惩戒失信者，从而营造出一个公平、公正、诚信的社会氛围。

在深入培育和实践社会主义核心价值观的过程中，我们必须汲取中华优秀传统文化的深厚滋养，充分发挥其陶冶情操、涵养文明的重要作用。通过运用多元化的教育手段，我们可以引导民众树立正确的道德观念，如正确的义利观、荣辱观和是非观，进而推动社会形成崇尚道德、弘扬正气、促进和谐的新风尚。

道德典范在社会中扮演着举足轻重的角色，他们是公众学习的楷模和榜样。现代社会中不断涌现出的“最美人物”，他们以舍己为人、无私奉献的精神感动了无数人，成为社会的道德标杆。我们应该积极发现、宣传这些“最美”人物的事迹，让更多的人受到他们的感染和影响。同时，广大党员和干部更应该以身作则，深入学习和积极践行社会主义核心价值观，用自己的实际行动和崇高品格去引领社会风尚。

为了将社会主义核心价值观真正融入人们的日常生活，我们还必须根据时代发展的要求，不断完善和更新各行各业的规章制度和行为准则，使其更加符合社会主义核心价值观的要求。同时，我们还应该加强对这些规章制度和行为准则的宣传和教育，提高公众对其的认知度和认同感。通过这样的努力，我们可以为社会主义核心价值观的深入培育和实践提供坚实的制度和文化支撑，推动社会不断向前发展。

（二）重视家风教化，让核心价值观教育生动“落地”

青少年作为国家和民族未来的栋梁，肩负着希望与梦想的重任。对于他们的全面培养，我们必须予以高度重视，特别是社会主义核心价值观的培育，更应从小抓起，从儿童时期就深入灌输。这是因为青少年时期是个体品德和习性形成的关键阶段，良好的品德和习性将伴随其一生，成为指引其行为的明灯。

在这个过程中，家庭作为社会的基本单元，对青少年的成长具有举足轻重的作用。家庭不仅是青少年最初接触的社会环境，更是塑造他们性格和价值观的关键因素。家风作为家庭特有的文化氛围和价值取向，对青少年的心灵产生着潜移默化的影响。我国古代贤达之士深谙此道，他们注重锤炼家庭成员的品性和精神，以期为子孙后代树立典范，传承家族的荣光。

从《颜氏家训》《温公家范》到《何氏家训》《朱子家训》，再到《曾国藩家书》《新赣南家训》，这些珍贵的家训、家书都是中华民族传统美德的瑰宝，凝聚着先人的智慧和价值取向。以《曾国藩家书》为例，近1500封书信不仅记录了他一生的主要事迹，更蕴含了他深刻的治政、治家、治学思想。他强调以“勤俭谦”为主旨，留给家人的十六字箴言：“家俭则兴，人勤则健；能勤能俭，永不贫贱”，至今仍具有深远的现实意义，被奉为治家育人的至理名言。同样，《新赣南家训》以生动平实的语言阐述了人们应遵守的日常礼仪和道德规范。其中一些富有哲理的话语，如倡导节俭、戒烟戒赌、待人以诚等，都对当代社会具有积极的指导意义。

这些传统的治家良言不仅值得我们深入研究和挖掘其内在价值，更需要我们以批判性的眼光去其糟粕、取其精华，并结合当代社会的核心价值观进行创新性转化和发展。我们可以制定诸如《家庭礼仪准则》《新家风读本》等现代家规家训，以此作为塑造青少年良好品行的有力抓手。通过这样的举措，我们可以将传统家风、家规与当代价值观有机融合起来，为青少年营造一个健康向上、和谐共融且有益于他们全面发展的家庭环境。

（三）注重立德树人，学校教育应采用灵活多样的形式

在中小学教育中，核心价值观的培育占据着至关重要的地位。为了避免单调乏味的说教式教育，我们必须采取多样化、富有创新性的教育方法，确保青少年在各种受欢迎、有趣味性的活动中，以及他们的日常生活中，都能受到深刻的核心价值观熏陶和影响。

教育部门在这一方面扮演着举足轻重的角色，应当精心编写与各级各类学校教育相匹配的《行为礼仪规范守则》。同时，应高度重视非物质文化遗产的传承工作，将其巧妙地融入校园文化和课堂教学之中，编写出具有鲜明特色的校本教材。这些教材应结合不同年级学生的认知特点和兴趣爱好，采用图文并茂、生动有趣的呈现方式，既包含对传统文化和民族文化的深入了解，又能激发学生的探索欲望和思考能力。此外，教材中还应设计互动交流和生活实践体验环节，让学生在亲身实践中深刻领悟中华优秀传统文化的精神内涵，从而通过日常行为自然而然地践行社会主义核心价值观。

作为教育的主阵地，学校应广泛组织各类丰富多彩的教育活动，如参观博物馆、文化古迹，编唱新童谣，经典名篇吟咏，观看优秀传统文化专题片及优秀影视剧目等。这些活动旨在让学生在亲身体验中感受传统文化的独特魅力，培养他们的文化素养和审美情趣。此外，学校还应积极组织学生参与社会公益活动、义务劳动和自我服务活动，通过实际行动践行核心价值观，培养他们的社会责任感、公民意识和团队协作精神。

一些博物馆的创新做法为我们提供了宝贵的借鉴经验。例如，利用寒暑假期间培训小讲解员，让他们为观众介绍展品、传播优秀传统文化。这种做法不仅丰富了学生的假期生活，更重要的是在潜移默化中培养了他们的爱国情怀和家乡情感，提升了他们的综合素质和人际交往能力。这种将教育与实践相结合的方式值得我们广泛推广和应用。

第六章　结　论

第一节　研究成果总结

本研究致力于深入探讨“现代化视域下传统文化的发展”。通过系统性的章节安排，我们详细分析了现代化与传统文化之间的关系，以及传统文化在现代化进程中的定位、作用与创新路径。首先，我们对现代化和传统文化进行了概述，明确了研究背景、目的与价值。现代化作为一个独特的历史进程，既包含了现代化的普遍特征，也体现了中国的特殊国情和文化传统。传统文化作为民族精神的载体，其历史演变和现代价值对于理解现代化具有重要意义。其次，我们聚焦于中华优秀传统文化与文化现代化的关系。通过梳理中华优秀传统文化的理论基础和现代化进程，我们揭示了传统文化现代化的现实挑战和路径选择，强调了传统文化在现代化进程中的动态性和创新性，指出了“批判继承、古为今用”和“创造性转化、创新性发展”等原则和方法在传统文化现代化中的重要性。再次，我们进一步探讨了传统文化在现代化进程中的具体作用。通过分析传统文化与现代政治、教育、艺术设计等领域的关联，我们揭示了传统文化在现代社会中的多维价值和深远影响。这一章节不仅展示了传统文化在现代社会中的生命力，也为我们理解传统文化与现代文明的交融提供了新的视角。最后，我们探讨了现代化视域下传统文化的创新发展。通过阐述传统文化创新发展的基本内涵、时代背景及可能性，我们强调了传统文化创新发展的必要性和重要作用。同时，我们提出了弘扬与创新中华优秀传统文化的原则和有效策略，以及传统文化与社会主义核心价值观的融合路径。不仅为我们指明了传统文化创新发展的方向，也为我们在新时代背景下推进文化强国建设提供了有益的参考。

本研究通过深入探讨现代化与传统文化之间的关系，得出以下研究结论：

一、传统文化在现代化进程中具有重要地位

现代化不是简单的西化或与传统文化的断裂，而是在保持传统文化核心价值的基础上，吸收现代文明成果，实现传统与现代的有机结合。传统文化作为现代化的文化根基，为其提供了独特的思想资源、价值观念和精神支撑。

二、传统文化在现代化进程中面临着挑战与机遇

一方面，传统文化需要应对现代化带来的思想冲击、文化态度转变和外来文化影响等挑战；另一方面，现代化进程也为传统文化的创新发展提供了广阔的空间和机遇。传统文化可以通过批判继承、创造性转化和创新性发展等方式，实现与现代文明的交融与共生。

三、传统文化在现代社会中具有多维价值和功能

传统文化不仅具有历史价值、艺术价值和审美价值，还具有现代价值和社会功能。例如，在现代政治中，传统文化可以为中国特色社会主义政治道路提供思想资源和历史借鉴；在现代教育中，传统文化可以为现代教育提供有益的教学思想和心理教育资源；在现代艺术设计中，传统文化可以为现代艺术设计提供灵感和创意。

四、传统文化创新发展是推动文化强国建设的重要途径

在新时代背景下，推动传统文化的创新发展是实现文化强国建设的重要途径。传统文化的创新发展需要坚持正确的原则和策略，如批判继承与创新发展相结合、注重传统文化的现代转化和传播等。同时，传统文化的创新发展还需要与社会主义核心价值观相融合，共同构建具有中国特色的现代文化体系。

本研究认为传统文化在现代化进程中具有重要地位和多重价值，其创新发展是推动文化强国建设的重要途径。在未来的发展中，我们应该继续加强对传统文化的保护和传承，推动其与现代文明的交融与共生，为实现中华民族伟大复兴的中国梦贡献智慧和力量。

第二节　发展建议与展望

中华优秀传统文化蕴含着丰富的哲学思想、人文精神、教化思想和道德理念，这些宝贵的文化遗产不仅为人们认识和改造世界提供了有益的启迪，也为国家的治国理政和道德建设提供了重要的启示。对于传统文化中那些有益于调理社会关系、激励人们积极向上的内容，我们应当紧密结合时代的特点，加以继承和发扬，并赋予其新的时代内涵。优秀传统文化是一个国家和民族得以传承和发展的根基，一旦丢失，就等于割断了民族的精神命脉。因此，我们必须善于将弘扬优秀传统文化与发展现实文化有机结合起来，确保在继承中不断发展，在发展中不断继承。然而，我们也要清醒地认识到，传统文化在其形成和发展的过程中，难免会受到当时人们认识水平、时代条

件和社会制度的局限。因此，传统文化中难免存在一些陈旧过时或已成为糟粕的内容。这就要求我们在学习、研究和应用传统文化时，必须坚持古为今用、推陈出新的原则，结合新的实践和时代要求，对传统文化进行正确的取舍，而不能盲目地全盘接受。总之，我们要以古为今用、以古鉴今的态度，有鉴别地对待、有扬弃地继承传统文化，坚决避免厚古薄今、以古非今的倾向。我们要努力实现传统文化的创造性转化和创新性发展，使之与现实文化相融相通，共同服务于以文化人的时代任务。只有这样，我们才能确保传统文化在新的时代条件下焕发出新的生机与活力，为中华民族的伟大复兴提供强大的精神支撑。

在现代化的浪潮中，传统文化既是民族的根基，也是国家软实力的体现。如何在现代化与传统文化之间找到平衡点，实现文化的传承与创新，是当前中国面临的重要课题。

传统文化是中华民族的宝贵遗产，它包含了丰富的道德伦理、审美艺术和社会和谐思想。在现代社会中，这些传统文化元素仍然具有深远的价值。例如，儒家思想强调的“仁爱”“礼义廉耻”等观念，对于维护社会稳定、促进人际和谐具有重要意义。同时，传统艺术如书法、绘画、音乐等，不仅丰富了人们的精神生活，也成为国际文化交流的重要载体。然而，在全球化和现代生活方式的冲击下，传统文化面临着诸多挑战。一方面，全球化带来了多元文化的交汇，使传统文化在国际舞台上的影响力受到挑战；另一方面，现代生活方式的改变导致年轻一代对传统文化的兴趣减弱，传统文化传承面临断层的风险。如何在保持传统文化特色的同时，实现其与现代社会的有机融合，是传统文化发展亟待解决的问题。

为推动传统文化的发展，有以下几方面的建议：

（1）加强传统文化教育

将传统文化纳入国民教育体系，从小培养学生的文化自信心和认同感。通过课堂教学、社会实践等多种形式，让学生深入了解传统文化的内涵和价值。

（2）创新传统文化传承方式

借助现代科技手段，如数字化技术、虚拟现实等，打造传统文化的现代化展示平台，让更多人能够便捷地接触和了解传统文化。同时，鼓励艺术家和创意产业从业者以传统文化为灵感，创作出具有时代特色的文化产品。

（3）推动传统文化与世界交流

积极参与国际文化交流活动，展示中国传统文化的魅力。通过文化节庆、艺术展览、学术交流等形式，加强与世界各国在传统文化领域的合作与交流。

（4）深化传统文化理论研究

鼓励学者深入挖掘传统文化的深层内涵和现代价值，为传统文化的传承与发展提供学术支持。同时，加强与国际学术界的合作与交流，推动中国传统文化研究走向世界。

展望未来，传统文化在现代化的进程中将继续发挥重要作用。随着国家对文化传承与创新的重视以及社会各界的共同努力，传统文化有望在现代社会中焕发新的生机与活力。未来，传统文化与现代文明的融合将更加紧密，形成具有中国特色、时代特征的文化体系。同时，传统文化也将成为国际文化交流的重要桥梁和纽带，为构建人类命运共同体贡献中国智慧和中国力量。

参考文献

[1] 曲文军 . 中国传统文化与现代化 [M]. 济南：山东人民出版社，2011.

[2] 陈亚红，何艳 . 传统文化与思想政治教育 [M]. 北京：中国轻工业出版社，2017.

[3] 陈晓霞 . 新时代传统文化创新性发展研究 [M]. 北京：中国国际广播出版社，2018.

[4] 石晓蕾 . 文化产业化建设背景下文化遗产传承的空间策略 [M]. 北京：北京工业大学出版社，2019.

[5] 吕超 . 中华优秀传统文化创造性转化、创新性发展之哲学解读 [D]. 北京：中央民族大学，2021.

[6] 秦海燕 . 优秀传统文化的传承与创新 [M]. 长春：吉林出版集团股份有限公司，2018.

[7] 杨莎 . 新时代中华优秀传统文化的传承与应用 [M]. 北京：北京工业大学出版社，2021.

[8] 刘恋 . 文化自信视域下中华优秀传统文化的传承与发展 [M]. 长沙：湖南师范大学出版社，2021.

[9] 艾萍 . 优秀传统文化的教育视角研读 [M]. 长春：吉林出版集团股份有限公司，2020.

[10] 赵坤，耿超 . 赓续文脉传承发展中华优秀传统文化 [M]. 重庆：重庆出版社，2021.

[11] 曾军，等 . 汇聚精神力量：社会主义文化繁荣发展论 [M]. 上海：上海人民出版社，2023.

[12] 伍韬 . 当代传统文化与素质教育研究 [M]. 北京：北京工业大学出版社，2023.

[13] 颜晓峰 . 社会主义现代化的文化之维 [M]. 重庆：重庆出版社，2019.

[14] 张宏 . 中国传统文化概论 [M]. 北京：北京理工大学出版社，2019.

[15] 陈先达 . 文化自信与中华民族伟大复兴 [M]. 北京：人民出版社，2017.

[16] 张岱年 . 文化与哲学 [M]. 北京：教育科学出版社，1998.
[17] 朱宗友 . 中国文化自信解读 [M]. 北京：经济科学出版社，2017.
[18] 陈先达 . 文化自信中的传统与当代 [M]. 北京：北京师范大学出版社，2017.
[19] 金耀基 . 从传统到现代 [M]. 北京 : 中国人民大学出版社，1999.
[20] 王亚雄 . 中华优秀传统文化视域下文化自信研究 [D]. 延安：延安大学，2020.
[21] 张莹莹 . 文化自信视域下中华优秀传统文化创造性转化路径研究 [D]. 桂林：广西师范大学，2018.
[22] 王楠 . 新时代弘扬中华优秀传统文化研究 [D]. 青岛：青岛理工大学，2019.